# USA
## der Westen

Eine Übersichtskarte des Reisegebietes mit den eingezeichneten Routen finden Sie in der vorderen Umschlagklappe.

Horst Schmidt-Brümmer

# USA
## der Westen

# Willkommen im Wilden Westen

Die populären Bilder stehen fest: sandige, felsige und wüste Landschaftspanoramen, Leute (meist männliche) mit breiten Hüten und breitem Grinsen zu Pferde, heulende Eisenbahnen, verlassene Tankstellen und Neonzeichen an Motels. Ja, und irgendwo ein Mexikaner, der Siesta macht, an einen Kaktus gelehnt, während vor ihm ein verlorener Tumbleweed-Busch über den Highway torkelt.

Karl May, Hollywood, Country & Western-Songs, TV-Serien und Reisekataloge haben Bilder dieser Art so oft vorgeführt und wiederholt, dass wir sie längst für Wirklichkeiten halten. Darin liegt ein spielerischer Reiz, aber auch ein Verkennen, denn dass sich der amerikanische Westen nicht auf diese gemeinsamen Nenner bringen lässt, versteht sich von selbst. Zu unterschiedlich sind seine Bewohner, die Sioux, Hopi oder Navajo, die diversen Immigranten aus Europa, Afrika, Asien und Lateinamerika.

Wie die Menschen hat sich auch die Definition, was und wo der Westen ist, geändert. Was frühere Generationen als Westen bezeichneten, war für die nachfolgende bereits der Mittlere Westen oder gar der Obere Süden. Als Tennessee noch zum Westen

*Weitblick: Landscape Arch im Arches National Park, Utah*

# Willkommen im Wilden Westen 1

*Nur in westlicher Fahrtrichtung entspricht Amerika den eingefleischten Verheißungen vom »Eden of the West«, vom Gelobten Land. »Eastward I go only by force; but westward I go free«, dichtete schon Henry David Thoreau. Und später schrieb Jack Kerouac: »... ein schnelles Auto, eine Küste als Ziel und eine Frau am Ende der Straße.«*

gerechnet wurde, galt das für Kalifornien noch nicht; als später dann Kalifornien einen Teil des Westens bildete, galt das für Tennessee schon nicht mehr. Die *frontier,* jene Grenze, an der die besiedelten Gebiete aufhörten und die Wildnis begann, war zu keiner Zeit fix und fertig, sondern eine extrem bewegliche Größe. Kein Museum in den USA verdeutlicht den nationalen Trend der Westausdehnung besser und an geeigneterer Stelle als das Museum of Westward Expansion am Mississippi in St. Louis.

Jenseits des Großen Flusses setzen sich trotz aller Unterschiede durchaus vergleichbare Merkmale durch: die Horizonte weiten sich, das Land wird offener, der Himmel größer, die Menschen weniger. Lange bevor die Rocky Mountains erreicht sind, erzeugen die Plains das Gefühl des Westens. Dabei kamen die ersten Bewohner gar nicht aus dem Osten, sondern aus dem Norden und die ersten Europäer (Spanier) aus dem Süden. Sie jedenfalls konnten wirklich nicht den Eindruck gewinnen, im Westen gelandet zu sein. Nein, der amerikanische Westen ist eine ganz und gar europäisch beeinflusste Vorstellung, die sich – patriotisch und expansionistisch im Sinne des *Manifest Destiny* – verstärkt zum Binnenraum *(hinterland)* von Überlebensgröße ausgeweitet hat, der von den sanften Hügeln Missouris bis zu den Gipswüsten in New Mexico, von den Flussauen des Mississippi bis zu den Nebelwäldern des Staates Washington reicht – ein Raum, der sich einen monumentalen Stempel aus Stein geschaffen hat: die vier gigantischen Präsidentenköpfe im Mount Rushmore in den Black Hills von South Dakota. Drei der hohen Herren (Washington, Jefferson, Lincoln) waren zu Lebzeiten nie hier. Häuptlinge der Sioux-Indianer kamen nie in Betracht.

Ganz im Gegenteil: der Prozess der Landnahme war von Anfang an auch einer gegen jene, denen dieses Land gehörte. Wenn der Westen immer wieder mit menschenleerer Wildnis gleichgesetzt wurde, so liegt das ja nicht zuletzt daran, dass die neuen Siedler und die von ihnen eingeschleppten Krankheiten wie Typhus, Pocken und Masern die Indianer so dezimierten, dass er tatsächlich so ausgestorben erscheinen mochte. Immerhin, heute schätzt man die Zahl der Indianer im Westen auf fast zwei Millionen. Insbesondere im Südwesten

*Mit dem Schulbuch und der Telefonleitung unter dem Arm symbolisiert diese Dame den Drang nach Westen. Die Route 66 wird ihr bald folgen. (Lithografie von 1872)*

behaupten sie trotz allem weitgehend ihre Kultur und Identität. Oft haben die Eindringlinge den Zusammenhalt der bestehenden Gemeinden sogar stärken können, wie beispielsweise die Hopi, die sich erfolgreich gegen die Spanier gewehrt haben. In Hawaiʻi, dessen Annexion im Jahre 1898 das letzte Kapitel der Amerikanisierung des Westens ausmacht, regen sich verstärkt Tendenzen einer ethnischen Selbstbestimmung.

Ganz im Gegensatz zum gewohnten Denken, das immer wieder auf das freie, unabhängige Individuum des *westerner's* abhebt, spielt die US-Bundesregierung dort eine nach wie vor beträchtliche Rolle. Sie besitzt nicht nur große Teile Land (in allen

# Willkommen im Wilden Westen 1

Staaten westlich der Rocky Mountains über 50 Prozent), sondern trägt nicht zuletzt durch staatliche Forschungs- und Rüstungsaufträge zur Ökonomie bei.

Die mit der Erschließung des Westens geschaffenen Distanzen forderten nicht nur neue Verkehrstechnologien heraus, sondern verstärkten auch den amerikanischen Mythos der Mobilität. Nach den staubigen Trails der Pioniere und der Planwagen der Siedler und den ratternden Eisenbahnwaggons bildeten schließlich die Highways die automobile Variante jenes Drangs nach Westen, der von

*Schnurstracks und krumm: Interstate 44 und Route 66 in Missouri*

Anfang an die Triebkraft amerikanischer Siedlungsgeschichte war. Besonders die Transitstrecken der Interstates erweisen sich als Fließbänder amerikanischer Odysseen und gelten als Anlass für Wunschträume und Visionen. Die extreme Beweglichkeit der Arbeitsplätze und die für den Westen typischerweise ausufernden Stadtentwicklungen zwingen dazu; ein Blick auf Houston, Phoenix oder Los Angeles genügt. Hinzukommen Einwanderungsströme, wie sie der Osten gar nicht mehr kennt. Aus allen Himmelsrichtungen, so scheint es, drängen Immigranten nach Texas, Kalifornien und

## Willkommen im Wilden Westen

Hawai'i. Entsprechend international sind auch die Industrien des Westens auf die Weltmärkte ausgerichtet.

Verständlicherweise setzt die »Entdeckung« Amerikas durch den modernen Massentourismus bei den vertrauten Stereotypen an. Dabei bleiben manche Regionen auf der Strecke: touristisches Niemandsland sozusagen. Das muss kein Nachteil sein, denn so sehr das Wiedersehen mit Kinomythen jede Reise lohnen kann, so sehr kann es zu überraschenden Eindrücken und Begegnungen mit Menschen kommen, die noch in keinem Katalog erwähnt werden. In *diesem* Sinn, nicht in dem der enormen Entfernungen, bleibt der amerikanische Westen auch in Zukunft ein weites Feld.

*Alltag in Las Vegas*

# Chronik: Daten des amerikanischen Westens

*von Siegfried Birle und Horst Schmidt-Brümmer*

### 1510
In Sevilla erscheint ein Roman des spanischen Schriftstellers García Rodríguez Ordóñez Montalvo, der von einer Insel »nahe dem irdischen Paradiese« berichtet, die von der Königin Califia regiert werde. Danach erhält »California« seinen Namen.

### 1528–36
Nach seinem Schiffbruch im Golf von Mexiko irrt Núñez Cabeza de Vaca zu Fuß durch den Südwesten des Kontinents und schlägt sich schließlich bis nach Mexiko durch. Seine Berichte von »vielerlei Hinweisen auf Gold« locken die Spanier nach Norden.

### 1539
Der Franziskanermönch Marcos de Niza folgt Cabezas Kunde und dringt von Mexiko her den Rio Grande aufwärts vor. Er kehrt mit fabelhaften Geschichten von den »Sieben Goldenen Städten von Cíbola« zurück.

### 1540–42
Francisco Vásquez Coronado führt eine Expedition ins Gebiet der Pueblo-Indianer, um die »Goldenen Städte« zu suchen.

### 1542
Auf der Suche nach der Nordwest-Passage berührt der spanische Seefahrer Juan Rodríguez Cabrillo die Küste Kaliforniens. Er landet als erster Europäer bei San Diego und begründet damit den Anspruch Spaniens auf Kalifornien.

### 1598
Don Juan de Oñate zieht mit Siedlern, Soldaten und Missionaren den »Rio Bravo del Norte« hinauf.

*1652: Kalifornien als Insel*

**Chronik: Daten des amerikanischen Westens** 2

Die Kolonisten bringen Saatgetreide, Rinder und Schafe, Ackergeräte und die Insignien des Christentums mit. Der Kolonisator verlangt für seine Leistung vom spanischen Vizekönig das Privileg, Minen anzulegen und die Indianer auszubeuten.

### 1610

Die Spanier gründen ihre »Villa Real de la Santa Fé de San Francisco« als Verwaltungszentrum für Nuevo México – zehn Jahre bevor die »Pilgerväter« in Massachusetts eintreffen. Santa Fe ist damit der älteste Regierungssitz und die älteste Provinzhauptstadt der USA. Die Kolonie am Rio Grande ist der nördlichste Vorposten des spanischen Kolonialreiches in Amerika und wird durch Karawanen aus Chihuahua mit Manufakturwaren versorgt; die Kolonie selbst produziert Häute, Wolle und Salz. Santa Fe wird Umschlagplatz für den Handel zwischen den Plains- und Pueblo-Indianern und später (ab 1822) Ziel des Santa-Fe-Handels aus Missouri: Dann kreuzen sich hier die Überlandrouten von und in die USA und nach Mexiko.

*Santa Fe im 19. Jahrhundert*

## 1680
Die Pueblo-Stämme rebellieren gegen die spanische Kolonialmacht, töten über 400 Siedler und Missionare und vertreiben die übrigen. Die Pueblos rebellieren, weil sie in den Minen der Spanier Zwangsarbeit leisten müssen, während nomadische Apachen und Navajo ihre Dörfer plündern. Dies ist der einzige siegreiche Indianeraufstand in der Geschichte Nordamerikas.

## 1691
Jesuitenpater Eusebio Kino beginnt mit der Missionierung Arizonas. Um 1700 gründet er nahe Tucson die Mission San Xavier del Bac.

*Indianische Büffeljagd auf einem Stich von 1844*

## 1692
Diego de Vargas besorgt die Wiedereroberung der Pueblos am Rio Grande. Nach einer weiteren Revolte 1698 erhalten die Pueblos eine gewisse Selbständigkeit.

## 1741
Unter Leitung von Vitus Bering erforschen die Russen Alaska. Sie beherrschen Alaska 126 Jahre lang als Monopolgebiet, bis sie es 1867 für 7,2 Millionen Dollar an die USA verkaufen.

## 1763
Nach dem Englisch-Französischen Krieg (1756–63) verliert Frankreich im Frieden von Paris fast seinen gesamten Besitz in Nordamerika – und der Wettlauf der übrigen Kolonialmächte nach Westen beginnt. Während England den Osten und Norden (Kanada) des Kontinents beherrscht und den Nordwesten (Oregon) beansprucht, kontrolliert Spanien das Land westlich des Mississippi; an der Westküste drängen die Russen von Alaska südwärts nach Kalifornien.

*»Queen of the Missions«: Missionskirche in Santa Barbara*

## 1769
Spanische Franziskaner unter Junipero Serra gründen bei San Diego die erste Mission in Alta California. Die Mönche legen ihre Missionen bevorzugt bei indianischen Siedlungen an, um die Bewohner zu bekehren und sie Handwerk, Viehhaltung und Ackerbau zu lehren. Mit der Missionierung und Kolonisierung Kaliforniens kommt Spanien britischen und russischen Expansionsbestrebungen

### Chronik: Daten des amerikanischen Westens 2

zuvor. Während die »Königsstraße« Alta mit Baja California verbindet, sorgt der »Old Spanish Trail« seit 1775/76 für die Verbindung von Süd-Kalifornien über Süd-Utah nach Nuevo México.

### 1776
Über dem Golden Gate gründen die Spanier das Presidio San Francisco de Asis, doch erst 1835 entsteht bei Mission Dolores die Siedlung Yerba Buena, aus der dann im Goldrausch von 1849 San Francisco erwachsen wird.

### 1778
Kapitän James Cook besucht die Inseln von Hawai'i.

### 1781
Eine Gruppe von 44 Siedlern gründet Los Angeles als spanischen Pueblo. Die Stadt ist schon damals über den Spanish Trail mit Nuevo México verbunden, aber richtig aufwärts geht es erst 100 Jahre später, als die Santa Fe Railroad 1885 Los Angeles über Albuquerque mit Chicago verbindet.

*Die Los Pobladores sind Indianer, Mulatten, Mestizen, Schwarze und Spanier; insgesamt 22 Erwachsene und 22 Kinder.*

### 1803
Die USA unter Präsident Thomas Jefferson kaufen das »Louisiana Territory« zwischen dem Mississippi und den Rocky Mountains für 15 Millionen Dollar von Napoleon; dadurch verdoppelt sich das Territorium der USA.

### 1804–06
Präsident Thomas Jefferson schickt Meriwether Lewis und William Clark auf dem Landweg in den Pazifischen Nordwesten. Das Expeditionskorps legt in zweieinhalb Jahren 8 000 Meilen zwischen Missouri und Pazifik zurück; es überwintert 1805 und 1806 in Fort Clatsop bei Astoria. – Ihre negative Einschätzung der Sioux-Indianer (»brutal und gewalttätig«) gipfelt in einem Appell an die US-Regierung, »etwas« dagegen zu tun.

### ab 1805
Zebulon Pike erkundet das Land zwischen Missouri und Rocky Mountains, überquert diese und zieht von Santa Fe den Rio Grande abwärts. Die Großen Ebenen nennt er eine »Sandwüste«, die nur für »unzivilisierte« Wilde bewohnbar sei.

**1810**
Die britische North West Fur Company, Tochter der Hudson's Bay Company, gründet Spokane House am Spokane River. Der Handelsposten beherrscht 15 Jahre lang den Pelzhandel nach Montreal.

**1811**
John Jacob Astor gründet Fort Astoria an der Mündung des Columbia, doch sein transpazifischer Pelz- und Gewürzhandel scheitert am Krieg von 1812.

Im folgenden Vierteljahrhundert fangen freie Trapper und angelernte Indianer die Pelztiere der Region; Biber und Seeotter werden fast ausgerottet. Unter den Indianern verbreiten sich Krankheiten und Alkoholprobleme, die sie dezimieren und demoralisieren.

**1812**
Die Russen gründen an der Küste Kaliforniens nördlich von San Francisco Fort Ross als Vorposten der Russisch-Amerikanischen Pelzkompanie. Von hier aus sollen Seeotter gejagt und die skorbutkranken Pelzjäger in Alaska mit Agrarprodukten versorgt werden. Als die Seeotter ausgerottet sind, verkaufen die Russen das Fort 1841 an den Großgrundbesitzer Johann August Sutter.

*Restauriertes Russland: die Kapelle von Fort Ross an der kalifornischen Nordküste*

**1819**
Die Außenminister der USA und Spaniens verhandeln die Grenze zwischen den USA und den spanischen Kolonien in Nordamerika. Die »Spanish Treaty Line« folgt im westlichen Louisiana dem Sabine, Red und Arkansas River aufwärts, schwenkt dann nach Norden, um am 42. Breitengrad – heute die Nordgrenze von Utah, Nevada und Kalifornien – geradlinig nach Westen zum Pazifik zu führen. Diese Grenze umreißt den Nordsaum des spanischen Einflusses in Nordamerika und definiert den Südwesten der heutigen USA als Kulturregion, in der sich indianische, spanische und angloamerikanische Einflüsse überschneiden.

**1821**
Mexiko löst sich von Spanien, doch kann die schwache neue Zentralregierung das weite Land von Texas bis Kalifornien kaum verwalten. Angloamerikanische Pelzjäger, Händler und Militärs

## Chronik: Daten des amerikanischen Westens 2

stoßen daher in dieses Vakuum vor. Die mexikanische Regierung säkularisiert die Missionen und vergibt deren Land als »Grants« oder »Ranchos« an Privatleute, um Besiedlung und Erschließung zu fördern.

William Becknell wird zum Pionier des Santa Fe Trail zwischen Independence, Missouri, und Santa Fe. Auf vollbepackten Frachtwagen schaffen amerikanische Händler knappe Industriewaren, vor allem Haushaltswaren und Stoffe, zu den 30 000 Siedlern am Rio Grande und nach Chihuahua. Sie kehren mit gewebten Teppichen und Decken sowie robusten Hochland-Eseln – und oft fünffachem Gewinn in Silberdollars und Goldbarren – aus New Mexico zurück. Erst mit der Anbindung von Albuquerque an die transkontinentale Eisenbahn 1880 kommt der Handel nach Santa Fe zum Erliegen.

### 1830

Der »Indian Removal Act« schafft die gesetzliche Grundlage für die gewaltsame Deportation der so genannten »Five Civilized Tribes« (Cherokee, Choctaw, Chickasaw, Creek und Seminole) ins »Indian Territory«, das heutige Oklahoma. Anglos erhalten Siedlungsverbot. Das Versprechen der Regierung, für immer das Land von weißen Siedlern freizuhalten, hält nicht lange.

*Der damalige Präsident Martin van Buren: »Kein Staat kann es je zur Kultur, Zivilisation und friedlichen Entwicklung bringen, solange man den Indianern erlaubt, dort zu bleiben, wo sie sind.«*

### 1836

Die angloamerikanischen Siedler im Norden der mexikanischen Provinz Coahuila sagen sich von Mexiko los und proklamieren die »Republic of Texas«. Sie sind nach Texas eingewandert, nachdem Mexiko 1821 die Grenzen geöffnet hatte. Da sie größtenteils aus dem Süden der USA stammen, besitzen sie Sklaven und verstoßen damit gegen mexikanisches Recht; in Mexiko ist die Sklaverei seit 1829 verboten. Die 187 Verteidiger des Alamo in San Antonio werden von der mexikanischen Übermacht bis auf den letzten Mann vernichtet, aber die Mexikaner unterliegen den Rebellen unter Sam Houston bei San Jacinto. Auf die Sezession folgen als nächste Schritte die Annexion von Texas (1845) und der Mexikanische Krieg (1846–48).

### 1838

Auf dem berüchtigten »Trail of Tears« ziehen 17 000 Indianer aus dem Südosten der USA nach Westen;

*Der Gral von Texas: der Alamo in San Antonio*

ein Viertel überlebt den gewaltigen Marsch ins »Indian Territory« (das spätere Oklahoma) nicht.

## 1839
Der Schweizer Einwanderer Johann August Sutter wird mexikanischer Staatsbürger und erhält einen 20 000 Hektar großen »Land Grant« am Zusammenfluss von American und Sacramento River. Hier gründet er seine private Kolonie Neu-Helvetien. Auf seinem Land wird 1848 die Hauptstadt von Kalifornien – Sacramento – vermessen und Gold gefunden.

## 1843
Mit der »Great Migration« ziehen 900 Siedler mit 120 Planwagen und 5 000 Stück Vieh über den Oregon Trail, Amerikas ersten Highway, ins Willamette Valley. Bis zum Bau der Eisenbahnen werden 350 000 Siedler, Goldsucher, Pelzhändler und Missionare die Strecke zurücklegen. Etwa ein Zehntel der Pioniere wird an den Strapazen des Trecks sterben. Ein Jahr später gründen Pioniere Portland, Oregon.

## 1845/46
John C. Fremont führt eigenmächtig eine Expeditionstruppe durch mexikanisches Territorium nach Kalifornien, wo er sich 1846 an der »Bear Flag Rebellion« zur »Eroberung Kaliforniens« beteiligt. Die Siedler des Sacramento Valley rufen die »Republic of California« aus.

## Chronik: Daten des amerikanischen Westens  2

### 1846
Eine von George Donner geführte Gruppe von Auswanderern nach Kalifornien scheitert dramatisch am frühen Wintereinbruch in der Sierra Nevada. Von den 87 Teilnehmern der »Donner Party« überleben 47, zum Teil durch Kannibalismus.

### 1846–48
Nachdem die USA unter ihrem expansionistischen Präsidenten James Polk Texas 1845 annektiert haben, bricht der Mexikanische Krieg aus. Der Siegeszug der amerikanischen Truppen führt diese durch schwach verteidigtes Gebiet bis nach Mexico City. Im Vertrag von Guadalupe Hidalgo muss Mexiko gegen eine Entschädigungssumme den gesamten Südwesten zwischen Texas und Kalifornien abtreten. Wenn auch der Friedensvertrag mexikanische Besitzrechte garantiert, so werden im folgenden doch viele »Ranchos« über den Druck der Steuer parzelliert und/oder verkauft. Gerechtfertigt wird die Expansion der USA mit »Manifest Destiny«: Demnach sind die Bürger der USA dazu bestimmt, »sich über den Kontinent auszubreiten, um sich darin zu entfalten« (John O'Sullivan).

### 1847
Nachdem die Mormonen oder »Heiligen der Letzten Tage« in New York, Missouri und Illinois verfolgt wurden, wandern sie unter Führung von Brigham Young in das unbesiedelte Utah-Territorium aus. Am Great Salt Lake gründen sie ihren Gottesstaat »Deseret« und legen ihre Hauptstadt Salt Lake City an. In diesem ariden und winterkalten Teil des Great Basin sichern sie sich durch künstliche Bewässerung Überleben und wirtschaftlichen Erfolg. In den Folgejahren gründen sie neue Siedlungen im ganzen Südwesten. Mit den Indianern gehen sie nachbarschaftlich um. Doch kann Utah erst Staat der Union werden (1896), nachdem die Polygamie offiziell abgeschafft worden ist (1890).

### 1848
James Marshall, Vorarbeiter des Großgrundbesitzers Sutter, entdeckt im Abzugsgraben von Sutters Mühle am American River Gold. Ein Jahr später beginnt der Goldrausch der »Forty-Niners«, durch den sich die Bevölkerung Kaliforniens in nur sechs Monaten verdoppelt und die Einwohnerzahl San Fran-

*1848 fand er die Nuggets in Sutters Mühle am American River, aber sie nützten ihm letztlich nichts, denn er starb verarmt: James Marshall*

ciscos auf 25 000 anwächst. Unter der sich ausbreitenden Gesetzlosigkeit leiden vor allem die Indianer.

## 1850
Kalifornien wird Staat der USA.

## 1853
Mit dem Gadsden Purchase arrondieren die USA ihren Besitz im Südwesten, indem sie für zehn Millionen Dollar den Süden Arizonas und New Mexicos von Mexiko dazukaufen.

## 1857
Der deutsche Einwanderer Wilhelm (William) Keil gründet im Willamette Valley die Old Aurora Colony, eine fundamental-christliche Bauern- und Handwerkerkommune. Sie zerfällt einige Jahre nach Keils Tod im Jahre 1885.

## 1858
Die Butterfield Stage, auch Southern Overland Mail genannt, versieht einen Post- und Passagierdienst zwischen Missouri und San Francisco (über Fort Smith, Arkansas; El Paso; Tucson). Nach Ausbruch des Bürgerkrieges 1861 wird die Strecke auf die zentrale Route über Salt Lake City verlegt; diese wird auch vom Pony Express (1860/61) bedient. Mit Fertigstellung der ersten transkontinentalen Eisenbahn 1869 wird der Dienst eingestellt.

## 1859
Gold- und Silberfunde im Comstock Lode in Nevada – eine der reichsten Lagerstätten, die je entdeckt wurden – lösen einen Bergbauboom aus, der bis 1879 andauert.

## 1864
Nachdem der Nordstaaten-General Carleton nach fünf Monaten Kampf die Mescalero-Apachen in New Mexico »befriedet« hat (1862), verfolgen seine Truppen nun gnadenlos die Navajo, verbrennen ihre Obstgärten und Felder und töten ihre Tiere. Rund 8 000 Navajo gehen auf den »Langen Marsch« nach Fort Sumner im Osten New Mexicos; viele kommen dabei um. 1868 dürfen die Navajo in ihre Heimat auf dem Colorado-Plateau zurückkehren, wo sie sich seitdem behaupten. Nevada wird Staat der USA.

*Die Macht des Goldes: der »Gold Rush« von 1849 zog Tausende nach Kalifornien*

## Chronik: Daten des amerikanischen Westens 2

*Wo einst die Eisenbahnmogule residierten, stehen heute in San Francisco Luxushotels – das Fairmont und Huntington zum Beispiel*

### 1866
Die Bundesregierung kauft Teile des »Indian Territory« von den Stämmen zurück, bricht damit ihr Versprechen und beantwortet die Wut der Indianer durch militärische Gewalt und den Ausbau eines Fort-Systems.

### 1869
Nach einem Wettlauf der Eisenbahngesellschaften Union und Central Pacific wird bei Promontory in Utah der letzte Nagel ins Gleis der ersten transkontinentalen Eisenbahn geschlagen. Präsident Abraham Lincoln hatte bei der Gründung der Union Pacific 1862 verfügt, dass die Bahn von Council Bluffs, Iowa, ausgehen und sich irgendwo zwischen Omaha, Nebraska, und Sacramento, Kalifornien, mit ihrem Gegenstück treffen müsste. Über Council Bluffs sind Chicago und das ohnehin schon dichte Schienennetz des Ostens angebunden. Im Westen bauen die Magnaten Stanford, Huntington, Hopkins und Crocker – zunächst bis Sacramento, dann bis Oakland. Mit Hilfe Tausender »importierter« chinesischer Kulis, staatlicher Gelder und Landschenkungen streichen sie hohe Gewinne ein, die später in die nach ihnen benannten großen Stiftungen fließen. Viele der Chinesen bleiben im Land und legen den Grundstock für San Franciscos Chinatown.

Major John Wesley Powell erkundet die Canyons des oberen Green und Colorado River per Boot. Er wiederholt die Fahrt zwei Jahre später (1871) und berichtet darüber in seinem populären Buch »The Exploration of the Colorado River and Its Canyons«. Thomas Moran, der mit John Wesley Powell unterwegs war, malt eindrucksvoll die Schluchten des Grand Canyon (1873).

### 1870
Erste Obstplantage im Yakima Valley in Washington State! Jetzt wird Indianerland parzelliert, privatisiert, an weiße Siedler veräußert oder verpachtet, bewässert und bepflanzt. Heute ist das Tal ein einziger Obst- und Weingarten.

### 1872–73
Im Modoc War widerstehen die Indianer Nord-Kaliforniens den weißen Siedlern und widersetzen sich ihrer Umsiedlung in das Klamath-Reservat in Ore-

gon. Ein halbes Jahr lang harren sie auf den Lavafeldern südlich Tule Lake aus, dann werden sie von Truppen der US-Armee vertrieben. Ihr Anführer Captain Jack wird verurteilt und gehängt.

## 1874
Die durch die Goldfunde in den Black Hills in South Dakota angezogenen Glücksritter vertreiben die Sioux aus ihrem angestammten und ihnen als heilig geltenden Land. Das löst die Kriege der Plains-Indianer aus. Viele ihrer Anführer sind in die Legendenbücher des Westens eingegangen: Red Cloud, Crazy Horse, Sitting Bull und Big Foot. Die größte Schlacht war die am Little Big Horn in Montana, die, trotzdem die Indianer hier siegten, ihre Niederlage einleitete.

## 1875
Die indianische Ära von Oklahoma endet. Durch die Ausrottung der Büffel (unter tatkräftiger Beteiligung gefeierter Wildwest-Helden wie Wild Bill Hickok, Pat Garrett und Buffalo Bill Cody), werden den Indianern die Lebensgrundlagen entzogen. Jetzt ist die Grasprärie frei für die Viehherden aus Texas, die schon länger auf dem Weg zu den Bahnstationen in Kansas das Land über verschiedene Trails kreuzten. Der Siedlungsdruck wächst. Nach

*Regierung an der Quelle: Ölbohrturm vor dem Kapitol in Oklahoma City*

## Chronik: Daten des amerikanischen Westens 2

den Viehherden müssen die Indianer die Eisenbahn passieren lassen, Holzindustrie und Kohlebergbau ziehen Arbeitskräfte an.

### 1876
Colorado wird Staat der USA.

### 1878
John Wesley Powell unterbreitet dem Kongress seinen »Report on the Lands of the Arid Regions of the United States«. Damit beginnt die Debatte über Sinn und Zweck von Staudammprojekten im Westen, die 1902 in den Reclamation Act mündet.

### 1881
Neben der Union/Central Pacific wird eine weitere transkontinentale Eisenbahn vollendet, als die Atchison, Topeka & Santa Fe Railroad bei Deming in New Mexico auf die Southern Pacific trifft. Die Bahnen bringen wirtschaftlichen Aufschwung, indem sie Siedler und Ausrüstung heranholen und die Erzeugnisse der Region zu fernen Märkten schaffen. Von Atchison und Topeka in Kansas kommend, fördert die Santa Fe Railroad Viehzucht, Bergbau und Einwanderung in ihrem Bereich: Albuquerque verdoppelt in zehn Jahren seine Einwohnerzahl, und Las Vegas (New Mexico!) wird zum Wollzentrum des Südwestens. Die Southern Pacific, die Texas über El Paso und Tucson mit Kalifornien verbindet, weckt Süd-Kalifornien aus seinem Dornröschenschlaf. Spekulanten werben mit dem milden Klima und lösen einen »Landrausch« aus, der die Blüte Kaliforniens als Erholungslandschaft und Freizeitparadies einleitet. Da die Absatzwege nach Osten durch die Bahn erschlossen sind, können jetzt unter künstlicher Bewässerung delikate Früchte und Gemüse angebaut und vermarktet werden.

*Chinesische Kulis beim Eisenbahnbau in Kalifornien*

### 1882
Mit dem Chinese Exclusion Act wird die Einwanderung von Chinesen in die USA für zehn Jahre unterbunden. Chinesen waren seit 1850 als Bergleute und Bahnarbeiter im Lande tätig. Im Territorium Washington wird ihnen zudem 1886 der Besitz von Grund und Boden verboten; viele Chinesen flüchten von Seattle nach Kalifornien, andere arbeiten fortan als Gärtner, betreiben Wäsche-

reien oder Restaurants. Heute sind sie auf spezielle Viertel in Seattle und Portland konzentriert.

## 1883
Die transkontinentale Northern Pacific erreicht Portland. 1886 steht die Verbindung nach San Francisco (via Southern Pacific), 1887 die Stichbahn nach Tacoma; Seattle ist erst 1892 an der Reihe. Damit wird Portland zum führenden Bahn- und Schifffahrtsknoten der Region. Der Ausbau des Eisenbahnnetzes bewirkt ein schnelles Wachstum des Nordwestens.

## 1886
Mit 36 Getreuen wird Geronimo, der letzte Anführer der Chiricahua-Apachen, gefangen, nachdem er 20 Jahre lang Siedler im Grenzraum zwischen Arizona und Mexiko terrorisiert hatte und den Truppen der US-Armee immer wieder ins unwirtliche Bergland von Süd-Arizona entkommen war. Damit ist der letzte Indianerkrieg im Südwesten beendet.

*Mit der Hand am Abzug seines berühmten Colts: Apachenhäuptling Geronimo*

## 1889
South Dakota tritt der Union bei. Im gleichen Jahr erklärt die Bundesregierung plötzlich einzelne Landesteile des »Indian Territory« zu besiedelbarem Land. Am 22. April 1889 gehen auf ein Startsignal hin 50 000 Siedler von den vier Grenzlinien aus ins Rennen, auf einen *land run*, um die jungfräuliche Prärie zum Nulltarif in Besitz zu nehmen. Ganze Zeltstädte entstehen bis zum Abend, darunter Oklahoma City. Ein Jahr später verbleibt nur noch der östliche Teil als »Indian Territory«, der Rest heißt schon »Oklahoma Territory«. Der letzte Versuch der Indianer, die endgültige Annexion zu verhindern und stattdessen einen eigenen Staat zu gründen, stößt im Kongress auf taube Ohren.

## 1890
Das Massaker der Unionstruppen an den Sioux-Indianern am Wounded Knee Creek in South Dakota beendet die Indianerkriege in den Great Plains. Das Bureau of the Census erklärt die Siedlungsgrenze *(frontier)* für geschlossen, da die unbesiedelten Gebiete (weniger als zwei Einwohner pro Quadratmeile) nunmehr in hohem Maße von Siedlungen durchdrungen sind. Ein Blick auf die Bevölkerungskarte der USA von heute zeigt jedoch, dass

## Chronik: Daten des amerikanischen Westens 2

die Becken- und Gebirgslandschaften des Südwestens auch weiterhin zu den am dünnsten besiedelten Gebieten des Landes gehören.

Auf Initiative von John Muir, dem Gründer des Sierra Club, und anderer Naturschützer werden die Nationalparks Yosemite und Sequoia in Kalifornien gegründet. Damit sind diese Naturdenkmäler vor privater Ausbeutung geschützt.

### 1897
Der Dampfer »Portland« bringt zwei Tonnen Gold aus Alaska nach Seattle, und der Goldrausch am Yukon beginnt. Kanada verlangt Vorräte und Ausrüstung für ein Jahr – und Seattle stattet aus. Von 1890 bis 1910 wächst Seattle um das Sechsfache und überflügelt Portland. Es wird zum führenden Seehafen und zur Handelsmetropole der Region. Die Alaska-Yukon-Pacific Exhibition von 1909 ist die erste Weltausstellung des Nordwestens.

### 1900
Silberfunde in Tonopah, Nevada, lösen einen Boom aus, dem 1902 der Goldboom von Goldfield folgt; in den Jahren des Booms (bis 1910) ist Goldfield die größte Stadt in Nevada. Ely in Nevada wird zu einem Zentrum des Kupferbergbaus.

### 1902
Der Reclamation Act soll nach den Vorstellungen von Präsident Theodore Roosevelt »den Naturschutz, die Landerschließung und die Bewässerung« fördern. Nach dem Gesetz werden speziell Bewässerungsprojekte in den 16 Staaten des Westens gefördert und vor allem durch Landverkauf in diesen Staaten finanziert. Später (1923) treten als weitere Ziele Hochwasserschutz, Wasserkraft- und Trinkwassergewinnung sowie Erholung hinzu. Zu den spektakulärsten Projekten gehören Boulder/Hoover Dam mit Lake Mead am Colorado, das Central Valley Project in Kalifornien, Glen Canyon Dam mit Lake Powell am Colorado sowie die Staudämme und -seen am Rio Grande und Salt River. Heute sind die Flüsse des Südwestens fast völlig ausgeschöpft.

### 1906
Ein katastrophales Erdbeben und ein dreitägiger Feuersturm verwüsten San Francisco. Die geologische Ursache sind tektonische Spannungen ent-

*Das neuerdings boomende Las Vegas hat das Problem der ausreichenden Wasserversorgung im Südwesten wieder auf die Tagesordnung gesetzt.*

*Einsturz: Am 18. April 1906 bebte in San Francisco die Erde besonders heftig*

lang der San-Andreas-Spalte. Umso moderner wird San Francisco wieder aufgebaut: mit Civic Center, Panama-Pazifik-Ausstellung von 1915 und den großen Brückenbauten der 1930er Jahre.

**1907**
Oklahoma wird US-Bundesstaat.

**1908**
In Hollywood formiert sich die Filmindustrie, die der Region wichtige wirtschaftliche Impulse gibt. Los Angeles überholt San Francisco um 1920 als bevölkerungsreichste Stadt Kaliforniens. Bewässerter Plantagenbau und Ölfunde machen Südkalifornien zum bedeutenden Wirtschaftsraum.

**1909**
Der Staat Washington führt das Frauenwahlrecht ein, Oregon folgt drei Jahre später. Die beiden Nordweststaaten sind der Nation damit etwa zehn Jahre voraus – eine späte Ehrung für die Pionierfrau?

**1912**
Arizona und New Mexico werden Staaten der USA.

**1913**
Ein Aquädukt versorgt Los Angeles mit Wasser aus dem Owens Valley. In den 1920er Jahren muss der Aquädukt verlängert werden, und 1940 reicht er bis Mono Lake. Zwischen Los Angeles und den

**Chronik: Daten des amerikanischen Westens 2**

Ranchern im Owens Valley bricht 1924 ein »Kleiner Bürgerkrieg« aus, bei dem der Aquädukt bombardiert wird. Der ständig steigende Wasserbedarf der Städte in Süd-Kalifornien macht weitere Wasserimportprojekte nötig: den Colorado River Aqueduct, der Wasser des Colorado River ableitet, und den California Aqueduct, der Süßwasser aus dem Mündungsdelta des Sacramento und San Joaquin River heranschafft.

**1916**
Der National Park Service wird als Bundesbehörde gegründet, nachdem bereits 14 Nationalparks bestehen. Die Parks sind besonders im Südwesten dicht gesät und bilden eine Attraktion und einen Wirtschaftsfaktor für die Region.

William Boeing verlegt seine Werkstatt an den Duwamish River bei Seattle und baut Flugzeuge. Stufen des Aufstiegs sind die Bomber B-17 und B-29 im Zweiten Weltkrieg, der Verkehrsjet 707 (1954) und das zweimotorige Großraumflugzeug 777 (1995). Boeing ist Washingtons größter Arbeitgeber.

**1919**
Der Grand Canyon National Park in Arizona wird gegründet.

*Das flüssige Gold Kaliforniens: Bohrfeld in Signal Hill, Los Angeles*

## 1921
Am Signal Hill in Los Angeles wird das bis dahin größte Ölfeld erbohrt, und Süd-Kalifornien wird zu einem Zentrum der Ölindustrie. In den 1950er Jahren werden weitere Ölfelder vor der Küste erschlossen.

## 1926
Geburtsjahr der Route 66: am 11. November erhält der vom Unternehmer Cyrus Stevens Avery aus Oklahoma konzipierte und promotete US-Highway offiziell die Nummer 66. Avery gilt fortan als »Father of Route 66«. Allerdings besteht die als »Agent des Fortschritts« begrüßte Strecke zunächst noch aus einem Flickenteppich unterschiedlich brauchbarer Wege und *dirt roads*. Doch zweifellos markiert die Pioniertat den Wendepunkt vom Straßenbau als kommunale Initiative zu koordinierter staatlicher Planung – eine Weichenstellung, die fortan zur Auflösung regionaler Kultur und zu einer Angleichung des *American Way of Life* beitragen wird.

*Emblem der Mobilität: die Straße durchquert acht Bundesstaaten, mehr als 300 Städte und drei Zeitzonen – 2 249 Meilen oder 3 598 Kilometer*

## 1928
Walt Disney kreiert in Hollywood die Filmfigur Mickey Mouse.

## 1931
Der Staat Nevada legalisiert das Glücksspiel. Dies und der Baubeginn des Hoover Dam sind die Startschüsse für den Aufschwung von Las Vegas zum Touristenzentrum erster Güte.

## 1933
Eine Reihe von Dürrejahren löst in den Großen Ebenen Staubstürme aus, die bis 1939 andauern. Eine Welle von »Arkies« und »Okies« ergießt sich aus der »Dust Bowl« von Arkansas und Oklahoma nach Westen, besonders nach Kalifornien. Für die großen Farmbetriebe mit ihren Spezialkulturen stellen sie billige Arbeitskräfte dar. John Steinbeck beschreibt ihr Schicksal in »Grapes of Wrath« (Früchte des Zorns, 1939).

In San Francisco beginnt der Bau der San Francisco-Oakland Bay Bridge (bis 1936) und der Golden Gate Bridge (bis 1937) als Teil von Arbeitsbeschaffungsmaßnahmen im Rahmen des New Deal von Präsident Franklin D. Roosevelt. Mit der Fertigstellung versiegt der einst dichte Fährverkehr auf der Bucht von San Francisco.

# Chronik: Daten des amerikanischen Westens

### 1941
Nach der Bombardierung von Pearl Harbor, Hawai'i, wird San Francisco Kommandozentrale für den pazifischen Raum und wichtiger Kriegshafen.

Der Zweite Weltkrieg bringt einen Aufschwung der Rüstungsindustrie im ganzen Südwesten der USA.

### 1942
Etwa 120 000 Amerikaner japanischer Herkunft, die an der Westküste leben, werden aus Sicherheitsgründen in zehn »Relocation Centers« im Landesinneren interniert.

### 1942–64
Mit dem Bracero-Programm wirbt die US-Regierung mexikanische Landarbeiter an, um dem kriegsbedingten Arbeitskräftemangel in der Landwirtschaft abzuhelfen. Die meisten dieser Landarbeiter gehen nach Texas und Kalifornien. Viele von ihnen bleiben nach Ablauf des Programms im Lande und bilden den Grundstock der Mexican-Americans oder Chicanos von heute, die mit 13,5 Millionen (1990) die größte Volksgruppe der Hispanics ausmachen. Sie leben überwiegend in den vier Grenzstaaten Kalifornien, Arizona, New Mexico und Texas.

### 1945
Auf einem Versuchsgelände in New Mexico wird die erste Atombombe gezündet, an der man seit 1942 in den Forschungslaboratorien von Los Alamos gearbeitet hat. Bald danach fallen die Bomben auf Hiroshima und Nagasaki.

### 1947
Kalifornien rückt zum Agrarstaat Nummer eins der USA auf. Klima, Bewässerung, billige Arbeitskräfte und Kühlwaggons ermöglichen den diversifizierten Anbau frischer Produkte für den nationalen Markt. Bis 1986 wird Kalifornien 17 Prozent der gesamten bewässerten Fläche der USA besitzen und darauf die Hälfte aller Früchte, Nüsse und Gemüse erzeugen.

### 1955
Disneyland öffnet seine Pforten in Anaheim bei Los Angeles. Walt Disney hat den Park als Themenpark gestaltet.

*Kalifornischer Obsthandel: altes Apfelsinen-Label*

**1956**
Der Kongress schafft die gesetzliche Grundlage für ein Netz von Interstate Highways von 41 000 Meilen Länge. In den folgenden Jahren werden im Südwesten die Interstates 80, 15, 40, 10 und 8 gebaut. Aus nahe liegenden topografischen Gründen folgen sie in groben Zügen den Routen der Trails und transkontinentalen Eisenbahnen.

**1962**
Cesar Chavez beginnt die Landarbeiter in Kalifornien zu organisieren. Die von ihm gegründete Gewerkschaft »United Farm Workers Union« erstarkt im Streik gegen die kalifornischen Traubenfarmer 1965–70.

**1965**
Der US-Handel mit Asien übertrifft an Volumen erstmals den mit Europa – ein Zeichen für die wachsende Bedeutung des pazifischen Raumes und der Westküste der USA. In den folgenden Jahrzehnten nimmt die Einwanderung von Chinesen, Japanern, Koreanern, Filipinos etc. entsprechend zu, bis die Asiaten in den 1980er Jahren 47 Prozent der Einwanderer stellen – mehr als die Hispanics. Die neuen Einwanderer siedeln sich vor allem in den großen Zentren der Westküste wie San Francisco und Seattle und den Landstädten Kaliforniens an.

**1967**
Das Monterey Pop Festival und der »Summer of Love« in San Francisco bilden Höhepunkte der Hippie-Bewegung. San Francisco wird zu einem Zentrum der neuen Jugendkultur und freierer Lebensformen; an der Universität von Berkeley formiert sich der Protest gegen den Vietnam-Krieg. Trotz des Erstarkens konservativer Kräfte – Ronald Reagan wird noch 1967 Gouverneur von Kalifornien – behaupten sich die liberalen Traditionen der Stadt in einer starken Präsenz von Minderheiten (beispielsweise Gays), Bürgerinitiativen und Umweltgruppen bis heute.

*... getreu dem Text und Sound: »If you're going to San Francisco ...«*

**1970er**
Im »Silicon Valley« zwischen Palo Alto und San Jose in Kalifornien entwickelt sich ein Weltzentrum der Computerindustrie.

### Chronik: Daten des amerikanischen Westens 2

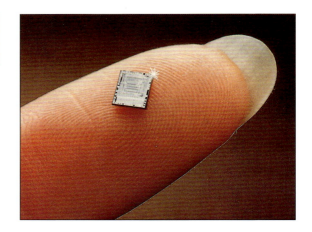

*Mit spitzem Finger: Chip aus dem Silicon Valley, Kalifornien*

**1971**
Starbucks eröffnen ihre Filiale am Pike Place Market in Seattle und begründen eine Kaffee- und Espressokultur, die den Nordwesten erfasst.

**1978**
Bürgermeister George Moscone von San Francisco und sein Stadtrat Harvey Milk, der erste prominente, »bekennende« homosexuelle Politiker, werden in San Francisco von einem Fanatiker erschossen. Das Ereignis führt zur Anteilnahme der Bevölkerung und zur Festigung der Rechte der Gays. Auch im Zeichen von AIDS beweist San Francisco ein hohes Maß an Solidarität mit seinen Randgruppen.

**1980**
Ausbruch des Kaskadenvulkans Mount St. Helens, der etwa 400 Meter an Höhe verliert. Explosionsdruck und Schlammlawinen zerstören den Wald, töten alles Wild und kosten Menschenleben.

**1981**
Der Bhagwan Shree Rajneesh trifft mit Gefolge in Antelope in North Central Oregon ein. Lebensstil und politische Eingriffe führen zu Spannungen mit der Bevölkerung. Nach dem Zerfall der Kommune verlässt der Bhagwan 1985 das Land.

*Viel Licht und Sicht: das Getty ▷ Center in den Santa Monica Mountains. Architekt: Richard Meier*

**1983**
Sun City West wird in Arizona gegründet – die kleinere Schwester der erfolgreichen Seniorensiedlung Sun City bei Phoenix.

## Chronik: Daten des amerikanischen Westens 2

### 1990
Die Bevölkerung des Südwestens nimmt weiterhin rasant zu. Die Gründe liegen in der anhaltenden Attraktivität des Raumes für Firmen und Privatleute – dem angenehmen Klima, billigen Arbeitskräften, günstigen Grundstücksangeboten etc.

### 1992
Nach dem Freispruch für drei Polizisten, die den Schwarzen Rodney King schwer misshandelt hatten, erschüttern Rassenunruhen Los Angeles.

### 1997
In Los Angeles eröffnet auf den Hügeln der Santa Monica Mountains das Getty Center, das mit einer Milliarde US-Dollar Baukosten nicht nur teuerste, sondern auch größte Kunstmuseum der Welt.

*Im Rennen um den Spitzenplatz in der amerikanischen Kunstszene hat Los Angeles damit gegenüber New York einen dicken Punkt gewonnen.*

### 2000
Schwere Brände vernichten große Waldgebiete in Kalifornien und im Südwesten.

### 2001
Nach knappem Wahlausgang und einer Entscheidung des Obersten Gerichtshofs wird George W. Bush Präsident der USA.

Am 11. September erleiden die USA den größten Schock ihrer Geschichte. Terroristen zerstören das World Trade Center in New York. Über 3 000 Menschen finden den Tod.

### 2002
Im Februar finden in Salt Lake City und Umgebung, Utah, die Olympischen Winterspiele statt.

### 2003
Die von Frank O. Gehry konzipierte Walt Disney Concert Hall wird in Los Angeles eröffnet.

### 2004
Arnold Schwarzenegger, gebürtiger Österreicher, wird Gouverneur von Kalifornien.

### 2008
Mitte September richtet Hurrikan »Ike« an der texanischen Golfküste, besonders in Galveston und Houston, verheerende Schäden an. Mindestens 30 Menschen verlieren ihr Leben.

*Walt Disney Concert Hall, Los Angeles. Architekt: Frank O. Gehry*

# Die schönsten Reiseregionen

**3**

## St. Louis und der Mittlere Westen
Himmel, Weite und Licht

Provinz – denken die meisten Überflieger, die von Küste zu Küste jetten, über das Binnenland, das dazwischen liegt. Jene, die von Key West bis Cape Cod, von Malibu bis Mendocino alles kennen und schätzen, sehen das *heartland* Amerikas meist nur von oben herab: als ein *Flyover*-Land. Dass die Landschaften der Großen Prärien gleichwohl sehr amerikanische Charakterzüge zum Ausdruck bringen, daran besteht kein Zweifel. »Eines ist sicher«, schreibt der Schriftsteller William Least Heat-Moon, »Will man Amerika kennen, dann muss man wenigstens einmal in einer Grasebene gestanden haben, die vom Ellenbogen bis zum Horizont reicht, denn in diesem unendlichen Grasland ist

*Mississippi-Transfer: »Old Man River« in St. Louis*

# Mittlerer Westen St. Louis 3

alles enthalten, was das Herz Amerikas ausmacht – Himmel, Weite und Licht.«

Wenn es einen Punkt gibt, von dem zumindest angenommen wird, hier hätte die Völkerwanderung in den Westen und mit ihr der amerikanische Siedlermythos begonnen, dann liegt er im Mississippi-Tal und heißt **St. Louis**. Historisch sind da Zweifel angebracht, denn *de facto* waren andere Orte in Missouri Sammel- und Ausgangspunkte für die Trails und Trecks nach Westen, nämlich Franklin, Independence, St. Joseph und Kansas City. Dennoch war auch St. Louis bis zum Bürgerkrieg ein Ausrüstungszentrum für Siedler der Umgebung und Überlandfahrer; schließlich bot es den wichtigsten Hafen für einen halben Kontinent. Jedenfalls versteht sich die Stadt als »Gateway to the West« für Pioniere, Trapper, Siedler und Abenteurer. Der riesige Stahlbogen des **Gateway Arch** am Mississippi symbolisiert diesen Anspruch. Gleich unterhalb von ihm, im **Museum of Westward Expansion**, kann man sich die Go-West-Vision von Thomas Jefferson vor Augen führen.

Nichts, aber auch gar nichts erinnert hier am Zusammenfluss von Mississippi und Missouri daran, dass die Stadt einmal als winziger Trading Post französischer Pelzhändler angefangen hat, gegründet 1764 von Pierre Laclede Liguest, ironischerweise unter spanischer Krone, was die Franzosen aber zu dieser Zeit gar nicht wussten.

Mit dem Louisiana Purchase, durch den Thomas Jefferson 1803 von Napoleon einen riesigen Batzen Land kaufte, verlor die Kolonialstadt durch die Invasion angloamerikanischer Pioniere nach und nach ihren französischen Charakter. Während noch im gleichen Jahr die Pioniere Lewis und Clark ihre folgenschwere Expedition in den Nordwesten der USA ausrüsteten, um das gerade von Jefferson erworbene Louisiana Territory zu erkunden und für die Westbesiedlung vorzubereiten, kontrollierte St. Louis bald und jahrzehntelang die Ökonomie zwischen dem Mississippi und den Rocky Mountains.

Ab den 30er Jahren des 19. Jahrhunderts waren es vor allem deutsche Auswanderer, die in der Stadt Fuß fassten, deren Einfluss sich am sichtbarsten (aber keineswegs ausschließlich) an den zahlreichen Brauereien manifestierte. Ein schlimmes Feuer durchkreuzte 1849 kurzfristig den wirtschaftlichen Aufstieg. Als man danach viele Ge-

*Die Nummer eins unter den Brauern in St. Louis: die Anheuser-Busch Brewery, die Quelle von »Bud« und »Michelob«.*

bäude mit schmiedeeisernen Fronten wieder aufbaute, führte das u. a. dazu, dass sich St. Louis landesweit als führender Produzent und Exporteur von architektonischen Eisenteilen profilierte.

Als aggressive Eisenbahnbauer aus Chicago der Stadt mehr und mehr das flussgebundene Transportmonopol streitig zu machen suchten, holte man zum Gegenschlag aus und baute ein lukratives Vertriebsnetz im amerikanischen Südwesten auf. Das Land zwischen Arkansas und Utah wurde überschwemmt mit illustrierten Katalogen, Anzeigenblättchen und Schwärmen von Handelsvertretern. In beinahe jede Stadt, die einen Bahnhof hatte, gelangten Küchengeräte, Möbel, Drogerieartikel etc. *made in St. Louis* per Direktbestellung. Die Regale der Country Stores im Westen füllten sich mit Konsumgütern von Grossisten aus St. Louis.

Dieses Prinzip der merkantilen Westorientierung wandte die Stadt sogar auf sich selbst an. Downtown wanderte nach Westen. Viele Kaufleute und Großhändler suchten nicht mehr die Nähe des Flusses, sondern die der Eisenbahn. Die Geschäfte liefen gut, und die EXPO 1904 (einschließlich der ersten Olympischen Spiele auf US-Boden) bedeutete ein weiteres Glanzlicht in der Stadtgeschichte.

Weltkrieg, Depression und Prohibition schwächten die Wirtschaftskraft beträchtlich, doch auch in diesen schweren Zeiten investierte man in die Zukunft. Finanziert von lokalen Geschäftsleuten, flog Charles Lindbergh 1927 den »Spirit of St. Louis« solo über den Atlantik.

Gestärkt durch seine nach wie vor günstige strategische Verkehrslage zwischen West und Ost, Nord und Süd, durch eine stattliche Zahl an Firmensitzen (u. a. General Motors, Ford und Chrysler; Ralston Purina, Tierfutter; Anheuser-Busch, Bier, und McDonnel-Douglas, Raum- und Luftverkehr, und durch aktuelle Maßnahmen der Stadterneuerung *(urban renewal projects)* behauptet sich St. Louis heute tapfer als Metropole des »Herzlandes« Amerikas gegen die typischen Erosionserscheinungen, unter denen immer noch viele US-Großstädte leiden, nicht zuletzt, weil überall zu viel Wirtschaftskraft in die Vororte abgewandert ist. Gerade mal knapp 500 000 der 2,4 Millionen St. Louisans wohnen im Zentrum; außerdem hat

*»Meet me in Saint Louie, Louie,*
*Meet me at the fair.*
*Don't tell me the lights are*
*shining*
*Any place but there.«*
*Song von Judy Garland im Film*
*von Vincente Minelli »Meet Me*
*in St. Louis« über die Weltausstellung 1904.*

**Mittlerer Westen
St. Louis
Missouri**

die Stadt im ganzen gesehen Einwohner verloren, seit den 1970er Jahren sogar prozentual mehr als alle anderen ihrer Größenordnung.

Doch fleißig, bodenständig und robust zu sein, das waren von jeher die bestimmenden Charakterzüge von St. Louis. Nie hatte es viel gemein mit seiner glamourösen Schwester im Tiefen Süden, mit New Orleans und dessen Laisser-faire – heißen Blues und kühlen Jazz ausgenommen.

Dass Missouri noch tief im touristischen Windschatten liegt, ist ihm bisher insofern gut bekommen, weil es seinen ländlich-lieblichen Charakter ansehnlich bewahrt hat. Kein Wunder, denn der Staat mit den »Menschen mit den großen Kanus« (so die Bedeutung seines indianischen Namens) besteht noch zu einem guten Drittel aus fruchtbarem Ackerland und ergiebigen Vieh-Ranches; Flugzeug-, Auto- und andere Produktionsbetriebe machen den Rest des Wirtschaftsaufkommens aus.

Zwischen den Himmelsrichtungen kultiviert Missouri seine Mittelposition. St. Louis gilt als die letzte Metropole des Ostens, Kansas City als die erste des Westens, beide verbunden durch den Missouri

*Downtown St. Louis*

River als Ost-West-Achse. Vielleicht ist es tatsächlich die mittige Lage, die Missouri, das *Big Prairie Country*, zu einem amerikanischen Mikrokosmos macht. Dazu gehören auch Schattenseiten, etwa jener Typ von Zuzüglern, die als regierungsfeindliche Elemente gelten, als *anti-government people*, die sich hier verstecken, indem sie sich große Flächen Land kaufen, wo sie unauffindbar sind – ein aktuelles Beispiel für die wachsende Macht der Geheimbünde und oft schwer bewaffneten Milizen *(militia)*, die spätestens seit dem Sprengstoff-Attentat in Oklahoma City ins Gerede gekommen sind. Sie wollen mit nichts und niemandem etwas zu tun haben, keine Steuern zahlen, dafür aber Marihuana pflanzen, mit Drogen handeln oder sonst was basteln, vor allem aber wieder Recht und Ordnung in die eigene Hand nehmen.

Außer St. Louis, seinem vor allem mit moderner Kunst gut bestückten **Museum of Art** (für Freunde von Max Beckmann ein Muss!) und seiner sehenswerten **Anheuser-Busch-Brauerei**, hat das beschauliche Missouri zahlreiche Highlights zu bieten. Etwa in **Hannibal**, der kleinen Hafenstadt am Mississippi, der sie oft mit verheerenden Überschwemmungen heimsucht – wie zuletzt 2008. Hier steht das Haus, in dem Samuel Clemens, alias Mark Twain, seine Jugend verbrachte und dessen Umgebung als Grundlage für viele Schauplätze seiner Romane diente. In der Nähe liegt die Mark Twain Cave, in die sich Tom und Becky in den »Abenteuern des Tom Sawyer« verirrten.

An Höhlen mangelt es überhaupt nicht in Missouri, die **Meramec Caverns** bei Stanton zählen zu den bekanntesten. Wiedertaufen, Ku-Klux-Klan-Versammlungen und heimliche Stelldicheins spielten sich hier ab, Jesse James nutzte sie als Versteck, andere als Partykeller, Tanzsaal oder als Bunker. Und illegale Schnapsbrenner fühlten sich dort ebenso geborgen wie flüchtige Sklaven aus den Südstaaten auf dem Weg nach Norden.

Missouri (zusammen mit Oklahoma und Arkansas) bietet im Übrigen die einzige hügelige Abwechslung zwischen den Appalachian und den Rocky Mountains: durch die **Ozarks**. Über die Bewohner dieses quellenreichen Mittelgebirges kursieren ähnliche Anekdoten wie über die Hinterwäldler aus Tennessee, Kentucky und West Virginia: Sie seien ziemlich einfältige Bergbauern

---

## Missouri (MO)

Name: identisch mit dem Stamm der Missouri-Indianer; *missouri* bedeutet »Menschen der großen Kanus«.

Bevölkerung: 5 878 415, davon 84 % Weiße, 11,3 % Schwarze, 2,8 % Hispanier, 1,5 % Asiaten, 0,4 % Indianer, 0,1 % Hawaiianer.

Größe: 178 446 km$^2$ (Rang 18)

Hauptstadt: Jefferson City

Staatshymne: »Missouri Waltz«

Spitzname: *Show-me State*

Wirtschaft: Raumfahrtindustrie, Transportgewerbe, Lederwaren, Landwirtschaft, Tourismus.

Besonderheiten: der 1931 durch den Bagnell Dam gestaute Ozark River bildet den größten künstlichen See der Welt.

VIPs: Robert Altman, Filmregisseur; Burt Bacharach, Komponist; Josephine Baker, Sängerin und Tänzerin; Grace Bumbry, Sängerin; William Burroughs, Schriftsteller; Walter Cronkhite, TV-Journalist; T. S. Eliot, Schriftsteller; Jean Harlow, Schauspielerin; John Huston, Filmregisseur; Jesse James, Outlaw; John Joseph Pershing, General; Vincent Price, Schauspieler; Ginger Rogers, Tänzerin und Schauspielerin; Harry S. Truman, Präsident; Mark Twain, Schriftsteller; Dick Van Dyke, Schauspieler.

Touristische Highlights: Ozark National Scenic Riverway, Haus von Mark Twain in Hannibal, St. Louis.

# Mittlerer Westen
## Iowa
## Arkansas

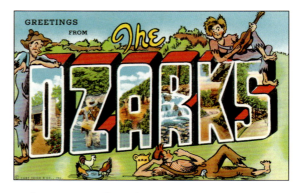

*Auf dieser alten Postkarte parodieren sich die Ozarkers, die einfältigen Hinterwäldler aus den Ozark Mountains, selber.*

### Iowa (IA)

<u>Name</u>: wahrscheinlich indianisch mit der Bedeutung »dies ist der Ort« oder »schönes Land«.

<u>Bevölkerung</u>: 2 988 046, davon 93 % Weiße, 3,8 % Hispanier, 2,3 % Schwarze, 1,5 % Asiaten, 0,3 % Indianer.

<u>Größe</u>: 144 716 km$^2$ (Rang 23)

<u>Hauptstadt</u>: Des Moines

<u>Spitzname</u>: *Hawkeye State* (Falkenauge-Staat)

<u>Wirtschaft</u>: Landwirtschaft, Nahrungsmittel-, Elektro- und Druckindustrie, Holz und Bodenschätze.

<u>Besonderheiten</u>: das ländlich-fruchtbare Herz des »Maisgürtels«, das schon Nikita Chruschtschow begeisterte.

<u>VIPs</u>: Bix Beiderbecke, Jazzmusiker; William »Buffalo Bill« F. Cody, Scout und Entertainer; Johnny Carson, Talkshow-Denkmal; George H. Gallup, Demoskop; Herbert Hoover, Präsident; Glenn Miller, Bandleader; John Wayne, Schauspieler.

<u>Touristische Highlights</u>: Herbert Hoovers Geburtsstätte und Bibliothek, Fort Dodge Museum.

und genügsame Burschen, die ihre Freizeit im Wesentlichen noch mit Geschichtenerzählen *(storytelling)*, Fiedeln *(fiddling)* und Tanzen *(square dancing)* zubringen, *hillbillies* eben. Traditionell arm, bringt den Ozarkers neuerdings der Tourismus wirtschaftliche Vorteile.

Die Country & Western-Hochburg **Branson** südlich von Springfield ist ihnen da weit voraus. Dieses Provinz-Nashville, von vielen geliebt, von anderen als Touristenfalle verachtet, lebt gut von seinem Pilgerstrom aus jährlich sechs Millionen, die beweisen, dass sich das einst verträumte Nest in den Ozark-Bergen seit den 1980er Jahren zu einem perfekt organisierten Publikumsmagneten entwickelt hat.

Im Norden grenzt **Iowa** an Missouri. 1673 zuerst von Louis Joliet und anderen französischen Entdeckern besucht und für außerordentlich »grün und fruchtbar« befunden, wird Iowa heute von vielen für eine Art Quintessenz des landwirtschaftlichen Amerika gehalten. Mitten im fruchtbaren *corn belt*, dessen prallgefüllte Brotkörbe von Nebraska und South Dakota bis Ohio reichen, hält Iowa eine Spitzenposition. Ein TV-Entertainer meinte, die Äcker in Iowa sähen so appetitlich aus, als könne man sie gleich so essen, ohne dass sie sich erst in Gemüse verwandeln müssten. Schon früh vermarktete man seine Agrarüberschüsse weltweit. Unvergessen: die spektakuläre Landung von Nikita Chruschtschow auf einer Farm in Iowa, wo er sich die Methoden von Ackerbau und Viehzucht erklären ließ. Mitten im Kalten Krieg verkaufte Iowa jede Menge Weizen in die Sowjetunion. Mehr musisch fiel ein anderes Band aus, das Iowa mit Osteuropa knüpfte: Antonín Dvořák arbeitete 1893 kurz in Spillville – und erhielt dort prompt sein Denkmal.

Selbst neuerdings verbinden Brückenschläge das *small town America* von Iowa mit dem Rest der Welt. Westlich der grünen Hauptstadt Des Moines stehen die »Brücken von Madison County«, einst Kulisse einer rührenden Hollywood-Liebesgeschichte. Iowa, außer Sojabohnen, Mais und Schweinen also auch Drehort. Kein Wunder, Marion Michael Morris alias John Wayne kam hier zur Welt.

Zu den touristischen Pluspunkten des Staates gehören u. a. das **Effigy Mounds National Monument** nördlich von Marquette, prähistorische Bestattungshügel hoch über den Ufern des Mississippi aus der Zeit zwischen 600 und 1000; die sieben Dörfer von Amana, **Amana Colonies**, südwestlich von Cedar Rapids, 1855 von religiösen Gruppen gegründet, die aus Deutschland ausgewandert waren (heute kann man hier über ihre Wohnkultur ebenso viel erfahren wie über ihren Möbel- und Weinbau); das bescheidene Geburtshaus, die Bibliothek und andere Gebäude des Quäkers und ehemaligen Präsidenten Herbert C. Hoover in West Branch. Das **Fort Dodge Museum** am Des Moines River hält viele Erinnerungen an das berühmte Fort wach, das den Handel auf dem Santa Fe Trail bewachen sollte.

Der südliche Nachbar Missouris, **Arkansas**, hat als die Heimat von Bill Clinton zuletzt mehr Aufmerksamkeit bekommen denn je zuvor. Lange Zeit galt der Staat als Insel, als eine provinzielle dazu, hoffnungslos unterentwickelt, rassistisch und arm. Das hat sich geändert. Die Wirtschaft ist diverser geworden, Arkansas hat sich weitgehend aus dem Cotton Belt gelöst und sich mehr auf Naturgas, Öl und Bauxit sowie Reis und Viehzucht konzentriert. Da die Hälfte der gesamten Landesfläche bewaldet ist, wundert es nicht, dass dies die Holzindustrie stark gemacht hat, vor allem in den sumpfigen Wäldern des Südens. Wie stark, das zeigte sich noch während der Präsidentschaftskampagne Clintons Anfang der 1990er Jahre. Als der Kandidat umweltfreundliche Töne anschlug, reckten sich Dutzende von Protestschildern gegen ihn: MONEY GROWS ON TREES – das Geld wächst auf den Bäumen – hielten ihm die Holzarbeiter vor Augen. Mit Waldes- oder Wanderlust hatten sie nichts im Sinn, es ging um Jobs.

Außer **Little Rock**, Regierungssitz und Wirtschaftsmetropole (übrigens mit einem hübsch sa-

---

**Arkansas (AR)**

<u>Name</u>: stammt von den Quapaw-Indianern.
<u>Bevölkerung</u>: 2 834 797, davon 78,6 % Weiße, 15,6 % Schwarze, 4,9 % Hispanier, , 1,0 % Asiaten, 0,8 % Indianer.
<u>Größe</u>: 134 875 km² (Rang 27)
<u>Hauptstadt</u>: Little Rock
<u>Spitzname</u>: *Land of Opportunity*
<u>Wirtschaft</u>: Nahrungsmittel- und Holzindustrie, Landwirtschaft, Bauxitgewinnung.
<u>Besonderheiten</u>: die Aussprache: ['a:kenßo]
<u>VIPs</u>: Johnny Cash, Sänger; Eldridge Cleaver, Bürgerrechtler; Bill Clinton, Präsident; James W. Fulbright, Senator; Alan Ladd, Schauspieler; Douglas MacArthur, General.
<u>Touristische Highlights</u>: Hot Springs National Park, Buffalo National River in den Ozark-Bergen, Diamantenmine bei Murfreesboro.

# Mittlerer Westen
## Arkansas
## Oklahoma

### Oklahoma (OK)

Name: aus der Sprache der Choctaw-Indianer *okla* (Menschen) und *homma* (rot).

Bevölkerung: 3 617 316, davon 75,4 % Weiße, 7,4 % Schwarze, 6,8 % Indianer, 6,8 % Hispanier, 1,7 % Asiaten, 0,1 % Hawaiianer.

Größe: 177 877 km² (Rang 19)

Hauptstadt: Oklahoma City

Spitzname: *Sooner State*

Wirtschaft: Lange hat Öl den Staat reich gemacht, heute sind es Erdgas, Ölraffinerien, Fleischverarbeitung, Nahrungsmittelherstellung, Maschinenbau (Bohrmaschinen), Bodenschätze, Landwirtschaft, Viehzucht.

Besonderheiten: Berühmt wurde Oklahoma durch die Okies, jene verarmten Bauern, deren Äcker während der Depression der 1930er Jahre durch Blizzards weggefegt wurden und die aus der »Dust Bowl« über die »Route 66« nach Kalifornien zogen, um dort ihr Heil zu suchen. John Steinbecks Roman »Früchte des Zorns« hat ihnen ein literarisches Denkmal gesetzt.

VIPs: James Garner, Schauspieler; Woody Guthrie, Sänger und Komponist; Jennifer Jones, Schauspielerin; Will Rogers, Komiker.

Touristische Highlights: National Cowboy Hall of Fame, Cherokee Cultural Center.

nierten alten Bahnhof in Downtown), oder dem historischen **Fort Smith** hat Arkansas eine ganze Reihe natürlicher Reize zu bieten, allen voran den **Hot Springs National Park** in den Ausläufern der Ozark-Berge, der kleinste seines Zeichens in den USA und auch noch mitten in einer Stadt, die wegen Dutzender heißer Quellen seit langer Zeit zu einem beliebten Kurort gewachsen ist. Man nimmt an, dass die Quellen bereits 1541 vom spanischen Entdecker Hernando de Soto besucht wurden. Das Mineralwasser wird zentral gesammelt, gelagert, gekühlt und in Badehäuser und Trinkbrunnen gepumpt und vermarktet, an der Central Avenue und in Hotels. Immerhin geht es dabei um täglich an die vier Millionen Liter mit einer Temperatur von 62 °C – das verspricht Linderung vor allem für Arthritis- und Rheumaleidende. Schatzsucher werden im **Crater of Diamonds State Park** in der Nähe von Murfreesboro ihre Freude haben, vor allem dann, wenn sie auf diesem offenen Feld einen Diamanten oder anderen wertvollen Setin finden, denn den dürfen sie behalten. Unter den 70 000 Diamanten, die hier seither gefunden wurden, war 1975 der dickste von allen – ein 16-Karäter.

Der friedliche **Buffalo National River** im nordwestlichen Arkansas ergießt sich durch die kargen Ozark Mountains und wurde in den 1970er Jahren unter Naturschutz gestellt, um weitere Erschließungen zu verhindern. Das ist den heimischen Wildarten ebenso zugute gekommen wie den erholungsuchenden Städtern: Diese vielseitige Szenerie aus Höhlen, Quellen, Wasserfällen und Steinklippen schafft die besten Voraussetzungen für Aktivsportler.

An den Grenzen steht es schwarz auf weiß: WELCOME TO OKLAHOMA, NATIVE AMERICA. Namentlich geht das in Ordnung, denn *okla* bedeutet »Menschen« in der Sprache der Choctaw-Indianer, *homma* heißt »rot«. **Oklahoma**, Land der Rothäute also. Mit dem »native« allerdings, dem »Gebürtigen«, hat es so seine eigene Bewandtnis, denn das Schicksal der Indianer gerade in diesem Staat, der vor seiner Existenz »Indian Territory« hieß, zählt zu den besonders trüben Kapiteln der US-Geschichte.

Und heute? Was ist mit Oklahoma? »Nein, danke!« denken sicher die meisten, die allenfalls das gleichnamige Musical kennen. Florida, New York, Kalifornien, ja! Aber Oklahoma? Das riecht nach

tiefster Provinz. Klar, wie überall im Mittelwesten, zählt auch in Oklahoma jeder, der nach 21 Uhr noch unterwegs ist, zu den Nachteulen. Klar auch: Alpen-Panoramen, Glitzermetropolen oder Traumstrände sucht man rundum vergeblich. Hier, in den goldenen Plains, besteht die Welt im Wesentlichen aus platter Prärie und stillen Winkeln. Schon einer der ersten Europäer, der des Wegs kam, der spanische Konquistador Coronado, notierte 1540: »Wenn man sich hier auf den Rücken legt, verschwindet der Rest der Welt aus dem Gesichtskreis.« Aber man muss sich in Oklahoma, dessen Landesgrenze die Form eines Hackebeils hat, ja nicht unbedingt auf den Rücken legen. Wer die Augen offenhält, wird merken, dass dieser junge Bundesstaat mit den meisten *American Indians* touristisch zwar noch im Dornröschenschlaf schlummert, aber dadurch auch Vorteile hat, nicht zuletzt die schlichte Freundlichkeit der Oklahomans selbst.

Öl und Gas waren hier lange die Hauptstützen der Ökonomie; sie sind es noch heute, obwohl inzwischen andere Industrie- (z. B. Raumfahrt) und Dienstleistungsbetriebe mit von der Partie sind. Dennoch: **Oklahoma City** besitzt das einzige Kapitol in den USA, auf dessen Rasen nach Öl gebohrt wird. Die Staatskasse wird es zu schätzen wissen, so nah an der Quelle zu sitzen.

*Dieses Sammelbildchen einer Kaffeefirma kursierte kurz vor der Öffnung Oklahomas für weiße Siedler und zeigt das Gebiet noch als ein ausschließlich indianisches Territorium*

*Vgl. Abb. S. 21*

# Mittlerer Westen
# Oklahoma
# Kansas

*Cowboy-Alltag in »OKC«: Stockyards City*

In der Hauptstadt kann sich vor allem die **National Cowboy Hall of Fame** sehen lassen, sie beherbergt das führende Cowboy-Museum der USA. Hunderttausende Besucher pilgern jährlich hierher, um in einem wichtigen Stück Americana zu schwelgen. Das weitläufige Institut besitzt eine vorzügliche Sammlung amerikanischer Westernmalerei. Außerdem von Interesse: die urigen Viehauktionsställe von **Stockyards City**. Seit der Wende zum 20. Jahrhundert, als die schier endlosen Viehherden nach Oklahoma getrieben wurden, um den Rindfleischbedarf des Ostens zu decken, herrscht in Stockyards City Bienenfleiß. »Wenn der Wind von Westen weht, kann man den Kuhduft noch in Downtown riechen«, erzählt ein Oldtimer.

Oklahoma City und **Tulsa** sind Dauerrivalen. Weil »OKC« praktisch an einem einzigen Nachmittag entstanden sei, heißt es, dominiere dort immer noch der Pioniergeist; die Leute gelten als freundlicher und bodenständiger *(down to earth)* als in Tulsa. Regierung und Vieh bildeten die Basis, manchmal mit demselben Output. Tulsa dagegen sei zwar kleiner, fühle sich aber (dank der reichlichen Öldollars) als die eigentliche »Kulturhauptstadt« des Landes, als die »Queen of the Culture«. In der Tat, im Zuge des schwarzen »Gold Rush« verschönerte sich Tulsas Stadtbild beträchtlich, und einige philanthropische Ölbarone taten sich als Kunstmäzene hervor, allen voran Waite Phillips und Thomas Gilcrease. Filigrane Tupfer zeugen allenthalben von der ornamentalen Fantasie am Bau, die das Art déco hat walten lassen: die »Zig-Zag-Moderne« der 1920er Jahre, die Stromlinien der 1930er Jahre und die klotzigen Klassizismen aus der Zeit der Großen Depression und des New Deal. Die Kunstsammlungen des **Philbrook** und des **Gilcrease Museum** gehören zu den besten weit und breit. Und wer auf den Terrassen der italienischen Gärten der Philbrook-Villa spazieren geht, der wird weder mitbekommen, dass Tulsa heute eine der Top-Adressen für die Petroleumtechnologie ist, noch etwas davon spüren, dass die Prärie um die Ecke liegt.

50 Jahre lang bildete der Santa Fe Trail die merkantile Schlagader von **Kansas**. Das hielt das Land in Kontakt zum Rest der Nation. Kansas, schrieb mal eine Zeitung, sei weniger ein Staat als eine Art Wahrsager. »Wenn irgendwas in diesem Land pas-

*Philbrook Museum of Art, Tulsa, Oklahoma*

siert, dann zuerst in Kansas.« Tatsächlich ist hier vieles zuerst passiert: zum Beispiel die ersten Versuche zur Abschaffung der Sklaverei (1850) oder die Gründung der Anti-Alkohol-Bewegung. Aber das war einmal. Heute hat niemand mehr den Eindruck, dass hier die neuesten Ideen ausgebrütet werden. Im Gegenteil, es sieht ganz danach aus, dass wenig von dem, was in Kansas passiert, je über die Landesgrenzen hinausdringt.

Dabei hat der *Sunflower State* durchaus und beinah heimlich wirtschaftlich aufgeholt – seit den Dust-Bowl- und Depressions-Jahren in den 1930ern, schließlich galt zumindest die Südwestecke des Staates als das Herz der »Dust Bowl«. Bewässerung, Maßnahmen der Bodenerhaltung und neue landwirtschaftliche Techniken haben für einen soliden Reichtum auf den Feldern gesorgt – Marihuana, obwohl illegal, eingeschlossen. Die Viehwirtschaft kann sich ebenfalls sehen lassen. Wichita, die größte Stadt und einst wichtige Station auf dem Chisholm Trail, über den die Longhorn-Rinder von Texas zu den Bahnhöfen in Kansas getrieben wurden, lebt gut vom Privatflugzeugbau (z. B. Cessna, Boeing und Learjet) und seinen Raffinerien. Eine kleine Kostprobe davon liefert das **Wichita Art Museum** in Form eines hübschen Skulpturenparks und einer sehenswerten Sammlung amerikani-

## Mittlerer Westen
## Kansas
## Nebraska
# 3

scher Malerei und Plastik, vor allem mit Werken von Charles M. Russell und Roland P. Murdock.

Zwar liegt Kansas City im Schatten des größeren Bruders auf der anderen Seite des Missouri River, braucht sich aber aufgrund seiner Umsätze in der Elektronik-, Auto- und Nahrungsmittelbranche auch nicht zu verstecken.

Kansas bietet dem Besucher vor allem eine Reihe siedlungsgeschichtlich interessanter Dokumente und Denkmäler. Im wuchtigen Schachtelbau des **Kansas Museum of History** in Topeka ist eine hervorragende Sammlung von Kunst- und Gebrauchsgegenständen untergebracht, die die Geschichte von Kansas seit prähistorischer Zeit und seine Indianerkulturen bis heute anschaulich macht. Pferdewagen, Schmiede, Bäckerei und Lebensmittelladen der kleinen **Amish-Gemeinde in Yoder** sehen so aus, als sei die Zeit stehen geblieben. Der Einfluss der Mennoniten in Kansas lässt sich im Übrigen in den nahen Städtchen bzw. Museen von Hillsboro, Newton und Goessel nachvollziehen.

Ja, und dann ist da **Dodge City**, das »Babylon of the Frontier«! Nach soliden Anfängen als Stopp auf dem Santa Fe Trail und der Eisenbahnlinie entpuppte sich die Stadt am Arkansas River in den 80er Jahren des 19. Jahrhunderts als die »Hölle der Plains«, nicht zuletzt, weil die Stadt Mittelpunkt des Massakers an den Büffeln war. Front Street galt als die wildeste Straße im Wilden Westen. Poker-Haie, Bordellbesitzer und Bestattungsunternehmer profitierten von der schießwütigen Gesellschaft aus Büffeljägern, Cowboys, Soldaten und Eisenbahnern. Boot Hill hieß der städtische Friedhof – nicht zu Unrecht, denn die meisten Opfer wurden samt ihrer Stiefel unter die Erde gebracht. Ähnlich wie in Tombstone, Arizona, war Sheriff Wyatt Earp einer der wenigen, der den Gesetzen während der Turbulenzen Geltung verschaffte. Als die Büffel ausstarben (1876 gab es keine mehr), entwickelte sich Dodge City zu einem der wichtigsten Viehmärkte der USA. Die Texas Longhorns traten die Nachfolge der Büffel an. Front Street, nachdem ihr Original 1885 niederbrannte, hat längst wieder ein fotogenes Facelifting erfahren.

Eine Fußnote voller Fantasie bildet **The Garden Eden** in Lucas, ein bizarrer Paradiesgarten aus Betonfiguren, die ein Kriegsveteran in jahrelanger

---

### Kansas (KS)

Name: von einem Wort der Sioux-Indianer (Menschen des Südwinds).

Bevölkerung: 2 775 997, davon 85,4 % Weiße, 8,6 % Hispanier, 5,6 % Schwarze, 2,2 % Asiaten, 0,9 % Indianer.

Größe: 211 922 km² (Rang 13)

Hauptstadt: Topeka

Spitzname: *Sunflower State*

Wirtschaft: Weizen und andere landwirtschaftliche Produkte, Viehzucht; Abbau von Zink, Salz, Kohle und Blei; Heliumproduktion; Öl; Flugzeugbau.

Besonderheiten: Die Region der Flint Hills im östlichen Kansas bewahrt über weite Strecken noch das ursprüngliche Bild der Prärie, bevor Mais und Weizen angebaut wurden.

VIPs: Walter P. Chrysler, Autobauer; Buster Keaton, Komödiant.

Touristische Highlights: Dodge City, diverse Forts, Kansas Museum of History (Topeka), Wichita Art Museum.

Heimarbeit rund um sein Anwesen geschaffen hat: amerikanische Volkskunst par excellence – vergleichbar mit den Watts Towers des Simon Rodia in Los Angeles oder dem Totem Pole Park des Ed Galloway bei Foyil, Oklahoma.

**Nebraska**, ähnlich wie andere Plains-Staaten, lag nach seiner französischen und spanischen Ära stets an den wichtigsten Transitstrecken, die querbeet durch den Kontinent verliefen: am Oregon, Mormon, California und Overland Trail, an der Pony Express Route sowie an der Union and Pacific Railroad. Gehärtet durch viel Unbill der Natur – Blizzards, Dürreperioden und Epidemien – haben die Nebraskans eine Menge hinter sich, ohne je aufgegeben zu haben. Das erklärt viel von ihrer traditionell konservativen Sturheit, die erst in den 1980er Jahren plötzlich liberaleren Gedanken zuneigte. Eine Grundeinstellung der hauptsächlich im *agribusiness* tätigen Nebraskans freilich blieb unerschüttert: ihre traditionelle Begeisterung für Football.

Die meisten kennen **Omaha**, größte Stadt im Staat am Missouri River, wegen der nahen Offutt Air Force Base, dem Hauptsitz des Strategischen Luftwaffenkommandos, das für den Einsatz nuklearer Luftangriffe zuständig ist. Weniger bekannt ist etwa sein hübsches **Western Heritage Museum**, das durch die Integration des ehemaligen Wartesaals des Bahnhofs der Union Station auch architektonisch gelungen ist. Zu den Highlights des Landes zählen das ablagerungsreiche **Agate Fossil Beds National Monument** in den High Plains des Nordwestens und, südlich davon, der **Chimney Rock National Historic Site**, kahle weißliche Felsbrocken, die einst den Trappern zur Orientierung dienten. Wildwest-Fans werden sich das Haus von William F. Cody, alias Buffalo Bill, nicht entgehen lassen. Es überlebt als Museum in einem State Park in der Nähe von North Platte.

Beide Dakotas beheimaten den vergleichsweise höchsten Prozentanteil an Einwohnern, die in kleinen Dörfern und Farmen leben. 90 Prozent der Fläche von **South Dakota** bestehen aus Kurzgrasprärien und Farmland mit viel Roggen und anderem Getreide – und mehr Schafen als Einwohnern im ganzen Staat. Von französischen Entdeckern 1743 zuerst besucht, wurde die erste dauerhafte Siedlung von dem deutsch-amerikanischen Kauf-

---

**Nebraska (NE)**

Name: von einem Wort der Oto-Indianer für »flaches Wasser«.

Bevölkerung: 1 774 571, davon 88,6 % Weiße, 7,4 % Hispanier, 4,1 % Schwarze, 1,7 % Asiaten, 0,9 % Indianer.

Größe: 199 113 km² (Rang 15)

Hauptstadt: Lincoln

Spitznamen: *Cornhusker State, Beef State, The Tree Planter State*

Wirtschaft: Kornproduzent, Viehzucht und Fleischindustrie, Elektronik, Autozubehör, Pharmaprodukte, Fertighäuser, Bekleidungsindustrie, chemische Stoffe; Öl- und Erdgasgewinnung.

Besonderheiten: *Agribusiness* ist *big business* in Nebraska, während in Omaha die Zentrale des Strategischen Luftwaffenkommandos der USA sitzt.

VIPs: Fred Astaire, Tänzer; Marlon Brando, Schauspieler; Dick Cavett, TV-Entertainer; Montgomery Clift, Schauspieler; James Coburn, Schauspieler; Henry Fonda, Schauspieler; Nick Nolte, Schauspieler; Robert Taylor, Schauspieler; Daryl F. Zanuck, Filmproduzent.

Touristische Highlights: Agate Fossil Beds, Chimney Rock.

# Mittlerer Westen
# South Dakota

## South Dakota (SD)

Name: vom Stamm der Dakota-Indianer mit der Bedeutung »Bund der Freunde«.

Bevölkerung: 796 214, davon 87,2 % Weiße, 8,6 % Indianer, 2,0 % Hispanier, 0,9 % Asiaten, 0,7 % Schwarze.

Größe: 196 575 km$^2$ (Rang 16)

Hauptstadt: Pierre

Spitznamen: *Mount Rushmore State* und *Coyote State*

Wirtschaft: Landwirtschaft, Mineralien (Gold, Silber, Öl und Uran); Lebensmittelindustrie, Holz und landwirtschaftliche Geräte; Tourismus.

VIPs: George McGovern, Politiker; Mamie Van Doren, Schauspielerin.

Touristische Highlights: Black Hills (Mount Rushmore), Badlands.
www.travelsd.com

*Badlands National Park, South Dakota*

mann und Pelzhändler Johann Jacob Astor gegründet. Seit den 30er Jahren des 19. Jahrhunderts bewirkte die Dampfschifffahrt auf dem Missouri einen starken Influx an Unternehmern, Neugierigen und Künstlern – darunter George Catlin und der Schweizer Karl Bodmer –, die die Kultur der Plains-Indianer zeichnerisch und malerisch festhielten. »Dakota«, in der Sprache der Sioux, heißt »Bund der Freunde«; South Dakota ist heute das Land mit den meisten Sioux-Indianern. Man schätzt ihre Zahl auf etwa 30 000.

Die Hauptattraktion der Region liegt im Südwesten: jene kargen Weiten des heutigen **Badlands National Parks**, die der General Custer einmal als »ein Stück Hölle« bezeichnet hat, »in der das Feuer ausgebrannt ist«. Frühe Felsfunde zeigen Ablagerungen von Säugetieren, die hier gelebt haben, als sich noch Marschen ausbreiteten. Die Schichten und Formationen von Vulkanasche sind ebenso Fantasie anregend wie die Gestaltung des weichen Sedimentgesteins, das ständigen Veränderungen unterliegt. Etwa die Hälfte des Terrains ist knochentrocken und kahl, während die andere unter (naturgeschütztem) Präriegras liegt, das sich einmal durchgängig durch die Mitte des Kontinents von Kanada bis Mexiko erstreckte.

Die mit Koniferen besetzten, erzreichen Bergzüge der **Black Hills** schließen sich weiter westlich an. Zu ihren markantesten Highlights gehören die in den Granit des **Mount Rushmore** gemeißelten Präsidentenköpfe von George Washington, Thomas Jefferson, Abraham Lincoln und Theodore Roosevelt. Der Steinmetz Gutzon Borglum leitete die Arbeiten zwischen 1927 und 1941. Eine patrioti-

*Kopflastig: Präsidentenporträts im Mount Rushmore*

sche Großtat: Die Gesichter erreichen eine Höhe zwischen 15 und 20 Metern, und Washingtons Nase soll angeblich länger sein als das Gesicht (vom Kinn an aufwärts) der Sphinx von Giza! Dass drei der Präsidenten nie in dieser Region waren, stört niemanden. Man entschied sich für sie, weil es im Westen angeblich keine historisch bedeutenden (weißen) Männer gab, die für diese Berge groß genug gewesen wären. Und vertriebene Sioux-Indianer (etwa wie Red Cloud), denen die Black Hills sogar heilig waren, kamen zu keiner Zeit in Betracht.

In den Black Hills, in der Nähe der Grenze zu Wyoming, liegt auch die historische Minenstadt **Deadwood**, die letzte Ruhestätte für die legendären Westernfiguren Bill Hickok und Calamity Jane. Erst 1980 wurden hier die letzten Bordelle dichtgemacht. In Mitchell, im Südosten des Staates, steht ein Kuriosum, der **Corn Palace**, ein buntes 1001-Nacht-Gebilde, eingedeckt und dekoriert von und mit Kornähren, Gräsern und Maiskolben von den umliegenden Feldern – eine Art Denkmal und Festhalle der fruchtbaren Körnerkultur des Landes.

## Mittlerer Westen
## North Dakota

### North Dakota (ND)

Name: vom Stamm der Dakota-Indianer mit der Bedeutung »Bund der Freunde«.

Bevölkerung: 639 715, davon 91,0 % Weiße, 5,2 % Indianer, 1,5 % Hispanier, 0,9 % Schwarze, 0,7 % Asiaten.

Größe: 178 695 km² (Rang 17)

Hauptstadt: Bismarck

Spitzname: *Sioux State*

Wirtschaft: Landwirtschaft, Kohle-, Erdgas- und Erdölförderung; Nahrungsmittelverarbeitung, landwirtschaftliche Geräte; Sand, Ton, Salz und Schotterproduktion.

Besonderheiten: Land der einsamen Prärien. Als im 19. Jahrhundert die Eisenbahngesellschaft Siedler aus Deutschland anlocken wollte, gründete man die jetzige Hauptstadt Bismarck und verkaufte »Bremen–Bismarck«, einfache Fahrt.

VIPs: Angie Dickinson, Schauspielerin; Peggy Lee, Sängerin; James Rosenquist, Maler.

Touristische Highlights: International Peace Garden, Fort Union, Badlands.

---

Wenn es irgendwo noch die *Lone Prairie* gibt, dann in **North Dakota**, im Herzen der Great Central Plains – kühl, sonnig, dünn besiedelt und weit weg von Städten und Küsten. Nach Kansas ist das klassische Getreideland die Nummer zwei in der Weizenproduktion. Den Unterschieden in den Regionen – das trockenere, hügeligere Ranchland im Westen und das feuchtere Ackerland im Red River Valley im Osten – entspricht die Disposition seiner Bewohner. Die östlichen North Dakotans geben sich formaler, reservierter und gelten als die fleißigeren Kirchgänger, während man ihren Landsleuten im Westen eine ausgeprägtere Liebe zum Pokerspiel und größere Trinkfestigkeit nachsagt. Der Herkunft nach sind die meisten Nachfahren deutscher und russischer Einwanderer, die nach dem Bau der Northern Pacific Railroad geblieben sind. In kaum einen anderen US-Staat kamen so viele Siedler direkt aus Europa. Die Hauptstadt bekam den Namen Bismarck, um noch mehr Menschen und Kapital anzulocken, mehr noch, man bot das Transferticket Bremen–Bismarck ohne Rückfahrt an. Dabei erwartete die Auswanderer in der Neuen Welt an dieser Stelle nicht nur Gastfreundliches: kein Baum, kein Berg, um die kalten Winde zu stoppen, dazu brutal kalte Winter und gnadenlos heiße Sommer.

Touristisch hat sich North Dakota vorerst noch keinen Spitzenplatz erobern können, was aber nicht heißt, dass nicht einige Sights einen Besuch lohnen. Auf jeden Fall zählen die **Western Badlands** dazu, die die bizarren Steinwände im **Theodore Roosevelt National Park** einschließen: eine menschenabweisende, vegetationsarme Region aus seltsam geformten Felsmassiven, die durch

*Exotik am Bau: Corn Palace in Mitchell, South Dakota*

*Im Theodore Roosevelt National Park, North Dakota*

Wechselbäder aus heftigen Regenfällen und Trockenperioden erodierten. Nördlich davon, an der Grenze zu Montana und am Zusammenfluss von Missouri und Yellowstone River, liegt **Fort Union**. 1829 zur Sicherung des Pelzhandels der American Fur Company gebaut, entwickelte es sich zu einem der bedeutendsten Trading Posts der nördlichen Plains, wurde u. a. von George Catlin und Karl Bodmer in leuchtenden Farben gemalt und im 20. Jahrhundert vom National Park Service adrett rekonstruiert. Nordwestlich von Bismarck kann man in den **Knife River Indian Villages** Relikte der Indianerkultur sehen, die mit archäologischer Akribie wieder ans Licht gebracht wurde – Dörfer, wie sie uns (wiederum) nur aus den Tafelbildern der genannten Künstler überliefert sind.

*Last but not least*: **Texas**. Von Osten kommend, verläuft der Übergang zum **Texas Panhandle** fließend, und fast unbemerkt fällt der Grünbewuchs dabei struppiger und niedriger aus. Ein endloser Pelz aus Grasland überzieht die Prärie des trockenen und windigen »Pfannenstiels«. Ein Blick auf die Landkarte zeigt, woher der Name kommt. Die Kontur des nördlichsten Texas-Zipfels ähnelt tatsächlich dem »Stiel«, mit dem man die »Pfanne« des »Lone Star State« gut in den Griff bekommt.

## Mittlerer Westen Texas Panhandle 3

*Western-Nostalgie: Freizeit-Treck unterwegs zum »Cowboy Cookout«*

Diese Region, einst bekannt als »Land des kurzen Grases und der langen Hörner«, gehört zum nördlichen Teil des besonders Karl-May-Fans bestens vertrauten *Llano Estacado*, in der Sprache der Yankees zur *Staked Plain*. Seit Indianer und Büffel nach den Kriegen am Red River (1875) verschwunden sind, dreht sich hier alles um *agribusiness*, Viehzucht und Öl. Einsam und endlos dehnen sich die Äcker und Weiden unter einem riesigen Cinemascope-Himmel. Berüchtigt sind die *blue northers*, heftige Stürme, die plötzlich lostoben, rapide Temperaturstürze bescheren und ebenso rasch wieder abflauen – ein Land im Windkanal. Kein Wunder, dass sich die ersten Siedler an die Baukunst der heimischen *prairie dogs*, der Erdhörnchen, hielten, die in Löchern siedeln. Die Neuankömmlinge machten es den drolligen Moppeln nach – in Form von Erd- und Grubenhäusern, den so genannten *dugouts*, um sich in diesem windigen Westen zu schützen. Der Wassermangel war groß. Lange kannten nur die Indianer und Büffel die wenigen Quellen und wussten sich deshalb im unendlichen Grasmeer zu bewegen und zu behaupten.

Ein spanischer Kolonist, der sich hier 1808 von San Antonio nach Santa Fe durchzuschlagen versuchte, notierte: »Es gab nichts als Gras und ein paar Regenlöcher ... Auf der Prärie, wo wir kampierten, musste man Pfähle für die [Anbindung der] Pferde einschlagen.« Diese bestückten ein Hochplateau, die High Plains, die sich von hier nach New Mexico erstrecken, eine riesige Mesa an einem Stück, die so aussieht, als sei sie wie ein Sockel aus dem umliegenden Gebiet herausgedrückt worden.

*Dem spanischen »mesa« (für Tafelberg) entspricht das englische »butte«.*

Lange galt die Gegend als unbesiedelbar. Die Meinung änderte sich erst, als man die Indianer vertrieben hatte. Weiße Büffeljäger rückten nach, und bald entstanden große Ranches wie beispielsweise die »XIT«, »Matador«, »JA«, »T Anchor« und »LS«. Der berühmte Viehzüchter Charles Goodnight (1836–1929), der sich als Texas Ranger und Erfinder des *chuck wagon* (der bei den Pionieren beliebten Proviant- und Feldküche) einen Namen machte, war der erste, der seine Riesenherde hierher trieb und sich niederließ. Als man unter dem Gras fruchtbaren Boden entdeckte, wich das Ranchland mehr und mehr Baumwoll- und Getreidefarmen.

Im Ersten Weltkrieg nahm die Weizennachfrage drastisch zu, und immer mehr Farmer gingen dazu über, die Decke des ehemaligen Büffelgrases zu lüften und die Erde unterzupflügen. Das bot der Winderosion unbegrenzte Angriffsflächen. Die Oberbodenverluste gingen schließlich so weit, dass die gesamte Region unter den Sammelbegriff der »Dust Bowl«, Staubschüssel, rückte, die durch Steinbeck zu literarischen Ehren kam. Erst nach dem Desaster kümmerten sich die Farmer um effizienteren Windschutz und Bewässerungsmethoden. Heute gehört der »Golden Spread« des Pan-

*Ross und Reiter sind im Palo Duro Canyon gut aufgehoben*

**Mittlerer Westen
Texas
Colorado**

**3**

handle wegen seiner ausgeprägten Bewässerungskunst zu den fruchtbarsten Gebieten der USA.

Aber bleibt er damit nicht gerade eine Hinterwelt, in der sich die Präriehunde gute Nacht sagen? Nun, keineswegs, denn was man in der brettgeraden Ebene nicht erwarten würde, zählt zum schönsten, was diese Region landschaftlich zu bieten hat: der **Palo Duro Canyon** südlich von Amarillo. Farbige Felsschichten und hervorstechende, durch Wind- und Wassererosion erzeugte Steinkamine *(hoodoos)* machen den Reiz der Schlucht aus. Das nahe **Panhandle Plains Historical Museum** in Canyon zeigt, wie man aus trockenen landwirtschaftlichen und siedlungsgeschichtlichen Zeugnissen eine spannende und unterhaltende Show inszenieren kann.

Und während das muntere **Amarillo** vor allem für nostalgische Route-66-Fans eine gute Adresse bietet (das Viertel Old Jacinto), ist Texas an dieser Stelle noch für eine besondere Pointe gut. Ein paar Meilen westlich der Stadt strecken, wie die Enten im See, zehn zur Hälfte in den Ackerboden gerammte Cadillacs ihr Hinterteil in die Höhe. Eine Hommage an die amerikanische Autokultur, gesponsert vom reichen Texaner Stanley Marsh 3: die **Cadillac Ranch** – Stonehenge USA.

*Kunst im Kornfeld: die Cadillac Ranch bei Amarillo*

# Die Rocky Mountains
## Grandioser Granit

Das mit den »Überfliegern«, von denen beim Mittelwesten die Rede war, bedarf im Blick auf die Rocky Mountains einer Einschränkung, denn mögen sie auch das *heartland* als tiefe Provinz unter sich fortziehen lassen, so würdigen sie doch bisweilen, ja, manchmal sogar heftig, die dünn besiedelte Bergwelt der Rocky Mountains, die sich in ihrer Nord-Süd-Ausdehnung immerhin von British Columbia bis nach El Paso, Texas, hinzieht – als steinernes Rückgrat des nordamerikanischen Kontinents, während sich östlich davon die *Great Plains*, westlich davon das *Great Basin* erstrecken.

Imposante Alpinkulissen von Viertausendern, Sanddünen, Vulkankegel und Lavafelder, Aktivsport zu Lande und zu Wasser und eine winterlich-modische Ski-Szene fördern die nationale Nachfrage ebenso wie zunehmend auch den internationalen Tourismus. Nichts spricht für diesen Trend deutlicher als der neue Mega-Airport von Denver, Colorado. Sie ist ja auch kein Pappenstiel, diese höchste und längste Bergkette der USA, dieser grandiose Granitblock, eine abwechslungsreiche Quarz-Feldspat-und-Glimmer-Welt, die Landvermesser und Naturphilosophen, Maler, Fotografen und Naturschützer gleichermaßen faszinierte: John Muir, Albert Bierstadt, Karl Bodmer, Tomas Moran und Ansel Adams, um nur einige zu nennen.

Ohne Frage bildet **Denver**, wegen seiner Höhenlage bekannt als die *Mile High City*, das städtische Zentrum dieser Felswelt. Nicht so sehr die Schafe tragen allerdings zu dieser Spitzenstellung bei (Denver ist größter Schafmarkt der USA), sondern seine High-Tech-Produkte. Den Besucher erwarten u. a.: der ansprechende **Larimer Square**, das **Denver Art Museum** von 1971 mit einer der weltbesten Sammlungen indianischer Kunst, das vorzüglich bestückte **Museum of Western Art** und ein architektonisches Juwel: das Atrium des **Brown Palace Hotel**, 1892 errichtet – es sieht aus, als hätte man die Architektur der Hyatt-Hotels dort ein wenig abgeguckt.

Mit natürlichen Glanzstücken ist **Colorado** allemal gesegnet. Im Uhrzeigersinn, von Denver aus gesehen, liegt zunächst der gletschergeformte **Rocky Mountain National Park** nahe. Mit seinen

---

### Colorado (CO)

<u>Name</u>: aus dem Spanischen für »rot« oder »rötlich«.
<u>Bevölkerung</u>: 4 861 515, davon 82,8 % Weiße, 19,7 % Hispanier, 3,7 % Schwarze, 2,8 % Asiaten, 0,9 % Indianer.
<u>Größe</u>: 268 660 km² (Rang 8)
<u>Hauptstadt</u>: Denver
<u>Spitzname</u>: *Centennial State* (Jahrhundert-Staat)
<u>Wirtschaft</u>: Früher hauptsächlich Bergbau und Landwirtschaft, neuerdings Dienstleistungsgewerbe; Tourismus.
<u>Besonderheiten</u>: Top-Skihänge in den Rocky Mountains.
<u>VIPs</u>: Jack Dempsey, Boxer; Douglas Fairbanks, Schauspieler; John Thomas Fante, Schriftsteller.
<u>Touristische Highlights</u>: Rocky Mountain National Park, Curecanti Park, Mesa Verde, Great Sand Dunes and Dinosaur National Monument, Colorado National Monument, Black Canyon, Aspen.

# Rocky Mountains Colorado  3

*Grand Teton National Park, Wyoming (vgl. S. 64)*

Gipfeln und Bergseen, Schluchten und weiten Tälern wirkt er wie eine Art Toblerone Country, wo sich außer Erholungsuchenden auch Elche, Wild und Bighorn Sheep wohl fühlen. In der äußersten Nordwestecke des Staates, sogar grenzüberschreitend zu Utah, erstreckt sich das **Dinosaur National Monument**, das seinen Namen von den Dino-Fossilien ableitet, von jenen Überbleibseln prähistorischer Allo-, Brontosaurier und fliegender Reptilien,

die hier im Schiefer und Sandstein zum Vorschein gekommen sind. Besonders eindrucksvoll sind die Canyons des Yampa und Green River. Wo beide sich treffen, ragt der Steamboat Rock in die Höhe, ein markanter Felsklotz, der dem Bug eines Dampfschiffs ähnlich sieht.

Weiter südlich begeistert eine andere Variation in Stein vor allem die Erosion-Fans: die wundersamen Felsformen des **Colorado National Monument**.

### Rocky Mountains Colorado 3

Auch hier gibt es einen Star unter den steinernen Gesellen: der Independence Rock, ein monolithischer Sandstein von über 150 Meter Höhe.

Ganz im Süden und fast schon an der Grenze zu New Mexico verstecken sich im **Mesa Verde National Park** die vergleichsweise gut erhaltenen Ruinen von Klippensiedlungen *(cliff dwellings)* der Anasazi, die hier während ihrer so genannten klassischen Periode zwischen 1100 und 1300 lebten. Neben Chaco Canyon im nördlichen New Mexico zählt Mesa Verde zu den bedeutendsten Dokumenten indianischer Baukunst im amerikanischen Westen: ein Bauensemble mit einem erkennbaren Layout aus Wegen, Türmen, Plätzen und Häusern, deren Stockwerke durch Leitern verbunden sind. Das kunstvolle Mauerwerk des so genannten »grünen Tafelbergs« – wegen seiner dichten Bewaldung mit robusten Piñonkiefern und Wacholdersträuchern (Juniper) – darf allerdings zum größten Teil nur mit Rangerführungen betreten werden. Im Archäologischen Museum gibt es eindrucksvolle Dioramen zu sehen, die die Epochen der Anasazi-Kultur im Mesa-Verde-Gebiet anschaulich rekonstruieren: Die *Basket Maker* oder »Korbmacher«, die um 750 ihre

*Der Green River im Dinosaur National Monument, Utah*

*Great Sand Dunes National Monument, Colorado*

Grubenhäuser *(pit houses)* durch oberirdische Pueblo-Bauten ersetzten und diese dann später von der Mesa hinab in die Felshöhlungen verlegten. Sie wirken heute landschaftlich und klimatisch besonders angepasst. Abgesehen von ihrer verteidigungsstrategisch günstigen Position, bot die apsisartig in den Fels verlegte Wohnanlage im Sommer Sonnenschutz und im Winter Wärme, die tagsüber in den Steinwänden gespeichert wurde und den extremen Temperaturabfall zur Nacht milderte.

Über das hübsche Durango, entlang dem Animas River und über die atemberaubende Gebirgsstraße durch die San Juan Mountains gelangt man über Silverton und Ouray nach Montrose und von dort zum **Black Canyon of the Gunnison National Monument**, einem spektakulären, 16 Kilometer langen Stück Canyon, das der Gunnison River geformt hat, begrenzt von Steinwänden, die wegen ihres immensen Alters besonders für Geologen ein gefundenes Fressen sind. Alter (sprich: Hunderttausende von Jahren) spielt auch bei einem der bekanntesten Highlights in Colorado eine wichtige Rolle: bei den durch Ablagerungen nach heftigen Winden

# Rocky Mountains Colorado Utah 3

### Utah (UT)

Name: von einem Wort der Ute-Indianer (Bergvolk).

Bevölkerung: 2 645 330, davon 89,1 % Weiße, 11,2 % Hispanier, 1,9 % Asiaten, 1,1 % Indianer, 0,9 % Schwarze.

Größe: 212 816 km² (Rang 11)

Hauptstadt: Salt Lake City

Spitzname: *Beehive State* (Bienenstock-Staat)

Wirtschaft: Bodenschätze (Kupfer, Silber, Blei, Zink, Öl); Landwirtschaft und Schafzucht; Tourismus; Raumfahrt, Biochemie und Computerindustrie.

Besonderheiten: Der große Salzsee und die Mormonen prägen das Image des »Gottesstaates« in der Wüste.

VIPs: Butch Cassidy, Outlaw; Donny und Mary Osmond, Sänger; Brigham Young, religiöser Führer der Mormonen; Loretta Young, Schauspielerin.

Touristische Highlights: Monument Valley, Arches und Bryce Canyon National Park, Canyonlands, Capitol Reef, Zion National Park, Natural Bridges, Dinosaur, Rainbow Bridge, Mormonentempel in Salt Lake City.

---

entstandenen, fast 200 Meter hohen Sanddünen, die sich im **Great Sand Dunes National Monument** am Westhang der Sangre de Cristo Mountains türmen.

Dass Colorado als eines der beliebtesten Ski-Paradiese der USA gilt, hat sich längst auch in Europa herumgesprochen, vor allem bei denjenigen, die mehr Platz, weniger Gedrängel und vor allem besseren Service am Hang wünschen. Zwei Top-Adressen führen meist die Pistenliste an: **Aspen**, einst eine Silberminenstadt in 2 410 Meter Höhe und inzwischen ein Schickimicki-Resort – für die Ski-Szene im Winter und die Kulturszene mit Kammermusik im Sommer; und **Vail**, das sich ebenfalls sehen lassen kann, obwohl der Ort jüngeren Datums ist und im Vergleich zu Aspen ziemlich synthetisch wirkt: ein Schneewunder mit *champagne powder* für Ski-Cracks, Schlittenfahrer, Snowboard-Artisten und Partyfreunde.

Da hält es der Nachbar in aller Regel nüchterner: **Utah**, der Mormonenstaat. **Salt Lake City**, seine Hauptstadt, lebt von einer sehr diversifizierten Industrie, vor allem aber von der Tatsache, dass hier die Zentrale der so genannten *Church of Jesus Christ of Latter-day Saints* (LDS) sitzt, der Mormonen also. Einige ihrer Einrichtungen gelten als besonders sehenswert: das Tabernacle (1867), in dem der vielstimmige Mormonenchor seine Hymnen singt, der Tempel (1893) und die ehemaligen Häuser von Mormonenführer und Stadtgründer Brigham Young: Beehive und Lion. Außerdem informiert das Pioneer Memorial Museum über die Religions- und Siedlungsgeschichte der Mormonen.

Also, hierhin hat es die Verfolgten letztendlich geführt, deren Kirche 1830 in Fayette, im Staat New York, gegründet wurde – sicher eine der ungewöhnlichsten Religionsgemeinschaften in den USA des 19. Jahrhunderts. Ihr Selbstverständnis gründet auf dem »Book of Mormon« des New Yorker Bauernbubs Joseph Smith, Jr., der träumte, von einem Engel zu vergrabenen goldenen Schrifttafeln geführt worden zu sein, deren Symbole Smith übersetzte und zum »Buch Mormon« machte. Es handelt vom Schicksal eines alten Volkes aus dem Nahen Osten, das nach Amerika auswandert – eine Fortschreibung der biblischen Geschichte auf US-Boden. Nach der (erzählten) Umsiedlung in die

*Mormonenstadt Salt Lake City: Zwischen Assembly Hall (links) und Tempel liegt das Tabernakel, auf dem Denkmal steht Brigham Young.*

Neue Welt begann daselbst die tatsächliche, denn wo immer sich die Mormonen niederließen (u. a. in Ohio, Illinois, Missouri), gab es Ärger und Streit, Mord und Totschlag, verursacht meist durch Furcht vor ihrer ökonomischen Stärke, ihrer Wählerblockbildung *(block vote)*, ihrem religiösen Exklusivanspruch; durch ihre Polygamie und die Opposition gegen die Trennung von Staat und Kirche. 1844 wurde Smith in Illinois ermordet, ausgerechnet in dem Jahr, in dem er sich um das Amt des Präsidenten bewerben wollte.

Bald nach seinem Tod brachen 15 000 Mormonen unter Führung des *frontiersman* und neuen Propheten Brigham Young nach Westen auf und gründeten 1848 Salt Lake City und den Staat »Deseret«, das »Land der Honigbiene«, wie es im »Buch Mormon« steht. Neben den Geburtstagen von Joseph Smith und Brigham Young feiert man in Utah nach wie vor den 24. Juli als »Pioneer Day«, den Tag, an dem der Treck das Gelobte Land am Salt Lake erreichte. Und auch dem Bienenkorb hält man im *Beehive State* die Treue.

Als die Siedler eintrafen, gehörte das Land noch zu Mexiko; erst 1848, mit dem Friedensschluss von Hidalgo, fiel das Territorium an die USA. Aber auch

# Rocky Mountains
# Utah
# Wyoming

**3**

## Wyoming (WY)

Name: von einem Wort der Delaware-Indianer für »Grasland«.

Bevölkerung: 522 830, davon 91,8 % Weiße, 6,9 % Hispanier, 2,2 % Indianer, 0,9 % Asiaten, 0,7 % Schwarze.

Größe: 251 501 km² (Rang 9)

Hauptstadt: Cheyenne

Spitzname: *Equality State*

Wirtschaft: Erdgas und Öl, Natron und Uran; führend in der Wollproduktion; Schaf- und Viehzucht; Landwirtschaft (Weizen, Hafer, Mais, Rote Beete, Kartoffeln, Alfalfa, Gerste); Tourismus.

Besonderheiten: Als der am spärlichsten besiedelte Bundesstaat kommt Wyoming dem landschaftlichen Ideal des Wilden Westens sicher am nächsten.

VIP: Jackson Pollock, Maler.

Touristische Highlights: Yellowstone National Park, Fort Laramie, Devils Tower, Fossil Butte.

---

dieser Exodus hatte seine Schattenseiten, denn auf ihrem Weg nach Westen blieben die Mormonen weiterhin unbeliebt, weil sie stets in großen Massen anrückten, alles aufkauften, besetzten und politisch unter ihre Fuchtel zu bekommen suchten. Die Bundesregierung misstraute der Staatsgründung am Salzsee zutiefst und sandte 1857 sogar Truppen ins Land, um die Heiligen zur Ordnung zu rufen. Ein offener Krieg wurde zwar vermieden, aber es gab Übergriffe und Tote.

Als sich im Zuge ihrer Siedlungserfolge durch Fleiß, Sauberkeit und Solidarität – wie im Leitbild des Bienenkorbs vorgezeichnet – Wüsten in blühende Gärten zu verwandeln begannen und strittige Grundsätze wie die Vielweiberei offiziell abgeschafft wurden, stabilisierte sich die Lage. 1896 endlich wurde das »Territory of Utah« in die Union aufgenommen. In der Folgezeit lockerte sich die strenge Linie dieser im Grunde konservativen Christen, die durch ihr kommunales Handeln und ihre autoritäre Kirche von Anfang an konträr zum romantisierenden Individualismus amerikanischer Protestanten standen. Gleichwohl hat ihr missionarischer Eifer überlebt, was ihre Mitgliederzahl auf inzwischen circa zwölf Millionen gesteigert hat, von denen etwa die Hälfte in den USA lebt. Sie selbst sind davon überzeugt, dass ihre Religion die am schnellsten wachsende ist, die vor allem in der Dritten Welt mehr und mehr Anhänger findet.

Inzwischen verhalten sich die meisten Mormonen im alltäglichen Leben weit pragmatischer, als es die Dogmen in Salt Lake City, dem »LDS-Vatikan«, nahe legen. Die Geburtenrate sinkt (Brigham Young hinterließ noch 27 Frauen und 56 Kinder), Verhütungsmittel sind diskret erlaubt, Scheidungen zumindest nicht mehr verboten, so dass ihre Rate inzwischen im nationalen Durchschnitt liegt. Auch der so genannte *code of health* – kein Tee, kein Kaffee, kein Alkohol, kein Tabak – hat Schlupflöcher bekommen, was nicht nur die Durchreisenden zu schätzen wissen.

Vom »Land der Frommen« geht es ins »Land der Einsamen«, nach **Wyoming**, das tatsächlich in vielem dieser Einschätzung entspricht. Trocken, kalt, nackt, hoch und abgelegen, ernährt der Bundesstaat weit über eine Million Stück Vieh, aber nur ein Drittel so viele Menschen. Wyoming bildet neben Alaska das Schlusslicht der USA in puncto Bevöl-

*Im Yellowstone National Park, Wyoming*

kerungsdichte; 70 bis 150 Kilometer Entfernung von einer Ranch zur nächsten sind keine Seltenheit. Die Kultur ist weit weg, aber Gewehr und Angel lehnen neben der Haustür. Nomen est omen: *maughwau wama*, so die Delaware-Indianer, bedeutet *big plains*, also Grasland, und zwar meist auf fast 2 000 Meter Höhe. Kein Wunder, dass es hier nur wenige dauerhaft aushielten, dass die meisten Prärieschoner lieber weiterreisten zu den grünen Matten Oregons und den Goldminen Kaliforniens. Sollten sie je die Zivilisation im Gepäck gehabt haben, so haben sie sie mit Sicherheit gleich wieder mitgenommen.

Unbestritten steht der **Yellowstone National Park** auf Platz eins der Beliebtheitsskala bei den Reisenden in Wyoming. Zu Recht; schließlich tut sich hier ein wahres Wunderland des Vulkanismus auf. Das Blubbern und Zischen, Dampfen und Sprühen – was allenfalls als die Begleitmusik faustischer Hexen auf dem Weg zum Brocken durchgehen würde – ist der natürliche und charakteristische Sound des Parks, der sich von Wyoming über Teile von Montana und Idaho ausbreitet. Hier, auf einem Areal von rund 9 000 Quadratkilometern, sprudeln

## Rocky Mountains Wyoming 3

*Snake River im Grand Teton National Park, Wyoming*

und stinken 10 000 eigenwillige Quellen, schießen über 3 000 Geysire und heiße Quellen in mehr oder weniger langen Abständen Wasserfontänen in den blauen Himmel, kocht vielfarbiger Schlamm und bieten die Wasserkaskaden der Sinterterrassen (Mammoth Hot Springs) ein Naturschauspiel, das seinesgleichen sucht.

Auf diesem extrem undichten Fleckchen Erde hat vor 600 000 Jahren ein Vulkanausbruch einen gigantischen Krater gerissen, der eine Fläche von etwa 40 mal 70 Kilometern ausfüllte. Von den Indianern lange wegen seines Wildreichtums und seiner Badefreuden geschätzt, wurde die Thermalregion schon früh (1872) zum Nationalpark erklärt, zum ersten in den USA. Bergwelt, Canyons, unerschlossene Wälder und eines der bedeutendsten Wildreservate der USA blieben auf diese Weise ge-

schützt und der Nachwelt erhalten. Die verheerenden Brände von 1988 haben das Landschaftsbild zwar erheblich beeinträchtigt, die Hauptattraktion aber gottlob verschont: die Geysire, Wasserfälle und den Wildbestand – und Büffel, Elche, Antilopen und Hirsche ebenso wie Schwarzbären, Grizzlys, Pumas und Coyoten. Als beste Zeit für die Tierbeobachtung gelten Mai, Juni und Oktober.

Die fantastischsten Bilder schafft allerdings der Winter, wenn, bei viel Schnee, nur noch die Schneebusse zu einigen Highlights fahren (z. B. zum Old Faithful Geyser, der alle vier Minuten loslegt) bzw. die nicht geräumten Straßen nur mit Snowmobil benutzt werden dürfen. Genau dann, wenn die meisten zu Hause bei Tannenbaum und Neujahrsfeier sitzen, präsentiert sich die Wasserwelt von Yellowstone als bizarre, bisweilen ganz

### Rocky Mountains
### Wyoming
### Montana

**3**

*Dieser »Turm des Teufels« (Devils Tower) ist ein kolossaler Basaltzylinder, der vor 60 Millionen Jahren entstand, als sich die Lava in einem Vulkanschlot verfestigte. Das umgebende weichere Gestein fiel im Laufe der Zeit der Erosion zum Opfer, so dass heute der harte Basaltkern in 264 Meter Höhe über dem Land thront.*

und gar unwirkliche Landschaft aus Dampf und Eis. Übrigens: Seit 1997 steht der Park auf der so genannten »Roten Liste« des UNESCO-Welterbes, weil dieses Mekka für Millionen die wachsenden Besucherzahlen nicht mehr verkraften kann.

Doch die Naturszenerie von Wyoming lebt nicht von Yellowstone allein. Da locken der malerische **Grand Teton National Park** mit seiner herzerfrischenden Melange aus blumenbestückten Almwiesen, imposanten Gletschern und perlenden Gebirgsbächen; die ansehnlichen Sandsteinwände des **Fossil Butte National Monument** in der Südwestecke des Staates, reich an fossilen Fischen und anderem Meeresgetier, die sich hier einst vor 50 Millionen Jahren vergnügten und das **Devils Tower National Monument**. Dieser Felskoloss vulkanischen Ursprungs oberhalb des Belle Fourche

River ähnelt einem uralten versteinerten Baumstumpf und bringt die Kletterfreunde auf Hochtouren. Seine seltsame Riffelung, meinten die Indianer, stamme von einem Bären, der das Gestein rundum abgekratzt hätte. Ja, und auch ein bisschen Westerngeschichte fehlt nicht im Besichtigungsprogramm von Wyoming: etwa die fotogenen Adobe-Ruinen des **Fort Laramie** am Zusammenfluss von Laramie und North Platte River. Es zählt zu den berühmtesten Forts des Westens. 1834 wurde es als Handelsposten für Pelze und erste dauerhafte Siedlung der Anglos errichtet und war zudem noch Haltepunkt auf dem Oregon Trail und der Route des Pony Express.

Seit den 1960er Jahren genießt **Montana** den Ruf, einer der weitläufigsten, liberalsten und umweltbewusstesten US-Staaten zu sein. Dieses Image steht im krassen Gegensatz zu früheren Zeiten, als Montana als »Bonanza-Staat« seinem Spitznamen *Treasure State* alle Ehre machte, weil sich hier jeder einfach holte, was zu haben war – alles, was in die Falle ging, abgeholzt, geschossen, abgebaut, aus den Ställen oder vom Acker geholt und verschifft werden konnte – *kill and run* lautete die Devise in Montana seit Pelzhandelszeiten.

Der Tourismus hat sich im »Big Sky Country« weit schwächer als in anderen Rocky-Staaten entwickelt, trotz ein paar hübscher *Ghost Towns* wie **Virginia City** oder des **Glacier National Parks**, dessen Gletscher und gletschergespeiste Seen (z. B. Bowman Lake und Saint Mary Lake) die Highlights dieser Region bilden, einst Heimat der Blackfoot-Indianer und oftmals als »Krone des Kontinents« bezeichnet. Die **Going-to-the-Sun Road** verbindet die östlichen, von duftenden Fichten, Tannen und Kiefern bestandenen Teile des Parks mit den westlichen, die dicht mit Ponderosakiefern, Lärchen und roten Zedern übersät sind. In den höheren, arktisch-alpinen Zonen trifft man auf so genannte Krummholz-Wälder – bonsaihaft durch Wind, Hagel und Kälte geformte Krüppelkiefern –, Wasserfälle, Wildblumenwiesen und einen reichen Tierbestand. Grizzlybären, Elche und Bergziegen (neuerdings sogar Grauwölfe) tummeln sich in den alpinen Tundren ebenso wie Fischadler.

Schließlich **Idaho**. Ähnlich wie Montana liegt es noch weit ab vom (touristischen) Schuss, so weit, dass es sogar der letzte US-Staat ist, in den ein

---

### Montana (MT)

Name: spanisch für »bergig«.
Bevölkerung: 957 861, davon 89,7 % Weiße, 6,3 % Indianer, 2,2 % Hispanier, 0,6 % Asiaten.
Größe: 376 991 km² (Rang 4)
Hauptstadt: Helena
Spitzname: *Treasure State*
Wirtschaft: Landwirtschaft (hauptsächlich Weizen und Gerste); Rinder- und Schafzucht.
Besonderheiten: Luft, Himmel, Berge, Prärien füllen diesen riesigen Landbrocken, der, ähnlich wie Wyoming, zu den noch wenig »entdeckten« Staaten des Wilden Westens zählt.
VIPs: Gary Cooper, Schauspieler; Evil Knievel, waghalsiger Motorradfahrer; Mike Mansfield, Senator.
Touristische Highlights: Yellowstone National Park, Glacier National Park.

*Glacier National Park, Montana*

## Rocky Mountains
## Idaho 3

*Craters of the Moon National Monument, Idaho*

### Idaho (ID)

Name: Herkunft unbekannt.
Bevölkerung: 1 499 402, davon 92,5 % Weiße, 9,5 % Hispanier, 1,1 % Indianer, 1,0 % Asiaten, 0,5 % Schwarze.
Größe: 214 325 km² (Rang 11)
Hauptstadt: Boise
Spitznamen: *Gem State* (Edelstein-Staat)
Wirtschaft: Lange Zeit waren Bergbau (Silber, Blei, Kobalt, Phosphate, Zink, Quecksilber und Gold), Holz und künstlich bewässerte Landwirtschaft führend; noch heute stammt ein Viertel aller Kartoffeln in den USA aus Idaho; Tourismus (Wintersport).
Besonderheiten: Die Leute aus Idaho hassen es, wenn einem zu ihrem Heimatstaat nichts anderes als Kartoffeln einfällt.
VIPs: Ernest Hemingway, Schriftsteller; Ezra Pound, Lyriker; Lana Turner, Schauspielerin.
Touristische Highlights: Sun Valley, Craters of the Moon.

Weißer einen Fuß gesetzt hat. Selbst die unzertrennlichen und wissbegierigen Herren Lewis und Clark, die sich im Auftrag Thomas Jeffersons durch die Plains zum Pazifik mühten, fanden Idaho am unüberwindbarsten. Dennoch hat das Land inzwischen unverwechselbare Eigenschaften entwickelt, die sich auch noch als werbewirksam erweisen: Es ist berühmt wegen seiner Kartoffeln, seiner vergleichsweise billigen Grundstücks- und Arbeitskosten (was Firmen und Newcomern – meist aus Kalifornien – freilich nicht gleich viele Freunde schafft), und neuerdings wegen attraktiver Skigebiete – in der Nähe von Wallace und Sandpoint in der äußersten Nordwestecke des Staates.

**Sun Valley**, knapp 2 000 Meter hoch und am Big Wood River gelegen, gilt als beliebtes pittoreskes Kurörtchen und Skigebiet. Neben vielen Film- und anderen Stars wusste auch Ernest Hemingway das Sonnental zu schätzen; er lebte in der Nähe, und sein Grab befindet sich im Ort. Im südlichen Idaho entfaltet das **Craters of the Moon National Monument** eine faszinierende Lava-Landschaft mit Vulkankegeln von beträchtlicher Höhe (Big Cinder Butte bringt es auf über 200 Meter). Wie ein Paradies of Erden mutet das **City of Rocks Natural Reserve** an (südöstlich von Twin Falls, hart an der Grenze zu Utah), vor allem im Herbst, wenn sich das Laub der Bäume färbt und dadurch schöne Kontraste zu den Granitzipfelmützen bilden, die hier herumstehen als gehörten sie zum Bühnenbild einer romantischen Western-Oper.

## Im Südwesten der USA
Eher mild als wild

Kein Landstrich Nordamerikas hat sich in den meisten Köpfen so bilderreich eingerichtet wie der amerikanische Südwesten – als *virtuality*, lange bevor diese selbst in Mode kam.

Und was die Fantasie anregte, weckte zumeist auch die Neugier, den Bildern nachzureisen, um sie auf die Probe zu stellen. Stimmten sie, oder waren sie nur schöne Kulissen für Ammenmärchen?

Die Antworten fielen und fallen, wie könnte es anders sein, sehr unterschiedlich aus. Aber wie auch immer: Es hat wohl selten Reisende durch die Wüsten, Gebirge und Gewässer des südlichen Westens gegeben, die nicht von den grandiosen Naturlandschaften beeindruckt gewesen wären. Die traumhafte Pazifikküste, die urtümlichen Canyons und Steinkathedralen des Colorado-Plateaus, der weite offene Horizont und die betörenden Lichtspiele des Himmels, tagsüber und nachts – das allein schon ist eine Reise wert.

Erst auf den zweiten Blick mag diese überwältigende Szenerie ihre Schattenseiten zeigen: eben das »Wilde« im »Westen«, seine elementaren Naturkräfte, seine gnadenlose Sonne, seine Menschenfeindlichkeit. Kakteen in kargem Geröll, so fotogen sie sich geben, sind nun mal kein Kurpark oder Stadtwald; Wassermangel, Hitze, Moskitos und Klapperschlangen lassen sich durch keinen Vers von Eichendorff romantisch verklären. »Die Mojave ist eine große und erschreckende Wüste. Man könnte meinen, die Natur erprobe die Ausdauer und Beharrlichkeit eines Menschen, ehe sie ihn für gut befindet, ihn nach Kalifornien zu lassen«, schreibt John Steinbeck in seiner »Reise mit Charley«.

Widersprüche lauern auch anderswo. So wurden einige dieser unberührten Weiten des Westens per Gesetz zu Nationalparks erklärt, um sie vor ihrer Vernichtung durch Raubbau oder sonstiger »Erschließung« zu schützen. Das war nicht einfach. Früher wurden die wirtschaftlichen Interessen der Holz-, Erz-, Gas- oder Ölfirmen sogar noch rabiater vertreten als in den heutigen, durch ökologisches Nachdenken immerhin gereifteren USA. Dennoch: Jede Route durch den Südwestteil des Kontinents pendelt durch Kämpferzonen geschütz-

---

**Nevada (NV)**

<u>Name</u>: spanisch für »schneebedeckt«.

<u>Bevölkerung</u>: 2 565 382, davon 73,6 % Weiße, 24,4 % Hispanier, 7,3 % Schwarze, 5,9 % Asiaten, 1,2 % Indianer.

<u>Größe</u>: 284 397 km² (Rang 7)

<u>Hauptstadt</u>: Carson City

<u>Spitznamen</u>: *Silver State, Sagebrush State, Battle-born State*

<u>Wirtschaft</u>: Spielcasinos und Entertainment, Landwirtschaft, Fertigung künstlicher Bewässerungssysteme, Präzisionsgeräte.

<u>Besonderheiten</u>: Einst lockte Nevada die Glücksritter in die Silberminen, heute in die Casino-Metropolen Reno und Las Vegas.

<u>VIP</u>: Andre Agassi, Tennisspieler.

<u>Touristische Highlights</u>: Las Vegas, Valley of Fire, Reno, Lake Tahoe, Lake Mead, Hoover Dam und Colorado River, Virginia City, Great Basin National Park.

## Südwesten 3

ter und bedrohter Natur. Einige der Stichworte heißen: Austrocknung des Mono Lake in Kalifornien, Wasserorgien in Las Vegas, Nevada, Uran in Utah, Quecksilber in Big Bend, Texas. Ja, sogar der Tourismus gerät immer mehr ins Zwielicht, weil der Massenandrang die löbliche Naturschutzabsicht oft ins Gegenteil verkehrt. Weil sich zur Hauptsaison die Leute am Südrand des Grand Canyon auf den Füßen stehen, gewinnen zunehmend abgelegenere Gebiete an Bedeutung, die so genannten »Wildlife Refuges« und »Wilderness Areas«, die genauso schön, aber weniger überlaufen sind.

Wie das »Wilde« zehrt auch das »Gezähmte« von jeher von den Traditionen des Westens, denn trotz harter Steinpanoramen und garstiger Salzwüsten

gab es hier Oasen der Entspannung und des Wohllebens, die schon die Indianer schätzten, als sie sich an den zahlreichen heißen Quellen labten. Heute kann es ihnen jeder in den üppigen Badelandschaften, den Pools, Spas und Fitnessstudios der Resorts gleichtun. Oder man bedient sich der Mountainbikes in Moab (Utah), dem neuen Zentrum der Sportindustrie, die mit schwerem Gerät fürs Wochenende ausrüstet. Paradoxerweise erinnert dieser Freizeittrend ebenso an das Cowboy-Ideal von der Unabhängigkeit wie an die NASA-Astronauten, die *cosmic cowboys*: glänzende Ritter im Cockpit statt im Sattel.

Doch weder Canyonwände noch Chile-Schoten, Lasso werfende *vaqueros* oder koreanische Fleiß-

*»Thor's Hammer« (links) im Amphitheater: Bryce Canyon National Park, Utah*

## Südwesten   3

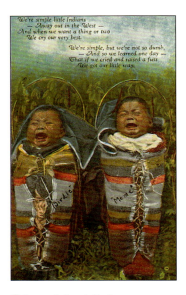

*Tränen als touristisches Lockmittel*

*»Mudhead« alias »Schlammkopf«: Nummernschild in New Mexico*   ▷

bienen machen allein und für sich den »Südwesten« aus. Sein innerer Zusammenhalt lebt von den Mythen – angefangen bei den frühesten Reiseberichten über Buffalo Bill und andere Schausteller bis hin zum *urban cowboy*, der in den Designerläden zur Nachahmung angeboten wird – von schmauchenden Friedenspfeifen bis zu »Marlboro Light«. Kurz, hinter jeder Felsnase oder Flusskrümmung, jedem *Tumbleweed*-Busch und jeder schwingenden Saloon-Tür lauern die alten Akteure, die bösen wie die guten. Der Wilde Westen, Ausgabe Süd: ein Patchwork bunter Legenden. Zuerst überwogen solche von verborgenen Schätzen, Geistern, Liebhabern und verwunschenen Frauen, die unversehens und verführerisch in der Einöde auftauchten. Danach folgten die Geschichten von den *gunmen* und *lawmen*: Durch die Glorifizierung der Schießerei ging die Romantik des »Old West« in dessen Eroberung und gewaltsame Annexion über.

Die Geschichte des inneramerikanischen Tourismus belegt, dass die Mythenfülle schon früh reisemagnetische Wirkung zeitigte. Eisenbahngesellschaften und Zitrusfarmen lockten neue Siedler und Besucher an. Weinende Indianerbabys auf kolorierten Postkarten (»crying for you out here in the west«) animierten zum Ruinen-Tourismus der Pueblos und der indianischen Felsbauten. Reiche Ostküstler leisteten sich Ranchurlaube und Jagdtrips mit indianischen Scouts. Als Tourismus fördernd erwiesen sich auch literarische Produkte viktorianischer Fantasie im Osten der USA und in Europa, die in Hymnen die freie Liebe im freien Leben in der Wildnis feierten – reichlich unbegründet und auch vom Timing daneben, denn die *open range* war längst eingezäunt oder hatte respektablen Kleinstädten Platz gemacht.

Zu den frühen Kolporteuren des Westens gehörte übrigens der bereits von Theodor Fontane rezensierte, aber erst neuerdings wiederentdeckte Balduin Möllhausen. Der gebürtige Bonner und seines Zeichens Fallensteller, Hobby-Ethnologe, Topograf, Erzähler und Aquarellzeichner, reiste um die Mitte des 19. Jahrhunderts im Kundschafter-Tross der Eisenbahngesellschaft »United States Pacific Railroad Expedition & Surveys« durch den Südwesten und skizzierte unterwegs vor allem Landschaften und erstellte Indianerporträts. Später (zwischen 1861 und 1905) schrieb er zahlreiche

Romane, u. a. auch die »Geschichten aus dem Wilden Westen«, die ihm den Beinamen »deutscher Cooper« einbrachten und vor allem Karl May inspirierten.

Was Literatur, Aquarellkunst und Druckgrafik vorbereiteten, Wildwest-Shows und Cowboyheftchen popularisierten, fand dann schließlich in Hollywood seine Fortsetzung auf Zelluloid. Seit Anfang des 20. Jahrhunderts machten unzählige Westernfilme und TV-Serien Colt und Tomahawk, *sagebrush* und *chaparral* zum festen Inventar der schönen Westernwelt.

Ihre mythischen Grundlagen werden in jüngster Zeit stärker denn je angezweifelt. So scheint es zum Beispiel mit der Devise »Jeder ist stets seines Glückes Schmied« und dem Mythos vom hart gesottenen Einzelgänger *(rugged individualist)* à la John Wayne ebenso wenig weit her gewesen zu sein wie mit der Vorstellung vom ganz und gar unabhängigen *frontiersman*. Vieles spricht dafür, dass die angeblich auf sich allein gestellten Siedler meistens gejammert und bei der Bundesregierung um Unterstützung gebettelt haben. Von der Mutterbrust staatlicher Subventionen zu leben *(nursing on the government's nipple)* war ihnen eigentlich das liebste, wenn es um Flussbegradigungen, den Bau von Eisenbahnen, Forts (der Indianerüberfälle wegen) oder Staudämmen (für die Bewässerung) ging. Sogar die Baracken- und Laborsiedlung von Los Alamos, New Mexico, passt noch in diese Linie. Vor Kriegsende bauten hier Wissenschaftler um Robert Oppenheimer unter dem geheimen Code »Manhattan Project« die Atombombe, die 1945 weiter südlich in der Wüste bei Alamogordo explodierte. Wiederum konnten Männer frei schalten und walten, weil alles durch die Regierung finanziert und abgesichert wurde.

Zurzeit beginnt man auch die Rolle der Pionierfrauen anders zu sehen. Seit eh und je figurierten in der Macho-Welt der Cowboys Frauen meist nur als Kontrapunkte: entweder stilisiert als *pioneer mothers* der Trecks oder schlampig angezogen, schlecht frisiert und stets zu haben. Kein Wort von den starken Naturen der Cowgirls oder jenen berufserfahrenen Frauen (Journalistinnen, Geschäftsfrauen), die in großer Zahl allein in den Westen kamen, um dort als Ärztinnen, Rechtsanwältinnen, ja auch im Bürgerkrieg ihren Mann zu stehen. Sie

### New Mexico (NM)

<u>Name</u>: von Mexiko.
<u>Bevölkerung</u>: 2 969 915, davon 67,8 % Weiße, 44 % Hispanier, 9,7 % Indianer, 2 % Schwarze, 1,3 % Asiaten.
<u>Größe</u>: 314 334 km$^2$ (Rang 5)
<u>Hauptstadt</u>: Santa Fe
<u>Spitzname</u> : *Land of Enchantment*
<u>Wirtschaft</u>: Nuklear-, Solar- und geothermische Forschung; Abbau von Uran, Salzen, Zink, Blei, Kupfer, Silber und Gold; Landwirtschaft (Viehzucht und Feldfrüchte).
<u>Besonderheiten</u>: Das »Land der drei Kulturen« vereinigt nicht nur Hispanics, Indianer und Anglos, sondern ist auch offen für viele Amerikaner, die mit dem *American Way of Life* nichts anfangen können.
<u>VIPs</u>: William »Billy the Kid« Bonney, Outlaw; Kit Carson, Trapper und Armeepfadfinder; John Chisum, Viehbaron; John Denver, Sänger; Conrad Hilton, Hotelier; Maria Martinez, Töpferin von San Ildefonso; Georgia O'Keeffe, Malerin.
<u>Touristische Highlights</u>: Indianer-Pueblos am Rio Grande, Santa Fe, Taos, Chaco Canyon, Carlsbad Caverns, White-Sands-Dünen.

# Südwesten  3

entsprachen durchaus nicht dem Typ, mit dem gut Kirschen essen war. Im Gegenteil. Sie repräsentierten, was man die *frontier femininity* nannte, eine couragierte Weiblichkeit, der es in erster Linie darum ging, das gemeinsame Überleben zu sichern.

*Rodeo in Shiprock, New Mexico*

Von Ausnahmen abgesehen, bevölkern meist nur Anglos das Pantheon der Western-Heroen: Sheriffs, Trapper, Siedlungsführer und jede Menge Generäle. Eine noch kürzlich unter dem Motto »Legends of the West« erschienene Briefmarkenserie bestätigt diese ethnisch völlig unausgewogene Ausrichtung. Zwar sind unter den 20 ausgewählten Ikonen drei Indianer *(American Indians)* und zwei Schwarze *(African Americans)* abgebildet, aber kein einziger Hispanic. Die Mexicanos protestierten prompt. Mindestens drei der Ihren hätten unter den führenden Köpfen auf den 29-Cent-Marken auftauchen müssen: Pio Pico, der letzte mexikanische Gouverneur von Alta California, Joaquin Murrieta, der während der Gold-Rush-Ära mexikanische Arbeiter gegen rassistische Yankees in Schutz nahm und sich deshalb den Beinamen eines kalifornischen »Robin Hood« erwarb, und der mexikanische General Mariano Guadalupe Vallejo, der die russischen Siedlungsabsichten in Nordkalifornien stoppte und sich später für die Staatsgründung einsetzte. »Es gab eine Menge bedeutender Californios, Mexicanos, Texanos und spanischer Legenden, die im Westen heimisch waren, bevor die Yankees kamen«, schrieb der mexikanische Autor José Antonio Burciaga in der »Los Angeles Times«. Schließlich habe der gesamte Südwesten einmal Mexiko gehört, und auch nach 1848 hätten die Mexikaner das Land nicht verlassen, sondern hätten sich vermehrt und Englisch gelernt: »Wir haben nie die Grenze überquert, die Grenze hat uns überquert.«

Wie den »Großkopferten« erging es den einfachen Cowboys. Auch hier sind neue Fakten zutage gefördert worden, u. a. der Sachverhalt, dass unter den ersten Cowboys nicht nur Schwarze, Araber, Basken, Tataren und Kosaken waren, sondern auch viele Juden. Immerhin: Im Jahre 1545 war ein Viertel der spanischen Bevölkerung von Mexico City jüdisch, und noch rund 100 Jahre später, 1650, gab es mehr als ein Dutzend Synagogen in der Stadt. Verfolgt von der spanischen Inquisition, kamen die jüdischen Konquistadoren zunächst mit Cortez nach Mexiko, was zwar nicht verhinderte, dass man selbst dort einige von ihnen aufspürte und verbrannte; aber den meisten gelang es, sich als Vieh- und Pferdezüchter niederzulassen, gewissermaßen im stillen Versteck der Ranch, im Exil. Man tolerierte sie, denn auf der Suche nach den sagenhaften Schätzen war Fleisch ein begehrtes Nahrungsmittel. Später, als die Inquisition von Spanien nach Mexiko vordrang, zogen die jüdischen Pioniere der Viehzucht in den heutigen amerikanischen Südwesten und brachten dabei außer dem Lasso und dem Westernsattel auch die andalusischen Vorfahren der heutigen *quarter horses* mit. Dennoch, die enge Verbundenheit mit der Gründungsgeschichte des Westens konnte nicht verhindern, dass sie fast völlig in Vergessenheit gerieten.

Einem einzelnen wandernden Juden aus Bayern erging es da besser: Levi Strauss, der, nachdem er seines Kolonialwarenladens in San Francisco überdrüssig geworden war, den Cowboys die richtigen Hosen verpasste. Er selbst mied das Wort »Jeans« und warb lieber mit dem kämpferischen Slogan »Pants That Won the West«. Tatsächlich stiegen die Jeans zum Outfit des *Westerner's* schlechthin auf,

*Morgenlektüre auf der Santa Fe Plaza*

# Südwesten 3

zum Symbol seiner Unabhängigkeit und Furchtlosigkeit, lange bevor sie Marlon Brando und James Dean im Film trugen.

Ähnlich ist die Erinnerung mit den Chinesen umgegangen; sie sind nicht minder im Dunkeln geblieben. Keiner der rund 13 000 »Kulis«, die die westliche Hälfte des eisernen Trails der transkontinentalen Eisenbahn bauten, erscheint jedenfalls auf den Jubelfotos von 1869, als die Strecke schließlich vollendet wurde. Genauso ruhmlos verlief ihre Arbeit in der aufstrebenden kalifornischen Weinindustrie. Sie wurden stets belächelt, verachtet und verfolgt.

Noch heute ist die ethnische Komposition im Südwesten uneinheitlich und voller Kontraste. Keineswegs sind die Beziehungen zwischen den Bevölkerungsgruppen so pittoresk, wie es Fiestas, Folklore und andere ethnische Festivals suggerieren. Vor allem nicht in den großen Städten. Einzelne ländliche Regionen dagegen verzeichnen bemerkenswert friedlichere Formen des Zusammenlebens, der Südosten Arizonas etwa oder das nördliche New Mexico. Andernorts führen wirtschaftliche Fragen zu neuen Spannungen – wie beim Kampf der Indianer um die Nutzung der Energiequellen in ihren Reservaten, um Kohle, Erdgas, Öl und Uran. Am auffälligsten tritt das bei den Navajo-Indianern zutage, die als »Navajo Nation« in der so genannten »Four Corners Region« (Utah, Colorado, New Mexico und Arizona) als Halbnomaden auf einer Fläche leben, die größer als Belgien ist. Sie befürchten, dass die von der Bundesregierung garantierten Verträge, die sie gegen auswärtige Erschließungsfirmen absichern, gekündigt werden könnten.

Andererseits geben sich einzelne Stämme und Pueblos bei der Vermarktung von Erholungsgebieten oder beim Thema »Glücksspiel« durchaus findig. In den Reservaten am oberen Rio Grande nutzen die Rothäute inzwischen ihre Chance, am Spielfieber des Weißen Mannes kräftig mitzuverdienen. Schließlich ist auf ihrem Grund und Boden alles erlaubt, was nicht gegen Bundesgesetze *(federal law)* verstößt. Den Casinobetrieb verbieten aber lediglich die Staatsgesetze *(state law)* – Nevada und New Jersey ausgenommen.

Das Früher und das Heute unterhalten im Südwesten auch sonst verschlungene Beziehungen bzw. mehr oder weniger offenkundige Parallelen.

*»Indian Bingo« gab es immer schon; jetzt haben auch einarmige Banditen, Roulette, Black Jack und Baccara in den Reservaten Einzug gehalten.*

»Branding« auf der CS-Ranch in Cimarron, am alten Santa Fe Trail, New Mexico

Der spanische Katholizismus der alten Dorfkirchen und Missionen verträgt sich durchaus gut mit indianischen Riten in den unterirdischen Kivas der Pueblos, während das Arbeitsethos der Mormonen in Utah meilenweit von Okkultismus und New-Age-Schwingungen in Santa Fe oder Sedona entfernt ist.

Der Hang zur Freiheit (und sei es auch nur zu der von den kalten Wintern des Nordostens) sorgt auch für die Allgegenwart der Senioren, die für den sonnigen Südwesten typisch ist. Dauercamper, Altenheime auf Rädern oder stationärer Art gibt es hier wie Sand am Meer. In Sun City in Phoenix begann Anfang der 1960er Jahre die Erschließungsfirma Del Webb den Prototyp einer altengerechten Wohnsiedlung zu bauen. Heute liegt hier das Einstiegsalter bei 55. »Es ist einfach wunderbar«, erzählt eine muntere Greisin, die sich mit einer Freundin am Nebentisch eine Whiskey-Trüffel-Torte teilt und erst kürzlich aus Detroit nach Sun City gezogen ist, »eine Stadt wie keine andere! Kein Slum, kein Müll, sauber und sicher.« Nicht mit Autos, sondern mit elektrischen Golfwägelchen fährt man herum: vom Keramikkurs zur Silberschmiede, von der Bibliothek zum *Shuffleboard*-Platz (es gibt davon allein 200), vom Golfplatz zur Shopping Mall, der größ-

# Südwesten 3

*Oak Creek Canyon bei Sedona, Arizona*

ten westlich des Mississippi. Im Krankenhaus arbeiten so viele Senioren freiwillig wie nirgendwo, Leute, die froh sind, noch etwas Nützliches tun zu dürfen. »Bei uns gibt es mehr Kirchen und pensionierte Börsenmakler als sonstwo auf der Welt«, gesteht die Dame am Nebentisch und schiebt noch eine angeblich wahre Geschichte aus Sun City hinterher: »Eines Abends hatte sich ein 83-Jähriger mit einer 81-Jährigen Dame angefreundet und sich am Ende entschlossen, um ihre Hand anzuhalten. Also fragte er sie, ob sie ihn heiraten wolle. Ja, war die Antwort. – Am nächsten Morgen war er sich seiner Sache plötzlich nicht mehr so sicher. Hatte er nun tatsächlich gefragt, ob sie ihn heiraten wolle, und

vor allem, wie hatte sie reagiert? Er griff zum Telefon und rief sie an. Ja, bestätigte sie, er habe ihr ein Heiratsangebot gemacht und sie habe auch ja gesagt. Nach einer kleinen Pause allerdings kam die Nachfrage: Wer *er* denn sei, denn sie erinnere sich nicht mehr genau, wem sie gestern so alles ihr Jawort gegeben habe.«

Ganz Süd-Arizona genießt den Ruf eines Pensionistenparadieses. Viele nutzen es auf Dauer, die meisten auf Zeit: zum Beispiel die *snow birds* aus dem kalten Norden. Angesichts der unzähligen RVs *(recreation vehicles)* und Camper auf den Superhighways drängt sich die Ähnlichkeit mit den alten Prärieschonern und Planwagen auf, die auf den

# Südwesten 3

## Arizona (AZ)

Name: vom indianischen »Arizonac«, d. h. »kleine Quelle«.

Bevölkerung: 6 338 755, davon 76,9 % Weiße, 29,2 % Hispanier, 4,5 % Indianer, 3,4 % Schwarze, 2,3 % Asiaten.

Größe: 296 400 km² (Rang 6)

Hauptstadt: Phoenix

Spitzname: *Grand Canyon State*

Wirtschaft: Elektronische Geräte, Kupferabbau, Landwirtschaft.

Besonderheiten: Die größten Indianerreservate der USA liegen auf dem Colorado-Plateau, während sich im heißen Süden die üppige Oasenkultur der Anglos ausbreitet.

VIPs: Geronimo, Apachen-Häuptling; Max Ernst, Maler; Linda Ronstadt, Sängerin.

Touristische Highlights: Grand Canyon, Canyon de Chelly, Petrified Forest, Painted Desert, Monument Valley, Tucson, Scottsdale, Tombstone, Lake Havasu.

---

Trails nach Westen zogen. Und noch etwas haben die neuzeitlichen PS-Nomaden der *trailer homes* mit dem alten Westen gemeinsam: Damals wie heute sind *old-timer* und *newcomer* ein und dieselbe Person, meistens eine, die ein gutes Gedächtnis für Dinge hat, die ihr nie passiert sind.

Auch baugeschichtlich bietet der Südwesten überraschende Reprisen. Die Entwicklung reicht von den Höhlen-, Klippen- und Pueblo-Bauten der Anasazi (z. B. Mesa Verde, Montezuma und die noch bewohnten Indianerdörfer am oberen Rio Grande und in Acoma) über die Missionskirchen, die die spanischen Konquistadoren in Kalifornien, am Rio Grande und Green River errichten ließen; über die falschen Fassaden der Anglos in den frühen *railroad towns* und *mining camps* – der verstorbenen (z. B. Bodie) oder wiederbelebten (Bisbee, Madrid) – bis zu den post- und hypermodernen Konstruktionen in den Metropolen Phoenix, Tucson, Albuquerque und den jüngsten Unterhaltungsarchitekturen in Las Vegas.

Die meisten der spektakulären Neubauten verdanken ihre Existenz dem jahrzehntelangen Boom des »Sunbelt«, den natürlichen Energiereserven und dem Influx von High-Tech.

Zu den Neuauflagen alter Bauformen zählen Paolo Soleris experimentelles Solarprojekt »Arcosanti« in Arizona ebenso wie Bauten Frank Lloyd Wrights oder ökologischer Wohnbau aus Abfallstoffen wie Flaschen, Büchsen und Autoreifen – eine Art Recycling am Bau. Meist geht es darum, konstruktiv den landschaftlichen Bedingungen und starken Temperaturschwankungen der Region durch Baustoffe zu begegnen, wie es im Grunde schon die Indianer mit ihren Fels- und Lehmbauten taten. So und anders können Reiseeindrücke Vexierbildwirkungen haben und zu unverhofften Wiederentdeckungen von wesentlichen Aspekten des Westens führen. Das geschieht selten auf den ersten Blick; denn zu hoffen, bereits bekannte Bilder bestätigt zu bekommen, führt leicht in die Irre und zu Enttäuschung. Aber: Im Konkreten und scheinbar völlig Entgegengesetzten wahrzunehmen, was eigentlich seit den alten Tagen besteht und dieses Land von anderen unterscheidet, das macht den Reiz der Reise aus.

Sie trifft auf viele natürliche Erscheinungen, auf die optisch wenig Verlass ist, weil sie je nach Son-

*Acoma Pueblo, New Mexico*

nenstand und Blickwinkel mal diese, mal jene Gestalt annehmen. Schon die Namensgebung zahlreicher Felsen und Bergmassive weist ins Geheimnisvolle und Fabulöse. Da gibt es Schiffsfelsen, Kamelberge, Felshunde und Elefantenhügel, Orgelpfeifen – und einen Zauberberg, die »Enchanted Mesa« im Reservat der Acoma-Indianer. Diese Augenwischerei kommt nicht von ungefähr. Licht und Farben, Höhe und Stille bewirken den magischen Mehrwert vieler Landschaften. Ganz zu schweigen von den bizarren Wolkenformen, die solche Wirkungen noch steigern.

Manchmal verstecken sich die Überraschungen in Kleinigkeiten, die plötzlich mehr enthüllen, als es zunächst den Anschein hat. Da liegen irgendwo unscheinbare Steine am Berghang, die unter einer bestimmten Lichteinwirkung indianische Felszeichnungen erkennen lassen. Und einmal aufmerksam geworden, werden es mehr und mehr. Ein richtiges kleines Museum entfaltet sich zwischen Felsbrocken, die ansonsten belanglos herumliegen. Bei vielen Ruinen im Lande passiert manchmal ähnliches. Vom fahrenden Auto übersieht man sie leicht, so sehr sind ihre Farben und Umrisse mit der Umgebung identisch. Selbst die meisten bewohnten Häuser (Hogans, Adobebauten) unterscheiden sich kaum von der Erde, auf der sie stehen und die zugleich der Stoff ist, aus dem sie gebaut sind. Wo das eine aufhört und das ande-

*»Indian Graffiti«: Felsritzungen bei Albuquerque, New Mexico*

## Südwesten 3

re beginnt, ist oft schwer auszumachen, erst recht bei den Tieren. Gut getarnt sind sie alle.

Das reizt zum Entziffern, zum Abenteuer des Entdeckens, zur Trennschärfe. Aus kleinen Anzeichen die richtigen Schlüsse zu ziehen und sie sinnvoll einzuordnen, das ist eine Kunst, die man unterwegs lernen kann, eine Fähigkeit, die an die Indianer erinnert und die sie hier von jeher praktizieren.

Ein Angloamerikaner erzählte von seinem Erlebnis mit einer befreundeten Indianerfamilie, die sehr abgelegen wohnte. Einmal im Jahr pflegte er sie zu besuchen. Doch obwohl er immer zu anderen Zeiten und stets unangemeldet auftauchte, war zu seiner Überraschung jedesmal alles für ihn vorbereitet. »Wir wussten, dass du kommst« oder »Wir haben schon auf dich gewartet«, hieß es. Ganz eindeutig handelte es sich hier um einen Fall von Hellseherei, also um etwas typisch Indianisches, dachte er

*Traditionelles Navajo-Haus (»hogan«) im Monument Valley Tribal Park an der Grenze von Utah und Arizona*

und war jahrelang fasziniert davon. Schließlich fasste er sich ein Herz und fragte die Familie, woher sie denn eigentlich immer von seinem Kommen wisse. Das Lachen und die schlichte Antwort verwirrten ihn sehr: Seine meilenweite Anfahrt über die staubige Straße hinterlasse einen endlosen

bräunlichen Schweif gegen den klaren Himmel, Zeit genug, sich auf den Besuch vorzubereiten.

Dem Kleinen, Unscheinbaren und Belanglosen Beachtung schenken: das führt zum sanften Gesetz des Milden Westens. Der hat es in sich – noch im Rauch, in den Steinen, im Staub.

*Ökologie am Bau: alternatives Wohnen auf der Hochebene von Taos, New Mexico*

# Texas

## 3

## Ein Blick auf Texas
»Lone Star State«

Ja, dieser einsame Stern hat seinem Land stets gute Dienste erwiesen. Seit den alten Tagen, als Texas noch unabhängige Republik war, ist er als Sinnbild allseits beliebt und allgegenwärtig: auf den Helmen der Footballspieler, auf den flatternden Landesfahnen, auf den »Longneck«-Bierflaschen. Sein Erfolg kann sich sehen lassen: Wie ein Phönix ist Texas aus dem Staub des Wilden Westens zum neuen Superstar des amerikanischen Sonnengürtels aufgestiegen.

Wahre Trecks von Jobsuchern haben sich in den letzten Jahren in seine Richtung in Bewegung gesetzt. So wie einst die Spanier dem Phantom der »Sieben Goldenen Städte« nachjagten, so kommen heute die neuen Schatzsucher in den »Sun Belt«, den amerikanischen Süden. Nicht mehr zu Pferde, sondern meist nur im Wohnwagen, um von einem Parkplatz aus eine neue Karriere im Baugewerbe zu starten.

Die Menschen kommen aus Detroit, Südostasien, Mailand, Mexiko und El Salvador. Niedrige Steuern, kaum staatliche Einmischung und wenig Neigung für gewerkschaftliche Ansprüche und kostspielige Umweltauflagen bringen die texanische Wirtschaft ebenso in Schwung wie die angestammten Tugenden des Selfmademan, jenes amerikanischen Unternehmertyps, der in Texas noch in Reinkultur zu besichtigen ist. Leute wie die Ölmilliardäre Hunt, der frühere Gouverneur John Connally oder der ehemalige US-Präsident Lyndon B. Johnson verkörpern mit ihren Bilderbuchkarrieren dieses Ideal, den amerikanischen Traum im Großformat.

So viel Glanz und Geldgläubigkeit werfen auch Schatten. Sie fallen in erster Linie auf die sozial Schwachen im Land, auf die ethnischen Minderheiten, die Schwarzen und die Hispanics – wie sich die Mexiko-Amerikaner hier nennen und deren Bevölkerungsanteil zurzeit am schnellsten wächst. Die gesetzliche Wohlfahrtsbeihilfe liegt in Texas weit unter der nationalen Armutsgrenze. Nur Mississippi zahlt weniger. Immer noch ist es in Texas erlaubt, vergleichsweise kleine Schulbezirke zu bilden, um den Nachkommen der Wohlhabenden dadurch gute Schulen zu sichern, dass man Schüler aus ärmlichen Wohnvierteln ausschließen kann. Nach wie vor setzt sich der unverhüllte Reichtum der Städte von der Not in den Ghettos und Barrios ab, aber auch von einigen Gegenden des ländlichen Texas, wo vieles an die Dürftigkeit des alten Südens erinnert. Dennoch, trotz sozialpolitischer Spannungen – an der wirtschaftlichen und gesamtgesellschaftlichen Robustheit des Staates besteht kein Zweifel. Dafür sitzen *agribusiness* und Energiewirtschaft, Raumfahrtindustrie und Elektronikbranche zu fest im Sattel.

Anzeichen von Größenwahn? Ein bisschen schon, denn die Texaner lassen sich den Glauben an ihre Einmaligkeit nicht gern nehmen. Es war schon schlimm genug, als sie ihre Unabhängigkeit aufgaben und der Union beitraten. Das schmerzt so manchen heute noch. »Wir sind die einzige Nation, die jetzt ein Bundesstaat ist«, erklärt ein Patriot aus San Antonio. Ganz ernst meint er das nicht, aber doch ein bisschen. Wie er neigen viele Texaner zu nostalgischen Trips in die glorreiche Vergangenheit. Dass allerdings Alaska in die USA aufgenommen wurde, das ärgert sie nun alle wirklich. Plötzlich war Texas nicht mehr der größte Staat. Nur noch die Nummer zwei.

Dabei liebt dieses Land geradezu die Superlative. Die dicksten Steaks, die größte Ranch, die schönsten Girls, die höchsten Wolkenkratzer, das erfolgreichste Baseball-Team, die meisten Millionäre – alle und alles muss möglichst *made in Texas* sein. *Think big* ist gefragt. Wer's mit zurückhaltendem *talking small* versucht, ist wahrscheinlich ein Yankee, also unbeliebt. Das sind überhaupt alle, die nördlich des Red River geboren wurden.

---

### Texas (TX)

<u>Name</u>: von einem indianischen Wort für »Freunde«.
<u>Bevölkerung</u>: 23 904 380, davon 69,8 % Weiße, 35,7 % Hispanier, 11,6 % Schwarze, 3,3 % Asiaten, 0,5 % Indianer.
<u>Größe</u>: 678 358 km² (Rang 2)
<u>Hauptstadt</u>: Austin
<u>Spitzname</u>: *Lone Star State*
<u>Wirtschaft</u>: Führend bei Öl, Rindern, Schafen, Baumwolle und High-Tech; andere Bodenschätze: Schwefel, Salz, Helium, Asphalt, Graphit, Erdgas, Zement. Chemiebetriebe, Raffinerien, Nahrungsmittelproduktion, Maschinen- und Fahrzeugbau; Tourismus.
<u>Besonderheiten</u>: Der Boom kam mit dem Öl und blieb mit Texas Instruments, Herzchirurgie und der NASA.
<u>VIPs</u>: Steven Fuller Austin, Gründungsvater von Texas; Gene Autry, Sänger; Denton A. Cooley, Herzchirurg; Joan Crawford, Schauspielerin; Dwight D. Eisenhower, Präsident; Howard Hughes, Industrieller und Filmproduzent; Lyndon B. Johnson, Präsident; Scott Joplin, Komponist; Trini Lopez, Sänger; Katherine Anne Porter, Schriftstellerin; Robert Rauschenberg, Maler; Tina Turner, Sängerin.
<u>Touristische Highlights</u>: San Antonio, Golfküste, Texas Hill Country, Big Bend National Park, Guadalupe Mountains, Lyndon B. Johnson Space Center (Houston).
www.traveltex.com

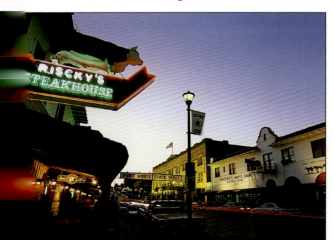

*Stockyards, Fort Worth*

## Texas  3

Umgekehrt: Wegen ihres Imponiergehabes muss man auch das eine oder andere einstecken, denn von jeher gilt Texas als der Angeber in der Familie der Vereinigten Staaten. Texaner, so behaupten viele Yankees, das sind die Rebellen und Südstaatler von einst, die nichts dazugelernt haben, Haudegen und Männlichkeitsfanatiker, hemdsärmelige Burschen, die alberne Hüte tragen und noch nicht mal gutes Englisch sprechen. In Europa klingt das kaum anders. Auch hier pflegt man milde zu lächeln, wenn von Texas die Rede ist – und viele denken sich ihren abendländischen Teil.

Damit liegen sie meistens schief. Texas ist nicht das Land der verschwitzten Viehtreiber; so manche Ranch besitzt längst ihren eigenen Flugzeugpark samt Rollbahn, Computer statt Cowboys zählen die Rinder, 80 Prozent aller Texaner leben bereits in Städten und träumen allenfalls romantisch vom Lande. Dieses besteht auch nicht bloß aus platter Prärie mit lauter Ölpumpen, sondern aus zerklüfteten Bergregionen und Canyons, magischen Wüsten, duftenden Nadelwäldern, Bayous mit Entenflott und tropischen Zitrusgärten. Von der fast 1 000 Kilometer langen Golfküste ganz zu schweigen. Man hält Texaner für permanente Steakesser mit

*Koloss am Bayou: Skyline von Houston*

*Plausch auf der Congress Avenue in Austin*

Bierbäuchen, weil man noch wenig gehört hat von den Leckerbissen der mexikanischen Küche, den Gerichten der Cajuns oder dem Luxus der *haute cuisine*. Kaum einer kann sich Texas – Herzzentrum hin, NASA her – *nicht* als kulturelle Hinterwelt vorstellen. Dabei verfügen Dallas, Fort Worth, San Antonio und vor allem Houston über hervorragende Kunstsammlungen in zum Teil Aufsehen erregender Museumsarchitektur, über eine noch weitgehend unbekannte Baukunst der spanischen Missionskirchen, über progressive Country & Western-Musik (Austin!) und eine wachsende Filmproduktion. Hinzukommen die weitgehende englisch-spanische Zweisprachigkeit, der bedeutende Einfluss der spanisch-mexikanischen Kultur und die bis heute präsente Rolle insbesondere der deutschen Siedler in Städtchen wie Fredericksburg, Gruene, Luckenbach und New Braunfels.

Schon immer pflegten Bilder Texas hinterherzulaufen, schon im 19. Jahrhundert, als Hoffmann von Fallersleben Lyrik über Texas zu Papier brachte und Karl Anton Postl, alias Charles Sealsfield, mit seinem Roman »Das Kajütenbuch« auswanderungswilligen Deutschen den Mund wässrig machte. Schließlich baute Hollywood mit seinen Wes-

*»Hin nach Texas, hin nach Texas, wo der Stern im blauen Felde eine neue Welt verkündet, jedes Herz für Recht und Freiheit und für Wahrheit froh entzündet – dahin sehnt mein Herz sich ganz.«*
**(Hoffmann von Fallersleben, 1845)**

# Texas 3

ternfilmen Texas als spannenden Traumstaat in unserer Fantasie auf – aus Postkutschen, die in einen Hinterhalt sausten, Indianern, die entweder durch den Rio Grande oder den Rio Pecos schwammen, und Heldenfiguren – mal aus solchen auf der Seite des Rechts wie Judge Roy Bean oder Wyatt Earp, mal aus jenen auf der anderen Seite wie John Wesley Hardin oder Billy the Kid.

Dann kam »Dallas« und damit Texas fürs Wohnzimmer, dem jeder regionale Touch fehlte, weil die TV-Serie von Anfang an als ein Produkt konzipiert wurde, das weltweit vermarktet werden sollte. Immerhin schlug sich die Popularität der Fernsehserie positiv auf Texas nieder. Vielleicht, weil ihr, aufs Ganze gesehen, das Gewalttätige und Monströse fehlte, das immer noch das Image von Texas mitprägt. Die Ermordung John F. Kennedys und der Kultfilm »Easy Rider« haben an dieser Vorurteilsbildung sicher keinen unerheblichen Anteil. Wenn aber Miss Ellie die Pferde streichelte, dann schien die Welt auch in Texas wieder in Ordnung.

Natürlich kann man sich davon auch selbst überzeugen. Reisen ist meist ein nützliches Mittel gegen Gemeinplätze, die gewöhnlich über ferne Länder im Umlauf sind. Praktisch bedarf es bei Reisen nach Texas einer gewissen touristischen Selbstkontrolle. Die physische Größe dieses Landes zwingt dazu. Etwa 1 300 Kilometer liegen zwischen seinen Ost- und Westgrenzen, rund 1 500 Kilometer zwischen jenen im Norden und im Süden.

Der Airport Dallas/Fort Worth ist in der Regel der Ankunftsflughafen von Flügen aus Europa. Die Zwillingsstädte können nicht verschiedener ausfallen: hier **Dallas**, die schicke Metropolis der Prärie, die gern New York sein will, und auf der anderen Seite **Fort Worth**, die *Cowtown* mit ihren ruppigen Stockyards, aber eben auch einem feinen *Arts District* mit einem Juwel, dem Kimbell Art Museum; Architekt: Louis Kahn. Kühe und Kunst – näher als hier können sie sich kaum kommen.

Innerhalb des Landes eignet sich El Paso als Start und Ziel für die Erkundung von West-Texas mit dem hinreißenden **Big Bend National Park** an der »Großen Biege« des Rio Grande als landschaftlichem Höhepunkt und (fast noch) Geheimtipp – ein Gebiet, das geografisch und kulturhistorisch aufs Engste mit dem Südwesten verbunden ist. Auch mit Mexiko, und zwar hautnah. In El Paso stehen

*Einsame Yucca, zahllose Bluebonnets: im Big Bend National Park*

*Wasserloch in der Wüste: Bar in Terlingua*

sich die Südzipfel der Rocky Mountains und die Nordzipfel der Sierra Madre gegenüber. Und Roy Bean, der legendäre Friedensrichter, der jenseits des Rio Pecos einst für *law & order* zuständig war, residierte in Langtry. In gewisser Hinsicht zählen auch das gefällige **San Antonio** und das mit *Dude Ranches*, herrlichem Quellwasser, guter Musik versorgte Hill Country mit seiner aparten Hauptstadt **Austin** zum Bereich des Südwestens. Nicht so die Golfregion mit ihren schönen Stränden von South Padre, Mustang und Galveston Island, denn sie tendiert bereits den Südstaaten zu – allem voran mit **Houston**, dem Koloss am Bayou.

## Kalifornien
Touristische Wundertüte

Traumziel Kalifornien – das denkt fast jeder, wenn vom »Goldenen Staat« des amerikanischen Westens die Rede ist. Er gilt als einer der besten aller möglichen Welten! Deshalb machten sie sich alle auf den Weg dorthin – aus Not oder Neugier, auf immer oder auf Zeit, zum Neuanfang oder zum Lebens-

## *Kalifornien* 3

*West Coast Highlight: Küste bei Big Sur*

abend. Nach den spanischen *Padres* und *Conquistadores* auf der Suche nach den sagenhaften »Sieben Goldenen Städten von Cíbola« und den spanischen und englischen Seefahrern – Juan Rodríguez Cabrillo und Sir Francis Drake – waren es vereinzelte Trapper und Pfadfinder, Siedler und Goldsucher, später verarmte Farmer aus dem Mittelwesten, in jüngerer Zeit verzweifelte Ausreißer und bunte Blumenkinder ebenso wie Immigranten aus Südostasien, Mexiko und dem übrigen Mittelamerika. *California, here I come,* lautete stets die Devise.

Der Run aufs Glück hat Gründe, denn dieses Land schien seine Reichtümer stets mit vollen Armen zu verschenken, Bodenschätze rauszurücken, Besitz und Karrieren zu ermöglichen, Geld und Glanz zu verheißen und Freiräume für Alternative und Pfiffige zu gewähren. Kalifornien, das Füllhorn – kein Bild trifft seine unerschöpfliche Geberlaune besser. CALIFORNIA, CORNUCOPIA OF THE WORLD, sprich: Raum und Chancen für Millionen von Einwanderern – so warb eine Eisenbahngesellschaft um 1880. Ein Lockruf in den Garten Eden.

---

### California (CA)

Name: aus dem Buch »Las Sergas de Esplandián«, von García Ordóñez de Montalvo von 1500.
Bevölkerung: 36 553 215 549, davon 59,8 % Weiße, 35,9 % Hispanier, 12,3 % Asiaten, 6,2 % Schwarze, 0,7 % Indianer.

Die Naturszenerien beweisen es. Kein US-Staat bietet eine derart abwechslungsreiche und hinreißende Landschaft. Sie reicht von der fast 2 000 Kilometer langen Pazifikküste und der imposanten Sierra Nevada über die malerischen Nationalparks zu den stillen, geheimnisvollen Wüsten von Mojave und Sonora sowie den Mammutbäumen, Flüssen und Seen des weitgehend unberührten Nordens. Knochentrockene »Todestäler« und spritzige Surfbrandung, duftende Wälder und alpine Bergmassive: Sie alle liegen meist in bequemer Reichweite der großen Städte, deren Highlights und Trends für zusätzliche Pluspunkte sorgen. Allen voran San Francisco, die vielleicht schönste amerikanische Stadt. Aber auch das sonnige San Diego an der mexikanischen Grenze, das schillernde (und häufig unterschätzte) Millionending L.A., das mediterrane Santa Barbara sowie das schnuckelige Carmel oder das leuchtende Monterey geizen nicht mit Schokoladenseiten.

Der »Goldene Staat« hat sein fabelhaftes Image von Anfang an gepflegt: von den fischreichen Gewässern für die Indianer und den schützenden Buchten für die *Conquistadores* bis zu Windturbinen, Raumfähren und einer High-Tech-Industrie, die inzwischen fast ein Viertel der in den USA insgesamt ansässigen Firmen ausmacht. Zwischendurch gab es reichlich Gold und Silber zu holen, Öl und Orangen, Hollywood-Mega-Kino und Superhighways, Hippies und Moden, die Beach Boys und Michael Jackson. Was vor mehr als 100 Jahren Walt Whitman an Kalifornien hymnisch feierte (»Und endlich kommt das Neue an«), das ist immer noch der Fall. Ob Bodybuilder in Venice oder radarimmune Bomber in der Mojave-Wüste, Spitzenweine oder Superstars, Silicon Valley oder Mickeymäuse: Hauptsache, es ist hochmodern und so hochkommerziell, dass es sich weltweit vermarkten lässt.

Funde und Erfindungen wurden in Kalifornien meist vergoldet. Selbst das Wetter. Das sei so toll, schwärmte man schon früh, dass ein Zahnstocher, einmal eingepflanzt, am nächsten Morgen zu einem langen Baum gewachsen sei, den man als Telegrafenmast verkaufen könne. Gemessen am Bruttosozialprodukt würde Kalifornien, wäre es ein souveräner Staat, auf der Weltrangliste an siebter Stelle rangieren.

---

**Größe**: 403 970 km² (Rang 3)

**Hauptstadt**: Sacramento

**Spitzname**: *The Golden State*

**Wirtschaft**: Elektronik-, Flugzeug- und Maschinenbau, Landwirtschaft, Öl, Gas, Holzindustrie, Biotechnologie; Film- und Musikindustrie, Tourismus.

**Besonderheiten**: »California is a state of mind« – »Kalifornien ist ein Bewusstseinszustand«, lautet einer der vielen euphorischen Sprüche über den »Goldenen Staat«. Wird sein Füllhorn ewig sprießen?

**VIPs**: Dave Brubeck, Musiker; Joe DiMaggio, Baseballspieler; Isadora Duncan, Tänzerin; Robert Frost, Lyriker; William Randolph Hearst, Zeitungsverleger; Jack London, Schriftsteller; James W. Marshall, Goldentdecker; Marilyn Monroe, Schauspielerin; John Muir, Naturschützer; George S. Patton, General; Robert Redford, Schauspieler; William Saroyan, Schriftsteller; Junipero Serra, Missionar; Upton Sinclair, Schriftsteller; John Steinbeck, Schriftsteller; Adlai Stevenson, Staatsmann; Johann August Sutter, Pionier und Siedlungsführer; Shirley Temple, Schauspielerin.

**Touristische Highlights**: Yosemite National Park, Sequoia National Park, Anza-Borrego State Park, Death Valley, Joshua Tree Monument, San Francisco, Hollywood, Disneyland, Big Sur, Monterey, Santa Barbara, San Diego, Wine Country, Gold Country, Lake Tahoe, die spanischen Missionskirchen.

## Kalifornien 3

Auch innerhalb der USA spielt dieser Staat eine Extrageige, von den übrigen Bundesstaaten teils mit Skepsis, meist aber mit offenem Neid beäugt. Kalifornier, rund 34 Millionen an der Zahl, hält man für *more sophisticated* als Durchschnittsamerikaner, offener für populäre Trends, weniger traditionsbezogen, ethnisch vielfältiger und vor allem erheblich mobiler.

Neuzeitkomfort und Wildnis gehen in Kalifornien wie selten erstaunlich eng Hand in Hand. Von den Superhighways genügen oft schon ein paar Schritte, um in lebensbedrohliche Situationen zu geraten. Höhenunterschiede, Wettereinbrüche und Temperaturschwankungen ereignen sich mit einer Plötzlichkeit, die mitteleuropäische Erfahrungswerte meist gehörig über den Haufen wirft. Von der landeseigenen Erdbebenneigung ganz zu schweigen. Aber auch im alltäglichen Leben passieren schroffe Umbrüche, die manchen Mitteleuropäer ins Staunen brächten. Beispiel **Los Angeles**: immerhin ein 15-Millionen-Ding, von dem nun wirklich niemand annehmen würde, dass auch nur ein Hauch

*Fiesta: Cinco-de-Mayo-Feier vor dem County Court House in Santa Barbara*

*Gut abgefüllt: Weinkellerei Clos Pegas bei Calistoga im Napa Valley*

von Natur Beton und Bauwut überlebt hätte. Falsch. Da gibt es etwa zahlreiche Canyons, die sich durch den Bergrücken zwischen dem Los Angeles Basin und dem Nachbartal, dem San Fernando Valley, hindurchschlängeln. Sie sehen nicht gerade aus wie der Grand Canyon, aber immerhin, sie haben ihr Eigenleben. Nicht immer zur Freude der Hausbesitzer, deren fragile Holzhäuser häufig an den Hängen kleben. Vögel und Wild, das morgens in der Küche steht, mögen ja noch liebenswerte Zaungäste sein. Aber wie steht es mit den Ameisenkolonnen und den Schwarzen Witwen? Oder gar mit den Termiten. Neben den berüchtigten Buschfeuern in den Canyons gehören sie zu den heimtückischsten Gourmets hölzerner Architektur. Vor allem merken die Betroffenen erst spät, an welcher Stelle genau sie ihren Appetit entwickelten. Manche Häuser, die riskant auf Stützbalken halbwegs über dem Abgrund schweben, kippen, nachdem die tragenden Holzteile innen hohl gefressen sind.

Eine andere Gruppe von Canyonbewohnern ist ebenfalls nicht jedermanns Sache: die *raccoons*. Diese kleinen, aber aufdringlichen Waschbären mit den schwarzen Augenmasken sehen eigentlich ganz niedlich aus, wenn sie allabendlich familien-

# Kalifornien 3

weise aus ihren Verstecken zum Dinner losziehen. Dann ist nichts vor ihnen sicher. Vor allem die Mülleimer draußen nicht, auch Fische und Wasserschildkröten in den Pools schätzen sie – als Frischkost. Aber sie gehen noch weiter. Am liebsten auf die Hausdächer, wo sie es scharrend und kratzend oft so weit treiben, dass sie in so manch einer Canyonsiedleridylle in Hollywood oder Bel Air unverhofft durch die dünne Holzdecke auf den Teppich gepurzelt kommen. Und das Erstaunliche ist eben: All dies Rumoren ereignet sich nicht fernab in der Wüste, sondern fünf Minuten vom Freeway und der Innenstadt.

Ähnlich: **Palm Springs**. Am Stadtrand, draußen am Eingang zum Palm Canyon, bringt die mondlose Nacht die Sterne, wie stets in der Wüste, in fast greifbare Nähe. In den Bergen jaulen die Coyoten, und von der gegenüberliegenden Seite, wo die Villen stehen, antworten die domestizierten Hunde und bellen zurück. Ab und zu mischt sich in den Dialog der Wilden und der Gezähmten das Geschrei der *party girls*: Palm Springs bei Nacht.

Die oft unglaublich unvermittelte Nähe von Zivilisation und rauer Natur ist weder gottgewollt noch freiwillig. Zustande gebracht hat sie die so genannte »Kalifornisierung«, die stets darauf hinauslief, der Natur ein Korsett zu verpassen, denn nur künstliche Bewässerung und technologische Tricks haben dem durchgängigen Wüstenboden die Ernten abgetrotzt und die verschwenderischen Lebensgewohnheiten der Städter aufrechterhalten. Das Resultat: *the new frontier of comfort* – Grenz-

*»Stadt der Engel«: Blick auf Downtown L.A.*

land, Wildnis und lebensfeindliche Einöde komfortabel ausgestattet zum perfekten Paradies auf Erden.

Dabei sahen die kulturgeschichtlichen Anfänge eher bescheiden aus. Eine dem übrigen Südwesten, etwa den Anasazi, vergleichbare **Indianerkultur** hat in Kalifornien nie existiert. Sprachlich sehr zersplittert, gab es im Wesentlichen die von der Fischerei lebenden Küstenindianer und die am Ackerbau orientierten Sammler im Colorado-Gebiet. Ursprünglich sind Binsenhütten als Wohnbauten überliefert – und Erdhäuser, die oft auch als Schwitzhaus dienten sowie als Treffpunkt der Männer, zu dem die Frauen keinen Zugang hatten. Die kalifornischen Indianer galten als geschickte Korbflechter. Was allerdings heute in Museen vornehmlich ästhetisch gewürdigt wird, hatte zunächst einmal praktische Funktion. Ausgerechnet eine frühe deutsche Kalifornienreisende, Ida Pfeiffer, die die Küstenindianer zu einer Zeit besuchte, als die Gesamtzahl der Indianer in Kalifornien bereits durch den »Gold Rush« geschrumpft war, zeigte sich von der Tauglichkeit der geflochtenen Körbe beeindruckt. In ihrer »Zweiten Weltreise« notiert sie 1856: »Sie brachten große, schöne Lachse herbei, an welchen die Flüsse Kaliforniens überreich sind. Die Köpfe und Schwänze wurden abgehauen, die Körper aufgeschlitzt, mit Hölzchen ausgespannt, an größere Hölzer gesteckt und am Feuer gebraten. Aus den Köpfen und Schwänzen bereiteten sie eine Art Suppe. Sie füllten ein Körbchen mit Wasser und warfen glühende Steine hinein, die sie fortwährend durch frische ersetzten; als das Wasser hoch aufbrodelte, warfen sie die Köpfe und Schwänze hinein und ließen sie einige Zeit kochen. Dieses Verfahren erforderte sehr wenig Zeit, weniger als das an unsern Sparherden.«

Die Kultur der Spanier und Mexikaner durchläuft nur eine vergleichsweise kurze Blütezeit, weil revolutionäre Unruhen in Mexiko, das Vordringen amerikanischer Pelztierhändler und die Säkularisation der Missionskirchen den Weg für die Kolonialisierung des Landes durch die Anglos frei machen. Was nicht heißt, dass die Reise nach Kalifornien zum Zuckerschlecken wurde. Schon 1772 kommt das Land in einem Reisebericht schlecht weg, der in Mannheim veröffentlicht wurde. Da heißt es: »Es ist ein so schlechtes Weesen um Californien, dass es

*Palm Canyon bei Palm Springs* ▷

## Kalifornien 3

der Mühe nicht werth ist, die Feder anzusetzen und etwas davon zu schreiben. Von armseligem Geheck, eitel Dornbüschen und kahlen Felsen, von Stein- und Sandhäufen ohne Wasser und Holz; von einer Hand voll Leute, welche außer der Gestalt und Fähigkeit zu denken von dem Viehe nichts unterscheiden.«

Dass sich der Autor, wie man aus heutiger Sicht vermuten würde, keineswegs verlaufen hat, beweist die Erinnerung an ein besonders erschütterndes Kapitel der frühen Landesgeschichte, an das der Donner Party, die schlaglichtartig die Widerspenstigkeit belegt, mit der das Gelobte Land den ersten Siedlern begegnete. Wer heute von Reno (Nevada) kommend über die Interstate durch die Berge Richtung San Francisco fährt, benutzt zumeist den Donner Pass (2 413 Meter), der seinen Namen jener Gruppe von 87 Männern, Frauen und Kindern verdankt, die in rund zwei Dutzend Wagen unter der Führung der Brüder George und Jacob Donner aus Illinois 1846 auf dem Weg nach Kalifornien waren. Im Spätherbst des Jahres gerieten sie an dieser Stelle in schlechtes Wetter und waren gezwungen, an einem nahe gelegenen See (heute: Donner Memorial State Park) zu überwintern. Ein Bote, der in Sacramento Verpflegungsnachschub

*Dicke Brocken: Joshua Tree National Park*

holen sollte, konnte wegen starken Schneefalls nicht zurückkehren. Das Camp am See erwies sich als Falle: Die meisten verhungerten, die Überlebenden ernährten sich von den Verstorbenen. Einer der Überlebenden, Patrick Breen, war noch fähig, ein Tagebuch über die grausigen Vorfälle am Donner Pass zu schreiben.

Viele frühe Siedler waren gleichfalls schlecht informiert, als sie das knochentrockene Death Valley für eine Abkürzung zu den Goldquellen hielten. Sie blieben stecken, während ihnen die Shoshonen verständlicherweise untätig zusahen. Noch im 20. Jahrhundert schrieb John Steinbeck: »Die Mojave ist eine große und erschreckende Wüste. Man könnte meinen, die Natur erprobe die Ausdauer und Beharrlichkeit eines Menschen, ehe sie ihn für gut befindet, ihn nach Kalifornien zu lassen.«

Lebensfeindlichkeit und Todesrisiken – waren und bleiben ein durch und durch kalifornisches Thema. Neben den katastrophalen Buschbränden haben vor allem die diversen Erdbeben die fragilen Seiten des sonst so selbstbewusst vor Kraft strotzenden Staates immer wieder deutlich gemacht und dabei oft den alten Mythos von Kalifornien als einer Insel neu aktiviert. Ein überdimensionales Wandbild mit dem Titel *Isle of California* hält in Westwood (Los Angeles) seit einigen Jahren eine Horrorvision davon öffentlich fest: Nach einem Beben ist von ganz Kalifornien nur noch eine Freeway-Ruine übrig geblieben, die bezeichnenderweise an der meerumspülten Westgrenze von Arizona steht. Schlimmer noch: Das abgebrochene Autobahnstück hat die Kontur eines verendenden Dinosauriers, mit offenem Maul und gespaltenem Schwanz. Die apokalyptische Vision ist die vorläufig letzte Variante der insularen Fantasien, die seit Anfang des 16. Jahrhunderts nicht nur bei Kartografen herumgeisterten, nachdem in einem spanischen Roman zum ersten Mal von einer »Isle of California« zu lesen war. Damals dauerte es mehr als 200 Jahre, bis ein gewisser Pater Fernando Consag endlich Beweise erbrachte, die mit der Inselvorstellung aufräumten. Noch heute schwirrt sie in den Köpfen, allerdings in mild-verinnerlichter Form: »California is a state of mind«, lautet ein gängiger Spruch über die Abgelöstheit des Staates vom Rest der (kontinentalen) Welt.

*Nichts für hohe Absätze: Devils Cornfield im Death Valley National Park* ▷

### Kalifornien  3

Eine weitere Kämpferzone zwischen Not und Überfluss bildete von Anfang an die Wasserversorgung der durstigen Städte, besonders im Süden. Stauseen in den Sierras versorgen u. a. San Francisco, und der Siedlungsriese Los Angeles deckt seinen Wasserbedarf überwiegend durch das *California Aqueduct*, einen 700 Kilometer langen Wasserweg mit Pumpen, Kanälen und Reservoirs. Die berühmten Sunkist-Apfelsinen und all die anderen Früchte des Central Valley und des Südens brauchen Feuchtigkeit. Wasser hat die Landwirtschaft neben der Rüstungs- und Elektronikindustrie zur dritten großen Stütze der kalifornischen Wirtschaft werden lassen, d. h. *agribusiness* bedeutet heute *big business*.

*California Classic:*
*Golfplatzidyll in Palm Springs*

Dabei sind zum Großteil jene beschäftigt, denen einst das Land gehörte und die nun (legal oder illegal) auf dem Wege sind, es sich erneut anzueignen. Die Mexiko-Amerikaner und Latinos machen inzwischen einen Bevölkerungsanteil von über 30 Prozent aus. Die Tendenz ist steigend. Über zwei Millionen von ihnen leben heute allein in East Los Angeles – die Dunkelziffern bleiben außen vor. Kein Wunder, denn Mexiko liegt um die Ecke, und an den stählernen Grenzzäunen von Tijuana, spätestens, wird klar, dass hier, am so genannten Tortilla-Vorhang, die Dritte Welt Wand an Wand mit einem der reichsten Länder der Erde lebt.

Der Import von billigen Arbeitskräften hat hier wie überhaupt im Südwesten der USA Tradition. Schon vor 150 Jahren kamen die Nachfahren der Spanier als Goldgräber ins Land, und da es statt kleiner Familienbetriebe im Wesentlichen nur riesige *ranchos* gab, war man auf Hilfs- und Wanderarbeiter angewiesen. Zur Zeit der Missionen arbeiteten die Indianer in dieser Rolle, dann, nach Vollendung des Eisenbahnbaus, die Chinesen und schließlich, nach der mexikanischen Revolution (1910–15), die Mexikaner. Neben den *braceros*, die eine offizielle Arbeitserlaubnis hatten, waren es illegale Einwanderer, die man *wetbacks* nannte, weil sie schwimmend über die Grenzflüsse ins Land kamen. Die letzteren mussten sich mit den geringsten Löhnen abfinden und in überfüllten *barrios* leben. Die Lage ist heute zwar insgesamt entspannter, aber keineswegs grundlegend anders oder gar konfliktfrei.

*Mission Carmel*

Weiterhin strömen die *wetbacks* über die grüne Grenze, und Kontrollen nützen nichts, weil die territoriale Nachbarschaft symbiotischer Natur ist. Mexiko lindert auf diese Weise sein Arbeitslosenproblem, und Kalifornien profitiert von ebenso billigen wie willigen Arbeitskräften. Jene, die vor Ankunft der Gringos die Herren im Land waren, kehren als abhängige *farmhands* zurück. Aufs Ganze gesehen, zählen die Landarbeiter zu den letzten gesellschaftlichen Gruppen, die sich in Kalifornien gewerkschaftlich organisiert haben. Erst in den 1960er Jahren gelang es dem 1993 verstorbenen Arbeiterführer Cesar Chavez durch Streiks und politische Kampagnen, die »United Farm Workers Union« zu organisieren, was allerdings den Trend zu maschinellen Ernteverfahren beschleunigte.

Insgesamt verbesserte sich jedoch die Lage der mexikanischen Immigranten. Man erleichterte ihnen den Zugang zu besserer Ausbildung und höheren Ämtern. Einen Teil dieser Erfolge verdanken sie ihrer militanten Organisation, den Chicanos, die mit ihrem kämpferischen Solidaritätsappell »Viva la Raza« ein neues Selbstbewusstsein der Mexiko-Amerikaner schufen. Die nordamerikanische Freihandelsorganisation NAFTA, von der man sich u. a. eine Ausdünnung des Immigranten-

*Wandmalerei East L. A.*

## Kalifornien 3

stroms versprach, hat diese Erwartung bislang jedoch nicht erfüllt. Der nach wie vor schwache Peso verzögert die Lösung der Grenzkonflikte. Die jüngst gewählte mexikanische Regierung weckt allerdings neue Hoffnung auf Besserung der Situation.

Überhaupt ist der ethnische Mischungsgrad *(ethnic mix)* des »Goldenen Staates« erheblich fortgeschritten. In Los Angeles etwa ist seit einigen Jahren bereits die Mehrheit der Einwohner nicht mehr weiß. Vielen erscheint deshalb die Stadt der Engel schon als das neue Ellis Island.

Besonders die Newcomer aus Südostasien, die in den meisten Städten Fuß fassen, erweisen sich als äußerst eifrig und anpassungsfähig. Sie lernen meist im Eiltempo Englisch, um einen Computerjob zu bekommen. Die erstaunliche Beflissenheit dieses neuen Einwanderertyps führt oft zu wirtschaftlichen Erfolgen, von denen viele der alteingesessenen *African Americans* und Mexiko-Amerikaner seit Generationen schon seit langem vergeblich träumen. Asien läuft über, und Kalifornien bekommt eine Menge davon ab. Kein Zweifel, L.A. und San Francisco sind die neuen Hauptstäd-

*Kunst am Highway: S 86 bei Salinas*

*Unter akademischer Haube: Studentinnen der University of California in Berkeley (UCB)*

te des Pacific Rim. Nur das kanadische Vancouver fühlt sich noch asiatischer. Die trotz jüngster Währungskrisen wirtschaftliche Dynamik im pazifischen Raum betrifft nicht nur den Zustrom von Arbeitskräften, sondern ebenso sehr die wachstumsbedingten Warenimporte, die Kaliforniens Eigenprodukte unter erheblichen Konkurrenzdruck setzen. Ganz zu schweigen von der Rolle des japanischen Kapitals, das viele Kalifornier missmutig stimmt und hier und da sogar alte Ressentiments wieder aufleben lässt. Als eine japanische Firma die Konzessionen im Yosemite National Park kaufen wollte, ging ein Aufschrei der Empörung durch den ganzen Staat, der schließlich den Transfer verhinderte.

Anders die Rolle der Schwarzen, der *African-Americans*, wie sie neuerdings genannt werden. Seit der Mitte des 19. Jahrhunderts siedelten sie nur spärlich an der Westküste. Erst mit dem Ausbruch des Zweiten Weltkriegs steigerte sich ihr Zuzug beträchtlich; die Kriegsindustrie brauchte billige Arbeitskräfte. Heute liegt ihr Bevölkerungsanteil bei knapp sechs Prozent. Auch wenn viele inzwischen hohe Ämter besetzen (etwa in Los Angeles und Oakland), liegen ihre Lebensbedingungen im Schnitt auf der Schattenseite Kaliforniens.

*Täglich dampft der Wine Train mit Gourmets und Weinkennern durchs Napa Valley – von Napa nach St. Helena und zurück.*

Nach langen Jahren der Rezession zu Beginn der 1990er Jahre, die vergleichsweise überraschend über den Staat hereinbrach – im Gegensatz zum Mittleren Westen, wo man seit langem gewöhnt war, damit umzugehen –, steht die Wirtschaftskraft des Landes aufs Ganze gesehen gut da. Neben den wieder erstarkten High-Tech-Betrieben in San José

# Kalifornien 3

und im schon legendären Silicon Valley zählt vor allem Orange County südöstlich von Los Angeles zu den technologischen Kraftzentren. Hier sind nicht nur Onkel Dagobert und Goofy beheimatet (in Disneyland), sondern auch Bomber und Marschflugkörper. Die großen Namen der kalifornischen Luft- und Raumfahrtindustrie geben sich hier ein Stelldichein – McDonnell Douglas, Rockwell, Lockheed, Northrop, Hughes Aircraft. Seit Mitte des 20. Jahrhunderts hielten Kriege sie wirtschaftlich stabil – Korea-, Vietnam-, Kalter und zuletzt Irak-Krieg.

Wie auf einer schiefen Ebene rollten die US-Militärdollars massenhaft und mühelos an diese Stelle der Westküste. In den letzten 15 Jahren waren das jährlich etwa 20 Prozent des gesamten US-Rüstungsetats, happige Dollarmilliarden, die fast zehn Prozent des staatlichen Sozialprodukts ausmachten. Etwa eine Million Kalifornier leben immer noch von der Waffenproduktion und der diesbezüglichen Forschung. Seit den Kürzungen der Verteidigungsausgaben und der Schließung von Militärbasen (San Francisco's Presidio, Sacramento, San Bernardino), fragt man sich nicht nur nach den Auswirkungen auf Industrie und Arbeitsmarkt, sondern denkt bereits sehr heftig über Möglichkeiten der Rüstungskonversion nach.

*»Everybody's Darling«: San Francisco*

*Window Shopping: Union Square, San Francisco*

Ein ausbaufähiges Betätigungsfeld liegt zweifellos im Bereich der so genannten *low tech*, zum Beispiel der Solarenergiegewinnung, die im staatlichen Energiehaushalt schon jetzt eine erkennbar wachsende Rolle spielt. So ist denn die Mojave-Wüste nicht nur wegen der Landepiste für die Raumfähre (Edwards Airbase) in die Schlagzeilen gekommen, sondern auch als neue Hochburg der Alternativenergiegewinnung. Sonne statt Atom und Kohle, lautet immer häufiger der Wahlspruch. Die Anlage von *Solar One* in der Nähe von Barstow war nur Versuchsstation, und ihre einst 1 818 computergesteuerten Spiegel sind heute stillgelegt; die jüngere in Kramer Junction entwickelte sich auf Anhieb zum derzeit größten Solarkraftwerk der Welt. Die privat und rentabel betriebenen heißen Parabolspiegel (übrigens aus Deutschland geliefert) erwärmen Wasser, dessen Dampf in Turbinen Strom generiert, genügend für 270 000 Menschen. Auch im zugigen Coachella Valley (bei Palm Springs) rotieren Hunderte von Windrädern zu vergleichbaren Zwecken. Die Investitionsbereitschaft vieler privater Firmen wuchs anfangs, als sie noch steuerlich begünstigt wurde. Das ist längst vorbei. Dennoch rauschen zurzeit rund 100 000 Räder in den Turbinenwäldern im kalifornischen Wind, der größte dreht sich auf den Hügeln von Altamont und Livermore in der Nähe der San Francisco Bay.

Nicht zuletzt trägt auch der **Tourismus** sein beträchtliches Scherflein zur kalifornischen Wirtschaft bei; immerhin liefern 30 Millionen Besucher pro Jahr ihre Reisekasse hier ab. San Francisco,

# Kalifornien 3

*Pieksig: Jumping chollas in der Anza-Borrego-Wüste*

Disneyland, der Küstenstreifen von Big Sur und die **Nationalparks** sind dabei am meisten gefragt. Nur, deren Schönheit erweist sich gelegentlich als Bumerang. »Die Amerikaner lieben ihre Parks zu Tode«, hört man oft. Und ein Sommerwochenende im Yosemite National Park macht diese Art der Liebe begreiflich. Unter den verwalteten Wildnisgebieten der USA zählt Yosemite zu den am meisten gebeutelten. Autoabgase, Staus und Vandaltourismus passieren mühelos die Wachbüdchen der Ranger am Parkeingang. Daher degeneriert das Tal in der Hochsaison leicht zum Alptraum voller Blechlawinen und überfüllter Parkplätze, zum »Natur-Slum«: ein bedrückendes Echo auf den Ruf der Wildnis. Die Grizzlys – *Yosemite* ist ihr indianischer Name – sind heute ausgestorben.

Ist Linderung in Sicht? Immerhin hat neuerdings der amerikanische Kongress das Budget für staatliche Landkäufe mehr als verzehnfacht, um neue Territorien für Nationalparks und Erholungsgebiete sicherzustellen. In Kalifornien haben davon das (bisher militärisch genutzte) Presidio in San Francisco, das Death Valley, Joshua Tree und Teile der Mojave-Wüste profitiert: Sie alle wurden zu Nationalparks aufgewertet, was im Klartext bedeutet, dass der Landschaftsschutz über die Grenzen der bisherigen Region hinaus ausgedehnt und den Four-Wheel-Drive-Trips durch Dünen und Salzseen ein Ende gesetzt wurde ebenso wie militärischen Übungen, neuen Schürfgenehmigungen und Weiderechten – sicher lebensverlängernde Maßnahmen etwa für die kalifornische Wüstenschildkröte und andere gefährdete Tiere und Pflanzen.

Und noch etwas klingt viel versprechend. Es war bisher schon das Verdienst der mächtigen *California Coastal Commission*, einer strengen Umweltbehörde, dass sie insbesondere die Küsten nördlich von San Francisco fest im konservatorischen Griff hatte und dass der nicht minder einflussreiche Sierra Club sich allenthalben für die Begrenzung der ökologischen Gefahrenherde einsetzte: gegen den sauren Regen, die Luftverschmutzung, die Gefahren der Kernkraftwerke, die Überdosis an Pestiziden, die bereits Fische und Vögel bedrohen und den Pelikanen fast den Garaus gemacht haben. Neue gute Kunde kommt jetzt aus dem Meer: Rund 23 000 **Grauwale** sind inzwischen wieder an der Westküste heimisch geworden, fast so viele wie in der Mitte des 19. Jahrhunderts und erst recht mehr als später, als man um ihr Aussterben fürchten musste. In den 1930er Jahren waren die Grauwale aufgrund des kommerziellen Walfangs praktisch tot. Woher der Wandel? Nun, 1990 kam es zum gesetzlichen Verbot der Stahlnetz-Fischerei *(gillnet fishing)* innerhalb einer Drei-Meilen-Zone der Küste. Seither kann man wieder von diversen *vista points* entlang der Küste in den Wintermonaten *whale watching* betreiben und den Leviathanen und Zigeunern des Meeres zusehen – zum Beispiel in Santa Barbara oder Big Sur. San Diego inszeniert sogar ganze *whale watching weekends* am Cabrillo National Monument, um die Wal-Passage zu einem geselligen Ereignis zu machen.

Dennoch besteht kein Zweifel, dass sich das Wachstum im Vergleich zum nationalen Durchschnitt inzwischen verlangsamt. Zwar wächst die Bevölkerung, aber viele Betuchte, verunsichert von sozialen Unruhen und Naturkatastrophen, zieht es in ruhigere Fahrwasser. Sie verlassen den Staat in Richtung Oregon und Washington, Arizona, Colorado oder Montana.

Andere Kehrseiten beflügeln diesen Exodus. Das zunehmende Verkehrsgewühl, Lärm und die Kriminalitätsrate nennen die jüngsten Umfragen am häufigsten als notorische Kritikpunkte. Die ansteigende Zahl der Gewaltverbrechen, die die Großstädte heimsuchen, geht wie so oft vielfach Hand in Hand mit dem Drogengeschäft. Hier sind Los Angeles und Südkalifornien dabei, Florida den Rang als führendes Schmuggel- und Verteilerzentrum abzulaufen. Rivalisierende Dealer und *street gangs* heizen die Gewalttätigkeit an. Die nahe mexikanische Grenze, über die das Kokain einströmt, die Weitläufigkeit des Terrains, die für Landepisten gut geeignete Mojave-Wüste, der riesige Umschlaghafen San Pedro – sie alle leisten Schützenhilfe.

Was Stadt und Land letztlich aber eng zusammenhält, das sind die Lebensstile und Kulturszenarien. Kalifornien hat sich längst als Experimentierfeld für Lebenskünstler etabliert, als Probebühne für neue Beziehungen und Selbsterfahrungen, als Alchemistenküche für Gags und Gimmicks. Ob auf der Straße, im Fernsehen oder Kino, hier werden sie ausgekocht – und weltweit nachgemacht. Freud und Jung sind längst passé, Analysen kaum mehr

*Zwischen Mai und September ziehen die Wale von Alaska nach Baja California (Mexiko), um dort innerhalb von zwei bis drei Monaten ihre Jungen zur Welt zu bringen: 12 000 Meilen hin und zurück.*

# Kalifornien  3

*Venice, California*

gefragt: Der neue westöstliche Diwan ist keine kalifornische Couch. Therapie bedeutet mehr und mehr Meditation und Tanz, Gruppengespräch, Körpertraining, Massage. Manchmal sogar noch weit Praktischeres: »Einzelhandelstherapie« *(retail therapy)*, der Hang zum Shopping, den viele moderne Hausfrauen längst dem Besuch beim *shrink*, beim Therapeuten, vorziehen. Eher sind die angestauten psychischen Energien ins Esoterische abgewandert, in die neue Innerlichkeit des Sektentums – manche Gruppierungen auch *online* oder rund um den Globus mit Treffs im Internet.

Was sich dabei naturgemäß unter Ausschluss der Öffentlichkeit abspielt, unterscheidet sich heftig von jener äußerst sichtbaren kalifornisch überdrehten Alltagskultur, in der sich ein schier hemmungsloser Spieltrieb im **Körperkult** auslebt – mit entsprechend modischem Outfit, versteht sich. Seit langem boomt daher die Sportartikel- und Sportmode-Branche so sehr wie die entsprechenden Fitnessprogramme, ebenso einträchtig wie einträglich angeführt von den medialen Galionsfiguren Schwarzenegger, Willis und Stallone, die ihrerseits eine geradezu perfekte Brücke zur gleichfalls kalifornischen Domäne schlagen: zu Hollywood, zur TV- und Filmindustrie. Mehr noch: das muskulöse Trio hat seine Namen auch dem gastronomischen Gewerbe verschrieben, sich an zahlreichen Trend-Restaurants beteiligt (»Schatzi on Main« heißt ein Etablissement Schwarzeneggers in Santa Monica) und die Franchise-Futter-Kette »Planet Hollywood« ins Leben gerufen, deren Dependancen inzwischen auch in Europa aufgetaucht sind. Einer von ihnen ist sogar inzwischen Gouverneur!

Doch die Gleichung aus Kino und Körperkult ist nur die jüngste Spielart der vor allem in Südkalifornien überdurchschnittlich ausgeprägten optischen Energie. Sie erklärt auch, warum die meisten, die noch nie in ihrem Leben in Kalifornien waren, es bereits kennen: aus zahllosen Filmen und TV-Serien, als Kulisse, als Abziehbild. Von den »Straßen von San Francisco« bis zu »Baywatch« oder »Leben und Sterben in L.A.« – die meisten Ecken des Landes sind uns vertrauter als der nachbarliche Vorort in der eigenen Stadt.

Zu den bemerkenswertesten Merkmalen visueller Kraft in Kalifornien zählen Graffiti und öffentliche Wandmalereien, eine *art alfresco*, die in den frühen 1970er Jahren mit einem furiosen Auftakt begann und seither malerische Akzente ins Stadtbild setzt. Von den handgemalten, perfekt-kommerziellen Reklametafeln *(billboards)* über die farbstarken *placas* und *murales* der Mexiko-Amerikaner bis zu den superrealistischen Bildern diverser Maler in Venice, Santa Monica, Oakland und San Francisco, die bewusst die Kunststudios verließen und auf die Straße gingen: Allenthalben schafften plötzlich überdimensional bemalte Flächen fantastische Erweiterungen des öffentlichen Raums. Die akustische Parallele, die Songs von Grateful Dead, Janis Joplin und Jefferson Airplane im San Francisco bis zu Frank Zappa und den Doors (ja, sogar den Eagles) in L.A., befand sich ebenso im Einklang mit diesen malerischen Suggestivwirkungen wie die Texte von Buffalo Springfield (der Vorläufer von Crosby, Stills, Nash & Young).

Warum sollte die **Architektur** da nachstehen? Eben. Sie hat es auch nie getan. Kalifornien war für sie genauso eine Schaubühne wie für Westernstars und Serienhelden. Da zeigte (und zeigt) sich so ziemlich alles, was seit Jahrhunderten auf der Welt Rang und Namen hat. Häppchenweise Antike, nachgemachter Orient, ein bisschen Mittelalter – mal als Grabmal, Ritterburg oder klassische Villa, oder als babylonischer Tempel, Moschee und Import-Pagode: erlaubt am Bau ist, was gefällt! Was wie ein zufälliger Griff in die Zitatenkiste der Baugeschichte aussieht, hat paradoxerweise Tradition, und zwar in der Filmgeschichte. Die Kulissenbauer und Set-Designer Hollywoods haben vorgemacht, was die Vergnügungsparks von Disneyland bis zu den Universal Studios meist dreidimensional kopierten: Kulissen, Kunstwelten. Ob Matterhorn oder Neuschwanstein, venezianische Kanäle und Kolonnaden (Venice) oder dänisches Fachwerk (Solvang) – in Kalifornien kein Problem. Ölmagnat Getty kopierte sich eine römische Villa, Verlegerfürst Hearst leistete sich ein pompöses Unikum von caesarischen Ausmaßen, in Beverly Hills kann man zwischen Hexenhäuschen und Buttercreme-Fassaden wählen, sie und ungezählte Einzelgänger kreierten ein Panoptikum drolliger Baukörper: zur Schaulust. Manchmal auch als eine Art visuelles Marketing. Wer möchte nicht einmal gern Schuhe in einem Laden kaufen, der wie ein

*Leo Carrillo State Beach westlich von Malibu*

# Kalifornien 3

Siebenmeilenstiefel gebaut ist (Bakersfield); in den grünen Bauch eines riesigen Dinosauriers hineinkriechen, der am Highway grüßt (Cabazon); in einer steinernen Grotte tanken (Madonna Inn); in einem Motelzimmer, das als Beton-Tipi dasteht (Rialto), ein Weilchen Abenteuerromantik im Stil der Apachen-Indianer genießen; einen *Donut* besorgen, wenn er gleich so groß in Erscheinung tritt, dass man den Schmalzkringel mit dem Auto als Drive-in nutzen kann (La Puenta)?

Kalifornien ist voller Vexierspiele und Augenwischerei. Das Nonplusultra der Treppenwitz-Architektur kann man am Colorado River an der Grenze zu Arizona besichtigen: die London Bridge. Zusammen mit den passenden Straßenlaternen wurde das Bauwerk von der Themse ausgerechnet an diesen Wüstenfleck transloziert. Der verrückte Umzug, so hört man, sei ein Missverständnis gewesen, denn eigentlich hatte man die Tower Bridge haben wollen, doch die Briten hatten (zufällig?) halt eine falsche Brücke eingepackt. Macht nichts. Illusionärer Mehrwert ist das Salz Kaliforniens.

Die seriöse Baukunst steht den Clownerien am Straßenrand, was die Stärke ihres optischen Auf-

*Superpool: Hearst Castle bei San Simeon*

tritts angeht, in nichts nach. Im Gegenteil. Nicht zuletzt die Museumsarchitektur kann sich sehen lassen, jene edle Hülle von Skulpturen und Tafelbildern, denen die *Street Art*-Bewegung einst entfliehen wollte. Kein Bau verdeutlicht diese aktuelle kalifornische Domäne besser und zugleich feudaler als das vom New Yorker Star-Architekten Richard Meier entworfene Getty Center, eine wahre Trutzburg der schönen Künste hoch oben in den Hügeln von Brentwood in West Los Angeles. Für sage und schreibe eine Milliarde US-Dollar präsentiert sich hier der Welt größtes Kunstinstitut – für viele Angelenos der nach den Olympischen Spielen 1994 wiederholte Beweis, dass sie erwachsen geworden sind und zur Weltklasse zählen. »The Getty« – das ist ihr Eiffelturm, ihr Gateway Arch, ihre Top-Ikone. Zwei Millionen Besucher kamen bereits im ersten Jahr. Selbst Architekt Meier sah sich durch die ihm übertragene Aufgabe vor Erhabenes gestellt, die dem Bau der Akropolis gleichkomme.

*Leseraum des Getty Center, Los Angeles*

Doch »The Getty« – so sehr die Stiftung, 1953 vom Ölmilliardär J. Paul Getty (1892–1976) geschaffen, auch in Geld schwimmt und weltweit alle Museumsleute vor Neid krank macht (weil sie alles ersteigern) – ist nur die Spitze des Eisbergs der kalifornischen Kunstszene. Das hat sich noch nicht überall herumgesprochen: Wenn es um Kunst (oder gar Architektur) geht, denken die meisten Europäer bei Kalifornien an einen schlechten Witz, ja, sogar die eigenen Landsleute an der Ostküste üben sich in traditioneller Ironie gegenüber allem, was westlich des Mississippi passiert; alles Ästhetische in Kalifornien, meinen sie, sei nichts als ein ausschließlich mit Geld besorgter Egotrip. Dabei haben zumindest seit den 1960er Jahren die bildenden Künste hier in rasantem Tempo Fuß gefasst. Künstler wie Kienholz, Billy Al Bengston, Ed Ruscha oder Richard Diebenkorn wurden als *West Coast Artists* zu internationalen Markenzeichen. Ohne Frage ist Los Angeles, ausgehend von seinem etablierten Image als Welthauptstadt der Massenkultur, seit Jahren schon auf dem besten Weg, der US-Kunsthochburg New York den Rang abzulaufen.

Vom lebhaften Galeriebetrieb einmal abgesehen, reicht allein der Hinweis auf einige der führenden Kunstinstitute des Landes, auf das 1964 von Wil-

## Kalifornien 3

liam Pereira konzipierte und durch einen baulich extravaganten Ergänzungsflügel bereicherte L.A. County Museum of Art, auf das Museum of Contemporary Art, den farbigen Sandsteinbau (1986) von Arata Isozaki in Downtown oder das Norton Simon Museum in Pasadena, das eine der bedeutendsten klassischen Sammlungen Südkaliforniens beherbergt. Erstklassige Institute sind auch sonst im Lande zu sehen – im 1995 vom Schweizer Architekten Mario Botta entworfenen Museum of Modern Art in San Francisco oder das (weitgehend und zu Unrecht unbekannte) renommierte Kunstmuseum in Oakland, um nur einige zu nennen.

Der **literarische Kontrapunkt** zu den bildenden Künsten in Oakland findet sich gleich um die Ecke, am Jack London Square und im angrenzenden Jack London Village, jener Hafenecke, in deren Saloons der berühmte Sohn der Stadt Stammgast war. Mit anderen Worten, Kalifornien war immer auch ein Terrain von Texten und Autoren. Henry Miller, Robert Louis Stevenson und John Steinbeck – »Big Sur und die Orangen des Hieronymus Bosch«, »Die Schatzinsel« und »Straße der Ölsardinen« – sie allein schon haben die Zentralküste für immer festgeschrieben. Allen Ginsberg und Laurence Ferlinghetti sind ebenso untrennbar mit San Francisco verbunden wie die Krimis von Dashiell Hammett. Die Kurzgeschichten William Saroyans kreisen um Fresno.

Mark Twain ging 1864 nach San Francisco, versuchte sich als Reporter und lieferte humoristische Vignetten an diverse Zeitschriften; außerdem bissige Kommentare zur Ausbeutung der Chinesen, zu Polizeibrutalität und Korruption. Während seines Aufenthalts in Angels Camp im Gold Country verfeinerte er das für seine Erzählkunst charakteristische Prinzip: das Fortspinnen kleiner Anekdoten und volkstümlicher Geschichten, der so genannten *yarns* (Fäden). Er erfuhr sie von den Leuten an der Bar und schrieb fleißig mit – vom schlechten Essen (»dreimal täglich Chilibohnen mit Spülwasser«) bis zu den Erzählungen über das Froschweitspringen.

Steinbeck siedelte die Schauplätze seiner Prosa in der ländlichen Gegend um Salinas und Monterey an. »Die Schelme von Tortilla Flat«, die sozialkritische Landarbeitersaga »Früchte des Zorns« und »Die Straße der Ölsardinen« spielen hier. Er bekam finstere Kritiken. Die Handelskammer von Monte-

*Im Gold Country*

rey befürchtete Einbrüche im Tourismusaufkommen, und die Schilderung der miserablen Lage der Wanderarbeiter aus Oklahoma zur Zeit der Depression, die die »Früchte des Zorns« ernten, galt als Tiefschlag gegen die Landbesitzer im San Joaquin Valley.

Los Angeles als *genius loci* für Schriftsteller? Durchaus. Hollywoods Hunger auf Drehbuchtexte zog viele literarische Nomaden an – übrigens bis heute. Selten aber gingen die ästhetischen Ambitionen der Autoren und die Auftragswünsche der Filmstudios konform; einige verdienten gut, die meisten mussten sich schlecht und recht durchschlagen. Faulkner etwa, auch Steinbeck. Zum Abendessen besorgte man sich Apfelsinen und Avocados von den Bäumen. Brecht, der wie viele andere seiner Landsleute in Santa Monica und Umgebung im Exil lebte, spielt in seiner dritten Hollywood-Elegie auf die Rolle der Poeten als Goldfische im Pool der Mächtigen der Filmbranche an. Gleichwohl versteckt auch er seine Sympathie für Südkalifornien nicht: »Die Öltürme und dürstenden Gärten von Los Angeles/ Und die abendlichen Schluchten Kaliforniens und die/ Obstmärkte/ Ließen auch den Boten des Unglücks/ Nicht kalt«, schreibt er in »Die Landschaft des Exils«.

*Upton Sinclair bei der Arbeit auf der Terrasse seines Hauses in Hollywood (1930)*

Desillusion kennzeichnet durchgängig die Wirkung vieler südkalifornischer *literati:* von Upton Sinclair (»Öl«) über Aldous Huxley (in seinem Roman »Affe und Wesen« hält ein futuristisches Downtown Los Angeles als Schreckensszenario für ein Lemurenleben nach einem Atomkrieg her), Evelyn Waugh (der in seinem »Tod in Hollywood« genüsslich das Pathos der Beerdigungsriten seziert) bis zum Poltergeist und Nestor der südkalifornischen Literatur, Charles Bukowski, zu Lebzeiten in San Pedro, der ruppigen Hafenstadt von Los Angeles, ansässig, rechnete erbarmungslos mit der espressoschlürfenden Medienschickeria von Beverly Hills und Hollywood ab. Henry Miller, der selbst zweimal in L.A. wohnte, nannte den Autor der »Notizen eines schmutzigen alten Mannes« einmal den »literarischen Satyr der Untergrunds«. Ja, der vielleicht genuinste Autor der Stadt der Engel passt in dieses Bild: Raymond Chandler und sein Alter ego Philip Marlowe, jener Detektiv, der wie kein anderer mit seiner Stadt identisch ist. Verhalten und Topografie – Philip Marlowe und Los Angeles sind unzertrenn-

## Kalifornien 3

lich. Diese Ehe bringt ihn stets auf die richtige Spur, zum Mörder (z. B. »Der tiefe Schlaf«, »Das hohe Fenster«). Chandler selbst verhielt sich ähnlich mobil. Er soll in mehr als 20 verschiedenen Häusern in Hollywood gewohnt haben. Sein Krimi-Kollege Erle Stanley Gardener, Produzent von immerhin 82 Perry-Mason-Bänden, liebte es noch bewegter: Wie später Jim Rockford zog er kreuz und quer durch L.A. und Umgebung.

Selbst die Tourismusindustrie hat die literarische Erbmasse Kaliforniens inzwischen aufgegriffen. So wie in San Francisco seit einiger Zeit Dashiell-Hammett-Touren angeboten werden, die den Spuren des Detektivs Sam Spade folgen, organisiert die California Historical Society in Los Angeles Kaffeefahrten zu den Schauplätzen, die in den Romanen von Chandler, F. Scott Fitzgerald (»Der letzte Tycoon«, der Roman eines Filmmoguls), Franz Werfel (»Der Stern der Ungeborenen«) und Joan Didion eine Rolle spielen. Besichtigungen der Bars aus den deftigen Geschichten von Bukowski stehen, so war zu erfahren, allerdings nicht auf dem Fahrplan.

Kalifornien, literarisch: ein hektisches Kommen und Gehen durch die Jahrzehnte des 20. Jahrhunderts – von sehr verschiedenen Autoren, Stilformen und Wirkungen. Und doch sieht es manchmal so aus, als ziehe sich eine Art roter Faden durch die Texte und Epochen: das Prinzip von Satire und Groteske. Von den Enthüllungen Philip Marlowes bis zu den bissigen Zeilen Bukowskis (»Kaputt in Hollywood«) oder denen von Tom Wolf (»Das bonbonfarbene tangerin-rotgespritze Stromlinienbaby«); von Brechts Hollywood-Elegien bis zur Rocklyrik Jim Morrisons – immer wieder geht es um Enttäuschung, Reduktion, Entzauberung. Und damit letztlich um Sprache, die jenen Wahrnehmungs- und Erfahrungsschwund aufdeckt, der durch die Mythen, Schablonen und Potemkinsche Dörfer im Umkreis der Illusionsmaschine L.A. produziert wird. Immer scheint es, als wolle sich das literarische Kalifornien gegen das kinematografische Hollywood behaupten.

Warum also sollte nicht einer der Poeten das letzte Wort haben? Am besten über jene Stadt, die wie keine andere für Kalifornien spricht, San Francisco. Auf seiner »Reise mit Charley« sieht Steinbeck sie so: »San Francisco inszenierte ein Schauspiel

---

*Jeden Morgen, mein Brot*
*zu verdienen*
*Gehe ich auf den Markt,*
*wo Lügen gekauft werden*
*Hoffnungsvoll*
*Reihe ich mich ein unter*
*die Verkäufer.*
**Bertolt Brecht, Hollywood-Elogie 1**

für mich ... diese goldene und weiße Akropolis, die Welle um Welle an das Blau des Pazifikhimmels brandete, hatte etwas Betäubendes, etwas von dem Bild einer mittelalterlichen italienischen Stadt, die nie existiert haben kann.«

## Pazifischer Nordwesten
Reise in ein neues Land

*von Siegfried Birle*

*The Pacific Northwest is one of my favorite spots in the world.*
**Woody Guthrie**

Das Land um die nordwestliche Küste der USA wurde spät entdeckt – von den Eroberern, den Siedlern und den Touristen. Als George Vancouver noch 1792 in den Gewässern von Puget Sound nach der Nordwest-Passage suchte, regierte George Washington schon die unabhängigen USA. Als die Offiziere Lewis und Clark 1804–06 per pedes und Kanu zum Pazifik vorstießen, begann im Osten bereits die Industrialisierung. Und als Siedler in den 1840ern und 1850ern in Planwagen über den Oregon Trail nach Nordwesten zogen, umspannte den Osten schon ein Netz von Kanälen und Eisenbahnen.

Wer den Nordwesten nicht kennt, weiß vor allem eines: dass es »viel regnet«. So gerne Mitteleuropäer sonst reisen, hier sagen sie sich: Regen haben wir selber genug, fahren wir lieber nach Florida! Die neuen Entdecker des Nordwestens kamen von innen: Aussteiger der Hippie-Generation und andere Alternative, die in Oregon, Washington und British Columbia das einfache, natürliche Leben suchten. Ernest Callenbach schrieb ihnen die passende Utopie: »Ecotopia« (1975) – über die (fiktive) Sezession Oregons und Nordkaliforniens von der Union nach dem Motto *Leave. Me. Alone.*

Produkte des Ideenschubs waren fortschrittliche Gouverneure (wie Tom McCall, 1967–75) und fortschrittliche Gesetze (wie die »Bottle Bill«, 1973). Flüsse und Seen wurden saniert, die Metropolen bekamen *Public transit* und *Public art* und die Fläche *Public space*. Die Washington State Ferries kreuzen wie Vorortzüge über den Sund, Portland und Seattle finden sich stets oben auf der Liste der »Most Livable Cities« der USA, und die Mikrobrauereien brauen *hand-crafted* Bier – ohne Konservierungsstoffe ...

### Oregon (OR)

Name: Herkunft unbekannt. Man geht davon aus, dass der Name aus den Aufzeichnungen des englischen Majors Robert Rogers übernommen wurde.

Bevölkerung: 3 747 455, davon 86,1 % Weiße, 10,2 % Hispanier, 3,7 % Asiaten, 1,8 % Indianer, 1,7 % Schwarze.

Größe: 248 647 km² (Rang 10)

Hauptstadt: Salem

Spitzname: *Beaver State* (Biberstaat)

Wirtschaft: Holz- und Fischindustrie; Landwirtschaft; Nickelmonopol in den USA; metallverarbeitende Industrie, Maschinenbau, elektronischer Gerätebau, Lebensmittelindustrie, Chemie und Papierherstellung.

Besonderheiten: einer der umweltbewusstesten Bundesstaaten nach der Devise »Don't Californicate Oregon«!

VIPs: Edwin Markham, Lyriker.

Touristische Highlights: Crater Lake National Park, Mount Hood, Oregon Dunes, Oregon Caves, Columbia River, Hell's Canyon.

*Pazifischer Nordwesten* **3**

Von alledem profitieren die Besucher. Sie finden eine touristische Infrastruktur, an der zum Teil schon die CCC-Boys der Works Projects Administration unter Franklin Roosevelt gebaut haben: State Parks und Waysides in bester Lage, ausgebaute Wanderwege, erstaunliche Visitor Centers, eine durchgehende Küstenstraße, deren Brücken seit den 1930ern die Mündungstrichter der Flüsse überspannen – überhaupt eine Küste, die in Oregon per Gesetz zum Gemeineigentum erklärt und im nördlichen Washington als Olympic National Park geschützt ist.

Dabei ist der Nordwesten keine Spielwiese für Weltflüchtige und Umweltfreaks. Riesige Konzerne wie Boeing, Microsoft, Intel und Nike stellen die Region ökonomisch auf die Füße. Auf diesem Unterbau gedeiht eine lebhafte Kultur und Subkultur und »Powell's City of Books«. Der Nordwesten ist keine Idylle im Wald – dagegen sprechen die Holzfäller und ihre Kahlschläge. Die Tourismusbehörde von Oregon druckt in einer Broschüre den Satz: »Die Indianer behaupten, das Land sei ihnen nur geliehen.« Dann fordern sie die Touristen auf, kurzfristige »Anleihen« aufzunehmen – eine gute Idee.

In Oregon und Washington leben gerade einmal zehn Millionen Menschen, doch die stellen einiges auf die Beine. Seattle und Portland haben nicht nur Museen, Theater und Symphonieorchester zu bieten, sondern auch eine »populäre« Kultur von Blues bis Grunge, Punk bis Schick, Café bis Kneipe. Seit Starbucks 1971 in Seattle seine erste Filiale eröffnete, schwappt die Kultur röstfrischen Kaffees über den Nordwesten und die Nation. Mikrobrauereien

*Bemoost vom vielen Regen?*
*Straßenkunst in Seattle*

112

sind eine Erfindung des Nordwestens – sie erreichen in Portland eine Dichte, von der Bayern nur träumen kann. Und die *Northwest cuisine* schafft die richtige Grundlage.

Kommt man von einer Erkundungstour durch die Region zurück, dann stellen amerikanische Freunde meist eine unangenehme Frage: *What did you like best?* Die Antwort kann nur ein langwieriges Abwägen oder eine schnelle Lüge sein. Der Leser aber hat das Recht, in aller Kürze zu erfahren, warum er unbedingt den Pazifischen Nordwesten der USA besuchen sollte. Also, wegen der Vielfalt der Landschaft und dem überwältigenden Reichtum der Kulturen. Küste, Regenwald, Kaskadengebirge, Plateaus, Lavaströme und offene Steppe, dazu zwei faszinierende Metropolen und das Erbe der Indianer – WOW!

*Bambi im North Cascades National Park*

Die Touristikbranche hat mit Superlativen denn auch keine Mühe: Long Beach habe den »längsten Strand der Welt«, Tillamook die »größte Käsefabrik der Welt« und Portland »die größte Buchhandlung der USA«; die Columbia River Gorge sei die *windsurfing*, Lincoln City die *kite flying*, Bandon die *storm watching* und Wenatchee die *apple CAPITAL OF THE WORLD*; Lakeview die Nummer eins beim Drachenfliegen, Grants Pass beim Wildwasser, Snohomish bei den Antiquitäten und Portland bei den Mikrobrauereien. Crater Lake ist der tiefste See der USA und Hell's Canyon die tiefste Schlucht Nordamerikas – beide benötigen keinen Konjunktiv.

Weil der Wald in dieser Liga durchaus mithalten kann, seien seine würdigsten Vertreter hier genannt: im Regenwald Douglastanne *(Douglas-fir, Pseudotsuga)*, Sitkafichte *(Sitka spruce, Picea)*, Riesen-Lebensbaum oder Zeder *(western redcedar, Thuja)* und Hemlock *(western hemlock, Tsuga)* sowie östlich der Kaskaden Ponderosa-Kiefer *(ponderosa pine, Pinus)*.

Fragt man nach *der* herausragenden Freizeitsportart des Nordwestens, so sei *river running* genannt. Outfitter im Lande bieten ihren Gästen das feuchtfrische Vergnügen, im Schlauchboot (Rafting), Kajak (Paddel mit zwei Schaufeln) oder Kanu (Paddel mit einer Schaufel) auf schnellen Flüssen hinabzugleiten. Die besten Wildwasserflüsse sind Skagit, Methow, Wenatchee, Deschutes, McKenzie und Rogue; der John Day macht die Sache gemütlicher. Die Saison dauert von April bis

# Pazifischer Nordwesten 3

September. Alle Schwierigkeitsstufen sind vertreten – von Klasse I (»badewannenglatt«) bis Klasse VI (»don't even think of it!«).

Zum bevorzugten Reisegebiet zählt der engere Nordwesten, also die Staaten Oregon und Washington – eine Region größer als Deutschland, aber kleiner als Texas und damit überschaubar. Zu den Highlights gehört natürlich die **Pazifische Küste**. Sie präsentiert sich teils steil und felsig wie an den Kaps von Flattery bis Blanco, teils flach und sandig wie an den Stränden von Long Beach oder Manzanita. Südlich von Florence kommt ein breiter Dünengürtel hinzu. Zum Baden ist das Wasser auch im Sommer recht kühl. Die Küstenstraße (US 101) hält meist Abstand zum Meer, bisweilen erklimmt sie aussichtsreiche Höhen. Fähren und Furten sind passé, aber nach feuchten Wintern können Erdrutsche die Straße versperren. Wanderer auf dem 375 Meilen langen Oregon Coast Trail bleiben davon unberührt.

Der **Regenwald der gemäßigten Zone** *(temperate rain forest)* ist eine Besonderheit des Nordwestens – es gibt ihn sonst nur noch auf Neuseeland. Seine imposanteste Gestalt erreicht er auf der Olympic Peninsula, wo ihn der Olympic National Park schützt. An einigen Stellen begegnet man dem *old-growth forest*. Allerdings wird man auch die brutalen Kahlschläge in der Fläche kaum übersehen; sie werden beim Betrachter Zorn und Trauer hervorrufen.

Diverse Highways – zum Beispiel der North Cascades, Historic McKenzie und Cascade Lakes Highway – überqueren das **Kaskadengebirge**; sie gehören zu den schönsten Bergstraßen des Landes. Sind sie im Winter und Frühjahr gesperrt, so weicht man auf andere Pässe aus. Erloschene und halb erloschene Vulkane bieten sich an: **Mount Hood** zum Schauen, **Mount St. Helens** zum Schaudern, und **Mount Bachelor** zum Skifahren. Die Täler – das sanfte des Methow, das einsame des Stehekin und das zerklüftete des Deschutes – laden zum Wandern, Radfahren, Rafting, Reiten und all den Aktivitäten ein, die in den Resorts möglich sind. Der Pacific Crest Trail führt, etwa in Kammhöhe, 2600 Meilen weit von Kanada bis Mexiko.

Das **östliche Binnenland** der Basaltplateaus, Scablands, Lößhügel und Steppen bietet Weite – wie in Texas. Bei Dry Falls bekommt das Plateau

---

### Washington (WA)

Name: von George Washington.

Bevölkerung: 6 468 424, davon 80,5 % Weiße, 9,1 % Hispanier, 6,6 % Asiaten, 3,4 % Schwarze, 1,5 % Indianer.

Größe: 172 447 km² (Rang 20)

Hauptstadt: Olympia

Spitzname: *Evergreen State*

Wirtschaft: Holzindustrie; Landwirtschaft und Viehzucht, Fischfang, Flugzeug-, Raketen- und Schiffsbau; Metall- und Lebensmittelindustrie; Chemie und Maschinenbau; Aluminiumabbau.

Besonderheiten: Wird sich die kühle, unberührte und immergrüne Idylle gegen das Wachstumstempo behaupten können?

VIPs: Bing Crosby, Sänger; Jimi Hendrix, Sänger und Gitarrist.

Touristische Highlights: Mount Rainier, Olympic und North Cascades, Mount St. Helens.

*Trubel im Treibholz: vor der Küste von Oregon*

ein Loch, und in den Gaps und Gorges des Columbia spürt man die mitreißende Gewalt eiszeitlicher Fluten. Der Betonklotz von Grand Coulee Dam staut einen See von 125 Meilen Länge. Der östliche Teil des Nordwestens ist voller Kontraste: *Coulees* (Fließrinnen) kerben die Plateaus, die sanften Palouse Hills folgen auf nackte Scablands, dann die schroffe Schlucht von Hell's Canyon, die Gebirgswiesen der Wallowas, die bunten John Day Fossil Beds.

**Central Oregon** ist ein Thema für sich: kein ödes, wasserloses Binnenland, wie man erwarten könnte, sondern eine vielfältige Landschaft mit Wäldern, Flüssen, Canyons, Bergseen und Vulkanen. Es ist auch die Domäne moderner Resorts, die dem Urlauber naturnah alles bieten, was er sich für seine Freizeit wünscht. Bend mausert sich zu einem urbanen Zentrum mit Flair. Und der Metolius – eine Perle im Wald! Fernere Ziele sind von Bend mit Zusatztagen zu erreichen: der Nationalpark Crater Lake, die Wildlife Refuges von Hart Mountain und Malheur Lake und das alte Frenchglen Hotel ...

Setzt man das Vergrößerungsglas an die Route, dann drängen bestimmte Bilder, Düfte, Klänge hervor: die Straßenmusiker am Pike Place; die Fährfahrt über den Sund; Mount Rainier am Horizont – schwebend; saftiger frischer Regenwald; Puder auf den Gipfeln um Cascade Pass im Oktober; quirlender Methow am Morgen; die roh behauenen Balken der Lodge; sanfte Kehren am John Day River; die Kulisse von Shaniko bei Nacht; eine Bräukneipe in

## Pazifischer Nordwesten 3

*Palouse Falls, Washington*

Portland; die Spuren des Wassers bei Ebbe am Strand; Krüppelkiefern auf den Lavafeldern; die Quelle von Jack Creek; die Stimmen der Vögel im Malheur; der Abgrund vor Cape Flattery; das Indianerdorf Ozette – im Museum ...

Noch ist die Gretchenfrage unbeantwortet: Wie halten Sie es mit dem Regen, Herr Autor!? Hauptmann William Clark, einer der beiden Leiter der »berühmtesten Expedition der amerikanischen Geschichte«, notierte am 17. November 1805 in seinem Tagebuch: »Elf Tage Regen, und das widerwärtigste Wetter, das ich je erlebt habe.« Die Decken waren nass, die Vorräte waren nass, und die Kleider faulten ihnen am Leibe. Lewis war nass, Clark war nass, Sacagawea, die junge Shoshone-Frau, war nass – und ihr kleines Baby auch. Ein paar Tage später im selben Tagebuch: »Der Morgen war klar und schön.«

Nun, es ist nicht immer November. Wenn im Sommer (Juli bis September) das subtropische Hoch von Kalifornien nach Norden ausgreift, scheint an den Stränden von Long Beach bis Gold Beach die Sonne. Außerdem ist die Küstenregion nicht alles. Während sich westlich der Kaskaden die Wolken abregnen, lösen sie sich östlich davon auf. Jeder kann die Wirkung dieser Klimascheide auf einer Fahrt von West nach Ost erleben: Zum Kamm hin dünnen die Wolken aus, reißen zu blauen Löchern auf und treiben schließlich als harmlose Schäfchen am östlichen Himmel.

Am deutlichsten zeigt sich der Klimawandel in der Vegetation. Im Westen wuchert Regenwald, im Regenschatten der Kaskaden folgen Kiefern, dann

*Küste bei Cannon Beach, Oregon*

Wacholder, schließlich Sagebrush *(Artemisia tridentata)*. Während auf den Plateaus um Waterville und in den Hügeln der Palouse noch Weizenanbau auf Dry Farming möglich ist, grasen in den östlichen Steppen der High Desert nur noch Rinder. In den höheren Lagen der Blue und Wallowa Mountains wird es dann wieder grün. Klimatisch ist die Küstenregion mit England vergleichbar, das östliche Binnenland mit dem Hochland von Zentralspanien.

Mit einiger Vorsicht sei behauptet: Der Nordwesten ist ein Land für alle Jahreszeiten. Drückt im Winter der Nieselregen auf Seattle und Portland, gibt es im Landesinneren viel zu sehen. Die milden Temperaturen an der Küste erlauben lange Wanderungen am Strand, und wenn es stürmt, schaltet man um: auf *storm watching*. Im Regenwald trägt

## Pazifischer Nordwesten  3

man einen Regenhut – ohne Regen eben kein Regenwald! Wintersportler müssen nicht nach Colorado: Sie finden wunderbare Pisten am Mount Hood und Mount Bachelor und gespurte Loipen im Methow und in Central Oregon. Wer sich aufwärmen will, steigt in die heißen Quellen von Carson, Belknap, Kah-Nee-Ta oder Lehman ...

Bedenklich ist die Hauptreisezeit von Mitte Juni bis Mitte September: Da werden die Unterkünfte knapp und die Campingplätze voll. Auch an den »heißen« Wochenenden um Memorial Day und Labor Day sollte man sein Quartier im Voraus buchen. An den Stränden der langen Küste ist jedoch immer Platz – zum Strandlaufen, Muschelnsammeln, Burgenbauen und Drachensteigenlassen.

Die besten Reisezeiten sind April/Mai und September/Oktober. Dann sind die Kids noch (oder wieder) im College und die Rentner in ihren Wohnmobilen unterwegs. Das Wetter ist wieder (oder noch) mild, die Wolken reißen auch an der Küste auf, der Gast ist »König« und findet günstige Preise in Lodges und Resorts. Noch tiefer in der Off-Season tröpfelt der Regen im Regenwald, prasselt das Feuer im Kamin der Lodge, kommt auch auf den San Juans die »stille Zeit« und die Gelegenheit zum Rückzug in eine menschenleere Natur. Das Kulturangebot der Metropolen besteht indessen fort – *year-round*.

Reise in ein neues Land! Da die »Ecke« im Nordwesten noch relativ unentdeckt ist, hat man als Tourist viel Platz. Fortschrittliche Gesetze im Umweltschutz und in der Landesplanung schaffen günstige Voraussetzungen. Ist Oregon etwas Bes-

*Immergrün: Regenwald im Olympic National Park*

seres? Wohl kaum – bei der Waldverwüstung im Lande! Und doch: Parolen wie »Don't californicate Oregon« oder »Go *down* where you came from« möchten landhungrige Südkalifornier in die Schranken weisen. Also doch ein bisschen elitär? Zwei Tagereisen westlich von Independence, Missouri, stand einst ein Schild mit der Aufschrift: TO OREGON. Wer lesen konnte, ging nach Oregon ...

## Alaska
Wildwest-Flair und weglose Wildnis

*von Hannah Glaser*

Die Mitarbeiterinnen, die im Verkehrsamt von Anchorage ihren Dienst tun, beantworten täglich Hunderte von Fragen, und kaum eine kann sie noch aus der Fassung bringen. Doch in letzter Zeit machen die Reiseprofis im Visitor Center eine neue Entdeckung: Immer mehr Alaska-Urlauber wissen immer weniger über ihr Ferienziel, manchen fehlen selbst die simpelsten Grundkenntnisse.

So beschweren sich Reisende aus den Lower 48, den »Unteren 48«, wie die übrigen US-Festlandstaaten in Alaska leicht herablassend genannt werden, immer häufiger über die schlechten Straßenkarten. Auf den Alaska-Karten – so ihre Reklamation – seien längst nicht alle Straßen eingezeichnet. Doch die Road Maps, die im Visitor Center von Anchorage kostenlos ausgegeben werden, sind korrekt: Alaska hat nun mal kein engmaschiges Verkehrsnetz, das den Bundesstaat bis in den hintersten Winkel erschließt. Nur ein mageres Dutzend asphaltierter Routen führt durch Zentral-Alaska und den Süden, der weitaus größte Teil der Wildnis bleibt mit dem Auto unerreichbar.

Wohin führt denn diese Handvoll zumeist miserabler Straßen? Was macht die Faszination Alaskas und des Yukon aus? Was hat diese einsame, abgelegene, menschenfeindliche Region den Urlaubern zu bieten? Angler und Jäger tun sich mit der Antwort nicht schwer. Für beide ist der Nordwesten des amerikanischen Kontinents ein paradiesisches Revier. In den Gewässern stehen die Fische dichter als in den Aquarien im Frankfurter Zoo, und in den Bergen tummeln sich jene seltenen weißen Schneewidder und silbergrauen Grizzly-

# Alaska 3

*Chilcat Indian Dancer*

bären, deren Kopfschmuck und Fell an der Wand vielen Jägern ein Vermögen wert sind.

Doch längst nicht alle Alaska-Besucher haben Angel oder Flinte im Gepäck. Tausende kommen jedes Jahr, um sich ihren Jack-London-Jugendtraum vom freien Leben in der ungezähmten Wildnis zu erfüllen. Und tatsächlich sind Abenteuer jener Art auch im Alaska von heute allgegenwärtig. Denn trotz aller menschlichen Eingriffe und Zerstörungen, trotz der Schneise der Öl-Pipeline und der Tankerkatastrophe der »Exxon Valdez« bleibt Alaska, was es immer war: eine Wildnis mit den Ausmaßen eines Kontinents, in der der Mensch höchstens eine kleine Nebenrolle spielt.

Jeder, der es wagt, weiter in die Ferne zu sehen als auf die nächsten Meter Asphalt oder Schotterpiste, erlebt sinnlich und unmittelbar die Größe und Unnahbarkeit der arktischen Natur. Wälder stehen schweigend und geheimnisvoll wie aus Kindheitsmärchen, mit watteweichen Wegen, auf denen man bis zu den Knöcheln im Moospolster versinkt, und mit stillen, von fahlblauen Lupinen gesprenkelten Seeufern. Gletscher liegen wie mächtige Eispanzer über dem Land, gesäumt von mannshohen, pinkfarben leuchtenden Weidenröschen. In den Fjorden tauchen Buckelwale mit mächtigen Flossenschlägen ab, und Robbenfamilien strecken auf gischtumtosten Felsen die Bäuche in die Sonne.

Ein Rundflug im Buschflieger sorgt für den Überblick über so viel schöpfungsneue, ungezähmte Schönheit: Flüsse und Bäche mäandern in weiten Kehren nach eigenen Regeln; Gletscherströme fließen als milchweißes Aderngeflecht durch die Schluchten der Gebirge; karge Tundra-Ebenen dehnen sich riesig bis zum Horizont – ein Grizzly, der darin umherwandert, schrumpft auf Ameisengröße. Schwindel erregend grenzenlos ist die weglose Weite, kolossal sind die Ausmaße dieser Wildnis.

Den meisten Besuchern genügt es vollauf, die monumentalen Landschaftpanoramen vom Deck eines komfortablen Kreuzfahrtschiffes oder hinter den getönten Scheiben eines Rundreisebusses mit der Kamera zu erobern. Andere suchen den direkten Kontakt mit der ungebändigten Natur, unternehmen halsbrecherische Klettertouren im vergletscherten Gebirge, streifen wochenlang alleine durch die arktische Einsamkeit des **Denali-Natio-**

**nalparks**, wagen sich im Kajak zwischen Wale und Eisberge.

Die meisten europäischen Besucher verstehen sich nicht auf Überlebenstechniken in der Wildnis und haben mangels Möglichkeit nie gelernt, sich zu Fuß in weg- und steglosen Regionen zurechtzufinden – noch dazu, wenn hinter jedem Busch ein Petz dösen kann. Sie wählen einen moderaten Mittelweg, fahren im Mietwagen oder besser noch im Campmobil durchs Land, erfreuen sich an den Rundumpanoramen und wagen ab und an kleinere, kontrollierte Ausflüge: eine Solonacht jenseits aller Campingplatz-Sicherheit dicht neben dem reißenden Fluss, eine von Rangern begleitete Wanderung in einem der Nationalparks, oder gar den vier- bis fünftägigen Trail über den **Chilkoot-Pass** auf den Spuren des legendären Klondike-Goldrauschs von 1898.

Alle Reisen durch die dünn besiedelte Einsamkeit Alaskas und das Yukon Territory führen irgendwann auch wieder zu menschlichen Siedlungen, die sich meist Kilometer vorher schon unschön ankündigen. Plötzlich rottet Zivilisationsmüll auf einer Lichtung, liegen geborstene Autowracks am Straßenrand, rosten Berge verbeulter Ölfässer vor sich hin. Die Vorboten sprechen eine deutliche Sprache, tatsächlich sind die meisten Ortschaften fürs Auge ein herber Kontrast zur allgegenwärtigen Schönheit der Natur. Selbst urbane Zentren wie Anchorage, Fairbanks oder Whitehorse quälen die Sehnerven mit einer Mischung aus Brandmauern, Parkplätzen und fensterlosen Supermärkten.

Anders ist das in jenen Orten mit längerer Historie wie den russischen Siedlungen auf der **Kenai-Halbinsel** und im Pfannenstiel Alaskas oder Goldgräberdörfern wie **Skagway** und **Dawson**. Sie haben den Charme der alten Zeit bewahrt und locken entweder mit morbider Idylle und Wildwest-Flair, oder sie sind, wie Skagway, auf dem besten Weg, zum Disneyland der Goldrauschzeit zu werden. Denn der Tourismus boomt in Alaska und im benachbarten Yukon und ist in vielen Orten schon zur wichtigsten Einnahmequelle geworden.

»Take the money and run« war bislang immer die Devise der kleinen und großen Invasoren und Investoren in Alaska. Zu Anfang waren es die russischen Pelztierjäger, die außer den Eingeborenen auch die Seeotter dezimierten, den Tierreichtum

---

### Alaska (AK)

Name: von einem aleutischen Wort, das »großes Land« oder »dort, wo die See gegenschlägt« bedeutet.

Bevölkerung: 683 478, davon 68,7 % Weiße, 13,1 % Eskimos, Indianer und Aleuten, 5,6 % Hispanier, 4,5 % Asiaten, 3,2 % Schwarze.

Größe: 1 477 267 km² (Rang 1)

Hauptstadt: Juneau

Spitznamen: *The Last Frontier, Land of the Midnight Sun*

Wirtschaft: Erdöl, Erdgas, Fischzucht, Holz, Tourismus.

Besonderheiten: 1867 kauften die Amerikaner Alaska von den Russen für 7 200 000 $.

Touristische Highlights: Denali National Park, Mendenhall-Gletscher im North Tongass National Forest, Totempfähle in Sitka.

# Alaska 3

der Region ausbeuteten und die vermeintlich geschröpfte Kolonie Russisch-Amerika anschließend für ein Handgeld an die USA verkauften. Später fielen die Goldsucher über das Land her. Ihnen folgten bald die monströsen Schwimmbagger, die sich mit endlosen Löffelketten durch das Erdreich fraßen. Mit der maschinellen Nachlese macht die Industrie bis heute nicht nur gewaltige Gewinne, sondern auch unberührte Bachbetten zu Baustellen.

Doch Alaska ist nicht nur Goldgräberland, sondern auch mit allen anderen Bodenschätzen reich gesegnet. So fanden sich immer wieder Unternehmen, die Stollen in die Berge trieben, das Unterste zuoberst kehrten und die Ausbeute mit gutem Profit verschifften. In den **Wrangell Mountains** entdeckten die Prospektoren Anfang des 20. Jahrhunderts Berghänge, die vom Kupfer grün gefärbt waren. Die Region barg die reichsten Kupfervorkommen der Erde. Auch sie wurden abgebaut, bis sich das Geschäft nicht mehr lohnte. Von einem Tag auf den anderen schloss die Mine, der letzte Transportzug brachte die Arbeiter aus der stillgelegten Kupferhütte mit ihren Familien zum Hafen. Was in den Bergen zurückblieb, wird heute als Geheimtipp unter Touristen gehandelt: Kennicott, eine Geisterstadt in der gewaltigen Naturkulisse des Wrangell National Park.

Die Ölgesellschaften schließlich schnitten das Land entzwei, schlugen und sprengten für die Pipeline eine 1 280 Kilometer lange Bresche quer durch die Wildnis, verwandelten mit der »Exxon Valdez« den Prince William Sound in ökologisches Katastrophengebiet und sind derzeit dabei, ein weiteres Naturschutzgebiet im arktischen Norden für das Öl-Business zu erschließen. Kurzum, seit die Europäer Alaska entdeckten, wird das Land ausgenommen wie eine goldene Gans.

Der Tourismus macht in dieser Geschichte der Zerstörung bis heute keine Ausnahme. Zwar wuchern die Verantwortlichen mit dem magischen Mythos der Region, werben mit der »Last Frontier« und dem klassischen Slogan »Go North Young Man«, investieren aber möglichst wenig in die nötige Infrastruktur. So kommt es, dass in der Hochsaison die staatlichen Campingplätze für den Besucheransturm manchmal kaum ausreichen. Wer das abendliche Steak am Seeufer grillen mag und die fast taghellen Nächte auf einem Stellplatz mit

*Gletscher vor der Haustür: Juneaus Mendenhall Glacier*

Aussicht verbringen will, parkt daher am besten bereits am Nachmittag ein. Ähnliches gilt für Hotel- und Motelzimmer, die es hier im Norden weniger reichlich gibt als anderswo auf dem amerikanischen Kontinent.

Das heißt auch – zumindest zwischen Mitte Juni und Ende August –, möglichst nicht zu lange Tagesstrecken zu fahren. Kürzere Etappen lassen außerdem mehr Zeit für Erlebnisse in der freien Natur; ob das die Wanderung auf einem der zahlreichen ausgeschilderten Trails und Rundwege ist, die auf ausgewiesenen Parkplätzen beginnen, ein Picknick am flaschengrünen Fluss, ein ungeplanter Stopp zum Blaubeerensammeln oder ein abendlicher Ausflug zum nächsten Gletscher.

Und es bleibt Zeit genug für den Plausch mit den Nachbarn im Hotel oder auf dem Campingplatz. Wie immer in den USA und Kanada sind diese Treffen besonders vergnüglich. Man erfährt alles über die Goldrausch-Revue, die ein paar Tage später auf dem eigenen Reiseprogramm steht, hört die neuesten Horrorstories – wahlweise zum Thema Bär oder Achsenbruch, informiert sich gegenseitig über die Qualität der kommenden Straßen- und Pistenkilometer und tauscht Erfahrungen aus über die Wirkung diverser Anti-Moskitomittel. Genussvoll sind auch die Fährstrecken, die wie kleine Kreuzfahrten ein Urlaubsgefühl besonderer Art schaffen. Man lehnt an der Reling, zieht in gemächlichem Tempo an der Wildnis vorbei, beobachtet

## Alaska 3

Weißkopf-Seeadler in der Luft und Otter im Wasser, plaudert mit Mitreisenden und legt dabei ein gewaltiges Stück der Reisestrecke zurück. Denn oft genug bieten die Fähren die weitaus kürzeste Verbindung zwischen zwei Punkten der Reiseroute. Wer beispielsweise die 13 Meilen kurze Fährfahrt zwischen Skagway und Haines verpasst und sein Ziel über den Landweg erreichen will, muss dafür fast 600 Kilometer fahren.

Manchmal trifft man auf solch einer Fähre auch Gäste aus den Lower 48, die tatsächlich ganz Alaska für eine Insel halten. Sie sind fest davon überzeugt, dass das Land der Gletscher und Grizzlys links neben Mexiko im Pazifik schwimmt. Zum Beweis dafür breiten sie eine USA-Landkarte aus, auf der der nördlichste US-Bundesstaat wie üblich in der linken unteren Ecke eingeklinkt ist. Geschieht dies alles an einem jener (gar nicht so seltenen) brennend heißen Sommertage, an denen sich das Thermometer der 100-Grad-Fahrenheit-Marke nähert und an dem die Fährpassagiere ringsum wie auf einem Karibiktörn in der Sonne braten, fällt der Gegenbeweis schwer. Warum auch, schließlich müssen wir ja nicht immer alles besser wissen.

*Grenze zu Alaska: Waldsee bei Atlin*

# Hawai'i
Südseeparadies und Kaleidoskop der Natur

*von Karl Teuschl*

Ah, **Waikiki**! Traumstrand und heimliches Wunschziel an tristen Novembertagen im kalten Europa. Die typische, geschwungene Silhouette des Diamond-Head-Kraters kennt man aus Filmen, den schimmernden, sichelförmigen Strand von Postkarten. Der schmale Sandstreifen mit den darüber aufragenden Hoteltürmen ist vielleicht der bekannteste Strand der Welt, berühmter noch als Rios Copacabana oder St.-Tropez.

Waikiki ist Hawai'i, zumindest in den Augen der meisten Lehnstuhlreisenden, die noch nie auf den Inseln waren. Doch Waikiki ist wie Ananas aus der Dose, gesüßt und nett verpackt, aber eben nicht das ursprüngliche Naturprodukt. Gut die Hälfte aller Hotelbetten der Inseln, immerhin rund 75 000 stehen hier auf engstem Raum. Waikiki ist eine gigantische, perfekt organisierte Urlaubsfabrik für die Pauschaltouristen aus Kalifornien und Kanada, aus Ohio und Japan. Hawai'i aber ist viel mehr als Waikiki – und bietet viel mehr Sehenswertes –, als dieser von Sonnenöl durchtränkte, kaum drei Kilometer lange Strand.

Es ist vor allem die Vielfalt der Natur, die die Reise nach Hawai'i lohnt. Nirgendwo sonst auf der Welt findet man auf derart kleinem Raum so viele Kontraste: tiefschwarze Lavastrände und schneeweiße Buchten, mehrere hundert Meter hohe Steilklippen und liebliche Weiden, schäumende Wasserfälle und stille Teiche, schwefeldampfende Vulkanschlünde, Kakteenwüsten und saftiggrünen Dschungel. Nur wenige Kilometer von einem der niederschlagsreichsten Punkte der Erde fällt im Windschatten der Berge kaum mehr ein Tropfen Regen; im Winter glitzert der Gipfel des Mauna Kea weiß verschneit, während unten im Tal die Bananen reifen.

Doch der Schnee am Mauna Kea ist eine Laune der Natur: Auf Meereshöhe, also im besiedelten Küstensaum der Inseln, wartet Hawai'i mit einem idealen Klima auf, einem Klima, in dem sich der Mensch so wohl fühlt wie kaum sonstwo auf dieser Erde. Nicht zu heiß und nicht zu kalt, das ganze Jahr über gleichmäßig. Dazu genau die richtige Luftfeuchtigkeit und die ewig sanfte Brise des Passat-

*»... die lieblichste Inselflotte, die je in einem Ozean vor Anker ging.«*
**(Mark Twain, 1866)**

# Hawai'i

### Hawai'i (HI)

Name: Herkunft unklar.
Bevölkerung: 1 283 388, davon 39,9 % Asiaten, 26,3 % Weiße, 8,7 % Hawai'ianer und Bewohner anderer pazifischer Inseln, 7,8 % Hispanier, 2,2 % Schwarze.
Größe: 16 636 km² (Rang 47)
Hauptstadt: Honolulu
Spitzname: *Aloha State*
Wirtschaft: Tourismus, Zuckerrohr, Ananas, Kaffee, Bananen und Nüsse.
Besonderheiten: Mit bunten Hemden und Baströckchen, Surfen und luxuriösen Freizeitanlagen hat der Ferien-Archipel den Weg vom Feudalismus zum Tourismus geebnet.
VIPs: Charles R. Bishop, Banker und Philanthrop; Bette Midler, Schauspielerin.
Touristische Highlights: Waikiki Beach (O'ahu), Iolani Palace (Honululu), Volcanoes National Park, Puuhonua o Honaunau National Historical Park (Hawai'i), Haleakala National Park (Maui).

windes. Die Küsten sind sonnig, die Niederschläge fallen in den Bergen der Inseln – und sorgen für spektakuläre Regenbögen. Schlichtweg perfekt also.

Kaum 200 Jahre ist es her, dass die ersten weißen Entdecker vor den Küsten Hawai'is auftauchten. Sie fanden eine glückselige Welt vor: eine blühende polynesische Stammeskultur, in der anmutige Insulaner unter ewiger Sonne im Überfluss lebten, tanzten und spielten – und deren Frauen sich willig und mit nach westlichen Begriffen höchst lockerer Moral den Seeleuten hingaben. Ein Paradies fern von den Zwängen, Hungersnöten und Krankheiten Europas. Dazu eine exotische Natur mit herrlichen Stränden und vielerlei Tieren und Pflanzen, die es nur auf diesen Inseln gab. Kein Wunder, dass viele der Seeleute nicht mehr weg wollten. Ihre schwärmerischen Berichte lösten in Europa eine romantische Verklärung der Südsee aus, die bis heute ihren Reiz nicht verloren hat.

Die Faszination, die von Hawai'i ausgeht, rührt nicht zuletzt von seiner Lage her. Die Vulkaninseln sind der abgelegenste Archipel der Weltmeere – fast 4 000 Kilometer vom nordamerikanischen Kontinent entfernt, nach Asien sind es sogar noch 2 000 Kilometer mehr. Das andere Ende der Welt also, was sich auch im zwölfstündigen Zeitunterschied ausdrückt: Wenn es in Europa Mitternacht ist, gehen die Hawaiianer zum Lunch.

Gerade wegen der gewaltigen Entfernung von Europa ist Hawai'i für einen reinen Badeurlaub eigentlich zu schade. Es gibt vieles zu entdecken, jede der sechs größeren Inseln wartet auf mit einzigartigen Verlockungen: Auf Hawai'i, der größten und jüngsten Insel des Archipels, strömt rot glühende Lava von der Flanke des **Kilauea-Vulkans** und lässt den Staat jedes Jahr um einige Hektar jungfräulichen Landes wachsen. Die Insel besitzt darüber hinaus den höchsten Berg der Gruppe, den über 4 200 Meter hohen **Mauna Kea**, bizarre pechschwarze Strände aus schimmerndem Lavasand, riesige Ranches, Orchideengärten und Kaffeeplantagen sowie – an der Westküste – großartige Golfresorts und imposante Ferienhotels.

Hier gilt es übrigens, gleich ein häufiges Missverständnis der Namen auszuräumen: **Hawai'i** ist sowohl der Name des gesamten Staates wie auch der größten Insel, die deshalb – und um Verwechslungen zu vermeiden – meist »Big Island« genannt

*Waikiki vor der Kulisse des Diamond Head, Oʻahu*

wird. Honolulu und Waikiki liegen nicht auf Big Island Hawaiʻi, sondern auf der drittgrößten Insel, **Oʻahu**. Hier, im Großraum der Hauptstadt Honolulu, leben vier Fünftel der knapp 1,3 Millionen Einwohner Hawaiʻis – ein schillerndes Mosaik von Polynesiern und den Nachfahren der Einwanderer aus Ost und West. Dazu gleich noch eines: Oʻahu ist mehr als nur Waikiki und durchaus einen Stadtbummel in Honolulu und eine Inselrundfahrt wert. An der Südküste Oʻahus liegt der berühmte Flottenhafen **Pearl Harbor**, im Landesinneren dehnen sich endlose Ananasfelder, und im Norden donnern im Winter gewaltige Brecher an die Küste – bis zu 15 Meter hoch. Die Riesenwellen locken die weltbesten Surfer an, die hier im Geburtsland des Surfsports ihre Meisterschaften austragen.

**Maui**, die zweitgrößte Insel, ist nach Oʻahu auch die zweitbeliebteste – mit guten Hotels, ausgezeichneten Sportmöglichkeiten und dem hübschen historischen Walfängerort Lahaina. Aber auch die Natur kann sich sehen lassen: Die Insel bietet herrliche weiße Sandstrände, eine tropisch überwucherte Dschungelküste im Nordosten, die berühmte Hana Coast, und den gewaltigen Krater des 3055 Meter hohen Haleakala im gleichnamigen Nationalpark. Im Winter lassen sich an der Westküste Mauis Buckelwale beobachten, die hier ihre Jungen gebären.

Die vierte im Bunde ist **Kauaʻi**, die älteste und westlichste der großen Inseln. Seit fünf Millionen Jahren nagt der Zahn der Zeit an dem Inselmassiv aus erstarrter Lava. Die Erosion hat spektakuläre Schluchten und Klippen geformt wie etwa die Steil-

# Hawai'i 3

*Im 'Akaka Falls State Park*

abbrüche der Na Pali Coast oder den Waimea Canyon, den »Grand Canyon des Pazifik«. Durch schwere Hurrikane während der letzten 20 Jahre wurde die touristische Entwicklung der Insel beeinträchtigt – der üppigen Vegetation und den idyllischen weißen Sandstränden haben sie kaum geschadet, dafür aber den Bauboom der Ferienhäuser gebremst.

Es bleiben die kleineren Inseln des Archipels, die Eilande für spezielle Interessen: **Lana'i**, die ehemalige Ananasinsel, ist heute ein Refugium für betuchte Golfer und publicityscheue Stars. Das verträumte **Moloka'i**, das einst durch seine Leprakolonie an der unzugänglichen Nordküste bekannt wurde, bewahrt den Charme des alten, ländlichen Hawai'i am besten. Rund die Hälfte der Bevölkerung ist hawaiischer Abstammung, es gibt nur ein größeres Resorthotel und keinerlei große Attraktionen. Dafür aber herrlich ruhige Wanderwege, einsame Strandbuchten – und das garantierte Gefühl der Zeitlosigkeit.

Freilich ist auch Hawai'i nicht sorgenfrei, auch das Paradies hat seine Probleme: Bausünden und Bodenspekulation haben mancherorts die Strände verschandelt, besonders in Waikiki und an der Südküste Mauis bei Kihei. Die Wasserversorgung mancher Regionen steht auf wackeligen Beinen, einige Strandbuchten, wie etwa die Hanauma Bay auf O'ahu, wurden von den Besuchern buchstäblich zu Tode geliebt. Die Wirtschaft, vorwiegend die Landwirtschaft, ist heute im Umbruch, denn der Anbau von Zuckerrohr und Ananas ist längst nicht mehr so rentabel wie noch vor 20 Jahren. Sogar auf den Tourismus ist nicht mehr unbedingt Verlass – Einbrüche der Besucherzahlen im Golfkriegsjahr 1991 und nach den Terroranschlägen vom September 2001 haben es gezeigt.

Hawai'i ist nicht mehr das unberührte Südseeparadies, aber die Idylle wurde auch noch nicht zerstört von der modernen Welt. Der 50. Bundesstaat der USA ist ein abwechslungsreiches Urlaubsziel mit herrlichen Stränden, fabelhaften Golfplätzen und grandiosen Naturschönheiten, mit stets sonnigem Klima und einer liebens- werten Bevölkerung, die durchaus noch den viel gerühmten »Spirit of Aloha« pflegt und fremde Besucher warmherzig aufnimmt. Und das kommt dem Ideal von den »glückseligen Inseln« doch schon recht nahe.

# Reiserouten durch den Westen

**4**

# 1. Pacific Coast Highway
## Die Westküste zwischen Seattle und San Diego

*Keine Frage, der Highway an der Pazifikküste zählt zu den schönsten Straßen Nordamerikas. Viele halten ihn sogar für das szenische Nonplusultra schlechthin, für eine touristische Wundertüte. Atemberaubende Steilküsten und sonnendurchglühte Traumstrände, Surfer und Rentner, Flippies und Chicanos – rein alles erweckt dieser mitunter kurvenreiche Parcours zum Leben: von den oft nieseligen Ufern und triefenden Regenwäldern in Washington und Oregon bis ins knochentrockene Mexiko (Tijuana).*

*Auch die Sequenz der großen Städte kann sich sehen lassen: Seattle, das hypermoderne Zentrum des pazifischen Nordwestens, San Francisco, die heimliche Haupstadt der Westküste, Los Angeles, das gemeinhin unterschätzte, aber stets innovationsfreudige Riesending, und San Diego, die strahlende Metropole Wand an Wand mit Mexiko. Ein Abstecher ins Landesinnere, in die Wüste, zur boomenden Spielerstadt Las Vegas dient als munteres Zwischenspiel.*

*Sollte man besser von Norden nach Süden oder in umgekehrter Richtung fahren? Nun, am liebsten sowohl als auch, aber dazu reicht die Zeit meist nicht. Der folgende Vorschlag hat sich für die beifahrerfreundliche Variante entschieden: das Meer liegt immer rechts.*

**Gesamtlänge:** 4 350 km
(ohne Ausflüge und Städtetouren)

**Reisedauer vor Ort:** 19 Tage

**Reisezeit:** Frühjahr und Herbst (im Sommer häufig Küstennebel)

**Route:** Seattle, WA (Ankunftstag); Seattle – Port Angeles; Port Angeles – Olympia; Olympia – Portland, OR; Portland – Coos Bay; Coos Bay – Crater Lake; Crater Lake – Crescent City, CA; Crescent City – Mendocino; Mendocino – San Francisco; San Francisco; San Francisco – Carmel; Carmel – Santa Barbara; Santa Barbara – Long Beach; Long Beach; Long Beach – Las Vegas, NV; Las Vegas; Las Vegas – San Diego, CA; San Diego (Rückflug)

**Informationen:**

**Fremdenverkehrsamt Oregon & Washington**
Wiechmann Tourism Service
Scheidswaldstr. 73
60385 Frankfurt/Main
✆ (069) 255 38-240
Fax (069) 255 38-100
www.traveloregon.de
www.experiencewa.com
e-mail: info@wiechmann.de

**California Division of Tourism**
P.O. Box 1499
Sacramento, CA 95812
✆ (916) 444-4429
www.visitcalifornia.com

**Las Vegas Visitors Authority**
c/o Aviareps Mangum
Sonnenstr. 9
80331 München
✆ (089) 23 66 21 30
Fax (089) 23 66 21 99
www.visitlasvegas.de

# PACIFIC COAST HIGHWAY

## 1. Tag: Ankunft in Seattle

***Service & Tipps:*** Cutter's Bay House, 2001 Western Ave. (Pike Place Market): volkstümliches Seafood-Restaurant am Markt ($$); Tulio's (Hotel Vintage Park), 1100 5th Ave. & Spring St. (Downtown): gemütlich, italienisch, auch für kleine Mahlzeiten ($–$$$). (Die Auflösung der $-Zeichen finden Sie S. 235.)

**Seattle**, Urlaubsstadt Nummer eins. Wie denn das, bei all dem Regen? Halb so schlimm, es sind nur 940 Millimeter im Jahr, und die fallen, schön gleichmäßig verteilt, hauptsächlich in der kühlen Jahreszeit. Das ist weniger als in New York, Washington, D.C., Atlanta oder Houston und genauso viel wie in München.

Der Bürgermeister von Seattle jedenfalls, Norman Rice, lebt nicht nur hier, sondern macht hier am liebsten auch Urlaub (sagt er im Visitors Guide). Fünfmal schon wurde Seattle zur »schönsten Urlaubsstadt der USA« gekürt, und immer mal wieder wird Seattle, genau wie Portland, »Most Livable City« der USA. Gegen den Regen hat das Seattle News Bureau ein Rezept: Regenbekleidung von »Peter Storm, Inc.« oder »Wheather or Not«, wenn das kein Witz ist ...

Ob Jetlag oder nicht, der Besuch im **Convention Bureau** in der Pike Street ist in jedem Fall ein guter Tipp. Am besten geht man dann zu Fuß die Pike Street in Richtung Pike Place Market hinunter, schaut dabei vielleicht in die Schaufenster der Kaufhäuser von Downtown hinein, macht eine Stippvisite beim verkehrsberuhigten **Westlake Center** mit seinem bunten Treiben und beschnuppert die Kaffeesorten bei Starbucks.

Apropos Starbucks: Seattle ist kaffeesüchtig. Seit die Firma 1971 ihren ersten Laden am Pike Place eröffnete, sind 116 *coffee stands* in Seattle hinzugekommen, das heißt, ein Starbucks für je zwei Häuserblocks. Das Novum waren: frisch geröstete, ganze Bohnen und Kaffee zum Probieren. Bei so viel Kaffee ist es kein Wunder, wenn man »Schlaflos in Seattle« ist.

Der **Pike Place Public Market** ist der älteste aktive Bauernmarkt in den USA. Seit 1907 tragen hier Farmer und Fischer frisches Obst, Gemüse, Fisch und Fleisch aus dem Umland zu Markte. MEET THE PRODUCER, heißt das Eingangsmotto, wie auf alten Fotos noch zu lesen ist. Am Wochenende gerät der Markt zum Volksfest. An allen Ecken hört man Musik: Fünf Schwarze singen von Jesus dem Herrn, Indios spielen südamerikanische Folklore.

Sonntags stauen sich die Leute am Stand der Pike Place Fish Company. Hier herrscht reger Flugverkehr, und das geht so: Ein Kunde sucht sich in den Auslagen einen Fisch aus, der Mann »draußen« schleudert den Fisch nun einem Kollegen »drinnen« zu, und der fängt ihn gleich in Wickelpapier auf, wiegt ihn und packt ihn ein. Aber die Jungs können nicht nur werfen, sie brüllen auch rhythmisch dazu.

»Seattle ist nirgends schöner als vom Wasser her«, meinen Argosy Cruises in ihrem Prospekt. Am Pier 55 starten die Schiffe ihrer weißen Flotte zur erholsamen einstündigen Hafenrundfahrt. Der Kapitän von Argosy erzählt von Geschichte, Geografie und Wirtschaft der Region. Der anheimelnd altertümliche Smith Tower war 1914 mit seinen 42 Stockwerken der höchste Wolkenkratzer westlich des Mississippi. Die Gäste im Edgewater Inn bei Pier 67 konnten früher vom Hotelfenster aus angeln, der Hotelkoch briet ihnen die Fische. Billiger als mit Argosy fährt man mit den Washington State Ferries.

Ein kurzes Stück, und man ist am **Pioneer Square**. Kein Gebäude hier ist vor 1889 entstanden, weil die ganze hölzerne Innenstadt niederbrannte und aus rotem Backstein und Eisen wiederaufgebaut wurde.

Sind Sie noch fit für eine Abendunterhaltung? Musikkneipen mit Post-Grunge oder Jazz gibt es in **Belltown**, auf **Capitol Hill** oder am Pioneer Square. Grunge und Seattle gehören zusammen, seit die Plattenfirma Sub Pop aus Seattle 1991 die Gruppe »Nirvana« herausbrachte. Inzwischen hat das getrübte Lebensgefühl des Grunge Rock einer Art »Post Grunge« Platz gemacht, der von Gruppen wie Soundgarden, Pearl Jam oder Mudhoney – alle aus Seattle – vertreten wird. Auch die Fans haben sich geändert. Schlabberlook, ausgebeulte Hosen und klobige schwarze Stiefel sind out, schicke Outfits in. In den Clubs von Seattle bemerken Beobachter eine Rückkehr zur gepflegten Lounge Music der 1960er Jahre – sie nennen es »Cocktail Culture« (das aktuelle Programm finden Sie im *Seattle Weekly*).

## 2. Tag: Seattle – Olympic National Park/Port Angeles (ca. 180 km)

**Programm/Route:**

**Vormittags Stadtrundgang in Seattle; nachmittags Fahrt nach Port Angeles. Fähre von Seattle nach Bainbridge Island (Winslow), WA 305 nach Westen, WA 3 nach Norden, Hood Canal Floating Bridge, WA 104 nach Westen, US 101 nach Westen über Sequim nach Port Angeles.**

> *Service & Tipps:* In Port Angeles Cafe Garden, 1506 E. 1st St. (US 101 East, östl. Ortsausgang): üppige Salate (auch mit Seafood), Pasta, Stir-Fries ($–$$).

Vom Westlake Center kann man sich mit dem Monorail in 90 Sekunden zum **Seattle Center** katapultieren lassen. Die Space Needle steht da wie eine Frisbee-Scheibe auf Stäbchen. Der Blick aus 158 Meter Höhe ist aufregend, gigantisch, atemberaubend. Man umrundet das Aussichtsdeck hinter Plexiglas mehrmals. Ein Spiel mit Landkarte für die ganze Familie: Welcher Wolkenkratzer, Freeway, See usw. ist das? Wo liegt unser Hotel? Welches ist Mount Adams, welches Mount Rainier, und wo liegen die Olympics? Wo blitzt Lake Union in der Abendsonne, auf dessen Hausbooten der Film »Sleepless in Seattle« gedreht wurde? Abrupt vollzieht sich der Übergang von der City zum Niemandsland der Randzone! Wer gerne viel Geld ausgeben möchte, speist im Drehrestaurant unter der Plattform: Von der Suppe bis zum Nachtisch entfaltet sich ein Panorama von 360 Grad.

Über den Pike Place Hill Climb gelangt man zum **Waterfront Park** und zum **Seattle Aquarium** (Pier 59) hinunter, das die Meeresfauna von Puget Sound vorstellt – mit Rochen, Riesenkraken, Hundshaien, Seesternen, Aalen und Seeottern.

Kunstinteressierte sollten das **Seattle Art Museum** besuchen, das vor allem afrikanische Kunst sowie Werke der amerikanischen Moderne und der Indianer der nordwestlichen Küste zeigt. Ein hammer- »schwingendes Kunstobjekt, der Hammering« Man von Jonathan Borofsky, markiert den Eingang zum Museum.

Ausdrucksstarke Totempfähle und Masken fangen den Blick bei den Küstenindianern. In den Pfählen hockt je ein Grizzlybär, darüber thront ein »Thunderbird« mit Krummschnabel. Es gibt ferner geschnitzte Hauspfosten, Kanus, Kleider, Körbe, Matten und Taschen zu sehen. Erstaunlich, wie diese vorindustriellen Handwerker ihre Textilien nur aus Wurzeln und Zedernrinde flochten! Der Totem-Baum der Nordwest-Indianer, die *western redcedar*, liefert das Material für Kanus, Körbe, Kleider.

Die besondere Stärke des Museums liegt beim abstrakten Expressionismus, bei Pop Art und Minimalismus. Hier sind Kostproben von Jackson Pollock, Franz Kline, Mark Rothko, Jasper Johns, Robert Rauschenberg, Andy Warhol und Roy Lichtenstein zu sehen.

Wer etwas über die Geschichte von Seattle erfahren möchte, geht ins **Klondike Gold Rush Museum**; einer der interessantesten Buchläden im Nordwesten, wo es auch einen Snack gibt, ist **Elliott Bay Bookstore & Cafe**. Die Buchhandlung ist eine Legende in puncto Auswahl und Atmosphäre. Und wer Appetit auf Dim Sum (warme, chinesische Vorspeisen) hat, bekommt ihn in Chinatown.

Am Nachmittag geht es nach **Port Angeles**, das Tor zum **Olympic National Park**, einem der vielfältigsten Nationalparks der USA. Im Jahre 1791 entdeckte Franco Eliza, spanischer Forscher und Seefahrer, den Ort und gab ihm seinen Namen. Die Stadtgründung erfolgte jedoch erst im Jahre 1862. Von 1865 bis 1935 war Port Angeles in den Sommermonaten Stützpunkt der pazifischen Flotten der Vereinigten Staaten.

Bei klarer Sicht ist von Port Angeles aus Victoria auf Vancouver Island zu sehen, dorthin gibt es auch eine Fährverbindung. Auf den Landungsbrücken kann man im **Arthur D. Feiro Marine Laboratorium** Seeigel, Seesterne und -anemonen bestaunen, während sich das **Clallam County Museum** historischen Themen widmet.

## 3. Tag: Port Angeles/Olympic National Park – Olympia (ca. 400 km)

**Programm/Route:**

**Vormittags Besuch des Olympic National Park über die Hurricane Hill Road, anschließend auf US 101 in Richtung Süden nach Olympia.**

Heute steht der **Olympic National Park** auf dem Programm, eins der Highlights dieser Reise, besonders für Naturliebhaber. Zum Glück gibt es keine bedrohlichen Insekten oder Reptilien. Regenkleidung ist für alle Fälle empfehlenswert.

Der Park umfasst eine Fläche von 3 626 Quadratkilometern, hier findet man subtropischen Regenwald, unberührte Ozeanküsten und ein imposantes Hochgebirge. Und das Besondere ist, dass man diese drei höchst unterschiedlichen Regionen alle innerhalb eines Tages mit dem Auto erreichen kann.

Erst im Jahre 1889 gelang es einem Forscherteam der Zeitschrift *Press* aus Seattle die Olympic Mountains zu bezwingen. Bereits im Jahre 1897 setzten sich Umweltschützer für die Beendigung der Abholzung des Regenwalds ein. 1909 wurde die Region zunächst einmal zum Olympic National Monument erklärt, 1938 dann zum Nationalpark. Und 1981 ernannte man den Park mit seinen 60 Gletschern, Regenwäldern und der 100 Kilometer langen, unberührten Küste zum *World Heritage Site*. Immer wieder gab es heftige Kämpfe mit der Holzindustrie, die Teile des Parks zerstören wollte.

Im *Official Travel Guide* für Oregon kann man lesen: »Jahrhunderte vor Chartres, Sankt Peter und Notre-Dame gab es in Oregon Kathedralen, die noch immer stehen. Durch uralte, hohe Säulen gefiltert, dringt dämmeriges Licht auf den Boden, wo eine unheimliche Ruhe herrscht. So total ist die Einsamkeit, die Stille so vollkommen, dass man meint, man habe die Hallen eines Heiligtums betreten ...«

Auch ohne das lyrische Zutun der Branche sind die Regenwälder der Olympics eine der großen Attraktionen des Nordwestens. Die Standortfaktoren sind Jahresniederschläge von 3 500 Millimetern und mehr, milde Temperaturen und geringe Höhenlage. Die Charakterbäume werden 80 Meter hoch; den Rekord hält eine Douglastanne im Hoh Rain Forest mit 91 Meter Höhe und elf Meter Umfang.

Zwischen den Koniferen gedeihen moosbehangene Laubbäume wie Ahorn und Erle; im Dämmerlicht des Waldbodens wuchern Farne; auf den gestürzten Stämmen hockt rittlings der Nachwuchs. Die »Großen Vier des Regenwaldes« sind Sitkafichte, Douglastanne, Hemlock und Zeder. Keine Art verdrängt die andere, die Natur mischt sie. Und reichen die Kronen auch bis in die Wolken, so erkennt man sie dennoch an ihrer Rinde: *Sitka spruce* – groß geschuppt; *Douglas-fir* – rau mit tiefen Scharten; *western hemlock* – eng gerippt; *western redcedar* – geflochtene Strähnen.

Der mit 2 430 Metern höchste Gipfel **Mount Olympus** hat den **Olympic Mountains** und der gesamten Halbinsel ihre Namen gegeben. Vom Hurricane Ridge in 1 594 Meter Höhe hat man einen unvergesslichen Rundblick! Zum Hurricane Hill geht es drei Meilen weiter und 150 Meter höher hinauf.

Am Picknicktisch an der Hurricane Hill Road warten schon die aufgeplusterten, grauen *dipper*, und kaum hat man die Brotzeit ausgepackt, da weiß man, warum sie so heißen. Zunächst hocken sie noch in den Tannenzweigen und warten ab, was passiert. Dann tauchen sie in einer Abwärtskurve zum Tisch hinab und fliegen mit Schwung zu ihrem nächsten Sitz auf dem Baum gegenüber.

Am Nachmittag folgt auf der Reiseroute das hübsche Städtchen **Olympia**, Washingtons Hauptstadt, die zu einem geruhsamen Stadtbummel einlädt. Viele Westamerikaner verbinden Olympia unweigerlich mit Bier, denn die Pabst Brewing Company ist eine der beliebtesten Attraktionen dieser Region. Bei guter Sicht lohnt sich der Weg zum **Legislative Building** am Capitol Way, von hier aus hat man einen wunderbaren Blick auf Mount St. Helens und Mount Rainier.

*Wilde Küste im Coastal Strip des Olympic National Park: Mora bei La Push*

## 4. Tag: Olympia, WA – Mt. Rainier National Park – Mount St. Helens – Portland, OR (ca. 480 km)

**Route:**
Morgens I-5 nach Osten bis zur WA 510 nach Süden, WA 702 nach Osten, WA 7 nach Süden, WA 706 nach Osten bis zum Mt. Rainier National Park. Besuch des Visitors Center in Longmire und Wanderung. Anschließend WA 706 nach Westen, WA 7 nach Süden, US 12 nach Westen, I-5 nach Süden, WA 505 nach Osten, WA 504 nach Osten bis zum Mount St. Helens. Danach WA 504 nach Westen, I-5 in Richtung Süden bis nach Portland.

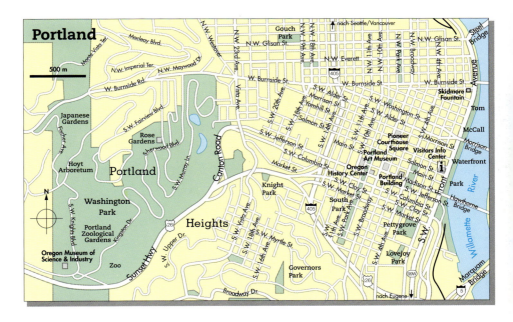

Von Olympia geht es Richtung Süden in den **Mount Rainier National Park**. Die Einwohner von Seattle nennen den imposanten, majestätisch anmutenden Berg, der eine Höhe von 4 800 Metern erreicht, schlicht und einfach *The Mountain*, die Indianer gaben ihm den Namen *Tahoma*, was so viel bedeutet wie »Der Berg, der Gott war«. Und von manch einem wird er auch »Rainiest« genannt, eine Anspielung auf die vielen Niederschläge, die in diesem Gebiet fallen.

Mount Rainier ist vulkanisch, das letzte Mal ist er allerdings vor etwa 500 bis 600 Jahren ausgebrochen. Dennoch zählt der Vulkan aufgrund seiner Nähe zu urbanen Zentren zu den 15 gefährlichsten Vulkanen der Welt und unterliegt einer fortwährenden seismologischen Kontrolle. Im Jahre 1899 wurden der Berg und ein 950 Quadratkilometer großes Gebiet darum herum zum fünften Nationalpark der Vereinigten Staaten erklärt.

*Portland: Old Town District*

Im **Visitors Center** in Longmire, auf 800 Meter Höhe gelegen, erfährt man Wissenswertes über die Region. In den 80er Jahren des 19. Jahrhunderts siedelte sich die Familie Longmire dort an, die sich wegen der örtlichen Mineralquellen sehr für diese Gegend einsetzte. Am Mount Rainier trainierte übrigens Jim Whittaker mit seiner Crew für die Besteigung des Mount Everest im Jahre 1963.

Der Berg beeinflusst das Klima von Washington nachhaltig: Im westlichen Teil des Staates ist es feucht, während die östlichen Regionen, weil sie im Regenschatten liegen, eher trocken sind.

Schon lockt der nächste Berg: Nach einer Wanderung durch den Mount Rainier National Park ist **Mount St. Helens** das nächste Reiseziel des heutigen Tages. Einst 2 950 Meter hoch, »schrumpfte« er durch den Vulkanausbruch am 18. Mai 1980 – die gewaltigste geologische Eruption im 20. Jahrhundert – auf eine Höhe von 2 550 Metern. 70 Menschen kamen dabei ums Leben, und fast 6 000 Quadratkilometer Wald fielen der Naturkatastrophe zum Opfer. Im Jahre 1982 erklärte man eine 450 Quadratkilometer große »Mondlandschaft«, die durch den Vulkanausbruch entstanden ist, zum National Vulcanic Monument.

Auch nach 1980 war der Vulkan noch einige Male aktiv, zweimal wurde das nur 80 Kilometer entfernt gelegene Portland von einer mehrere Zentimeter dicken Ascheschicht bedeckt.

**Portland**, das nächste Ziel, wird ebenso wie Seattle von Zeit zu Zeit zur »Most Livable City« der USA gekürt. Für die einen ist es die »City of Roses« (Rosen-Festival im Juni), für die anderen die »City of Books« (Powell's). Außerdem besitzt Portland noch den größten Stadtpark (Forest Park mit 18 Quadratkilometern), die meisten Mikrobrauereien und die größte Kino- und Kneipendichte von allen Städten der USA. Dazu kommt ein ziemlich gut entwickeltes öffentliches Nahverkehrssystem und eine Menge Public art.

Was die Konkurrenz zwischen Seattle und Portland betrifft, so gebärdet sich Seattle wie ein jüngerer Bruder, der dem älteren über den Kopf gewachsen ist. Portland war immer zuerst da: mit der Gründung 1844 (Seattle: 1851); mit der transkontinentalen Eisenbahn 1883 (Seattle: 1892), mit der ersten großen überregionalen Ausstellung (Lewis & Clark Exposition) 1905 (Seattle: 1909).

Quasi unter der Burnside Bridge findet am Wochenende der **Saturday Market** statt mit Kunsthandwerk, Imbissküchen, Bands und entspannten Menschen aller Altersgruppen. Jenseits der Front Avenue beginnt der **Tom McCall Waterfront Park**. Mit ihm hat sich Portland ein weiteres Stück Lebensqualität gesichert, indem es einfach eine vierspurige Stadtautobahn (die I-404) um 15 Straßenblocks zurückverlegte. Jetzt nutzen die Bürger die einstige Rollbahn am Willamette River zum Walking, Jogging, Radfahren, Rollerskating, Rollerblading, Skateboarding oder schlicht zum Flanieren.

An Wochentagen sind es eher gestylte Hausfrauen, die es ernst mit der Fitness meinen, neben Herren in Schlips und Kragen, die beim Lunchspaziergang Geschäftliches besprechen. Weniger gestylte Schulkinder müssen sich anhören, was ihre Lehrer über die zwölf Brücken, die den Willamette überspannen, zu sagen haben. Die sind von Konstruktion und Alter so vielfältig, dass Brückenbauingenieure ihre Freude haben.

Am Nordende des Parks erinnert die **Japanese-American Historical Plaza** an unrühmliche Taten der US-Regierung gegen die japanischstämmigen Bürger im Zweiten Weltkrieg. Vor das schicke Sanierungsprojekt River Place am südlichen Ende des Parks schieben sich die Fontänen der Salmon Street Springs. Da wird geplanscht, mit Wasser gespritzt und gekreischt. Es herrscht ausgelassene Stimmung.

Das **Portland Building** von Michael Graves (1982) gilt als erstes größeres postmodernes Gebäude der USA. Innen gibt es eine Ausstellung über Public art in Portland (werktags 8–17 Uhr). Über dem Portal in der 5th Avenue thront »Portlandia« aus gehämmertem Kupfer – an Masse nur noch von New Yorks Freiheitsstatue übertroffen. Jetzt hockt die Riesendame mit den olympiareifen Armen und der einnehmenden Handbewegung da und soll »Mutter Erde« verkörpern.

Auf dem Weg zum Pioneer Courthouse Square findet sich viel Public art. Hat man das Spalier der viel geliebten 24 Bronzetiere »Animals in Pools« an der Yamhill und Morrison Street abgeschritten, so steht man vorm **Pioneer Courthouse Square**. Trotz seines herben Äußeren – der Stil wird als *brutalistic* bezeichnet – ist er für die Einheimischen das »Wohnzimmer Portlands«, sie kommen hierher um Konzerte zu hören,

Gauklern zuzuschauen und, wie am »Earth Day« im April, zu demonstrieren.

Das **Portland Art Museum** hat in seiner ständigen Sammlung teil an den Kunstwerken der Welt und zeigt oft bedeutende Sonderausstellungen. Das Oregon History Center präsentiert mit »Portland!« eine ebenso schreiende Heimatkunde, daneben feine Sonderausstellungen. Im Oregon Museum of Science & Industry (OMSI), mit dem Deutschen Museum in München vergleichbar, kann man sich von einem Erdbeben durchrütteln lassen. Dann sind da noch Cowboymuseum, Reklamemuseum, Rhododendrongarten usw.

*»Portlandia«, Riesendame mit symbolischer Bedeutung*

## 5. Tag: Portland – Oregon Dunes – Coos Bay (ca. 350 km)

**Route/Programm:**

**Morgens kurze Besichtigung von Portland, dann von hier auf 82nd Ave. und I-205 nach Süden bis Exit 8, dann über West Linn Bridge nach Oregon City. I-205 nach Westen, dann I-5 nach Süden bis Millersburg, US 20 nach Westen bis Newport, US 101 von Newport nach Florence und weiter durch die Oregon Dunes Recreation Area bis Coos Bay.**

> *Service & Tipps:* Papa Haydn, 701 N.W. 23rd St., Portland: Trendlokal zum *people watching*, populäres Straßenrestaurant mit Spezialitäten der Nordwestküche ($$).

Portland ist eine Stadt, die zum Shopping einlädt. Die Firma Nike, mit Basis in Portland, hat ihre Niketown zur Galerie gestylt (930 S.W. 6th Ave.); In Nob Hill um die 21st und 23rd Avenue mischen sich Designerläden, Boutiquen und Café-Bars unter feine Villen.

Das **Hoyt Arboretum** im Washington Park ist eine der verkannten Perlen Portlands. Es besitzt mit 230 Arten die größte Koniferensammlung der USA, dazu zehn Meilen Spazierwege, einen überdachten Picknickplatz und ein Visitor Center. In den International Rose Test Gardens stehen Tausende Rosenstöcke von 500 Sorten in Reihe.

Nächste Station ist **Oregon City**, ehemals (1845–52) die Hauptstadt des Staates und heute offizieller Endpunkt des Oregon Trail. Nähert man sich Oregon City über die Old Oregon City Bridge (West Linn Bridge), so trifft man auf die Willamette Falls, die industriell genutzt werden, seit John McLoughlin hier 1829 eine Sägemühle errichtete. Sie brachte dem Standort Oregon den wirtschaftlichen Aufschwung. Unter den Fällen lauert heute eine kleine Armada von Motorbooten auf Lachse; früher speerten die Clackamas-Indianer ihre Fische.

Oregon City selbst ist ein Kuriosum. Seine »Historic Downtown« liegt unten, ist aber nicht alt. Die »Historic Homes« liegen oben, sind aber keine Stadt – so weiträumig verteilen sie sich über die Hochfläche. Ein Aufzug (Municipal Lift) am Ende der 7th Street verbindet die Unter- mit der Oberstadt. Entweder lässt man sich nun »liften« und schaut von der McLoughlin Promenade aufs Industrieviertel hinunter oder geht die steinernen Singer Hill Steps zum gleichnamigen Haus des »Vaters von Oregon« hinauf.

Das klassisch einfache John McLoughlin House (*Georgian Style*, 1845) verrät etwas vom Format des Mannes, der in Fort Vancouver (bei Portland) die Geschicke und Geschäfte der britischen Hudson's Bay Company im ganzen Westen Nordamerikas leitete. Als »Chief Factor« der Gesellschaft erlaubte er sich, amerikanischen Siedlern in Not zu helfen – und wurde entlassen. Er siedelte 1845 mit seiner indianischen Frau nach Oregon City um und wurde US-Bürger. Sein Haus stand zunächst in Downtown und wurde 1909 an seinen heutigen Standort gehievt.

Das **End of the Oregon Trail Interpretive Center** im Nordosten der Stadt macht sich weithin mit seinen drei stilisierten Planwagendächern bemerkbar; man erreicht es von Downtown über Main Street, 14th Street (rechts) und Washington Street (links). Das 1995 neu eröffnete Haus ist eines der hervorragenden »Deutungszentren« zum Oregon Trail mit audiovisuellen Medien, Living History und viel Theater. Hier am Albernethy Green kampierten vor 150 Jahren die Siedler nach dem Treck, um bei der provisorischen Regierung ihre Claims einzureichen.

## 5. Tag

Von Oregon City geht es zunächst Richtung Süden und weiter an die Küste, nach **Newport**. Die Zweckbebauung am Highway nimmt kein Ende, damit hat Samuel Case nicht gerechnet, als er 1866 sein Hotel »Ocean House« baute und diesen, wie auch den Namen der Stadt, dem berühmten Vorbild an der Ostküste entlieh. Und die *Summer People* kamen per Kutsche aus Corvallis und per Dampfer aus San Francisco – bis in die 1920er war es in Nye Beach schick, »heiße Seebäder« zu nehmen.

Im **Oregon Coast Aquarium** von Newport schwebte fast zwei Jahre lang »Keiko« wie ein Zeppelin im grünblauen Wasser seines Beckens. In einer beispiellosen Publikumsaktion, angeregt durch die Filme »Free Willy I« und »II«, wurde der Wal aus einem Themenpark in Mexico City befreit und 1996 – mit UPS – nach Newport geflogen. Der Schwertwal von der Subspezies der Delphine – sechs Meter lang, viereinhalb Tonnen schwer – wurde 1998 wieder in seine isländische Heimat geflogen. 1979 war er dort gefangen und in die USA gebracht worden. Die Geschichte hat leider kein Happy End: Das neue Leben in Freiheit überlebte »Keiko« nicht.

Newport behauptet von sich, die einzige historische Waterfront der USA zu besitzen, die noch aktiv ist und die man am besten über Bay Boulevard erkundet. Dort findet man Ladenfronten aus der Jahrhundertwende, Fisch verarbeitende Betriebe, die zuschauerfreundlich ihre Flussgarnelen abpacken, und schwankende Gestalten, die am helllichten Vormittag aus echten Seemannskneipen tapsen.

Newports Aufstieg begann mit der Entdeckung hochkarätiger Austernbänke am oberen Ende der Bucht, dann folgten die Sommerfrischler nach Nye Beach, die Fischerei kam in Schwung, und die Bahnstrecke nach Corvallis wurde verlegt. Dann sollte Newport Welthafen werden und mit Portland konkurrieren! Doch der rührige Oberst Egonton Hogg kam mit seiner Corvallis & Eastern Railroad 1888 nur bis zwölf Meilen vor dem Kaskadenkamm (statt bis Boise, Idaho), dann strichen ihm die Geldgeber die Mittel. Yaquina Bay war einfach zu seicht für große Seeschiffe, und die Sande vor der Küste waren zu unstet.

Von Newport geht die Fahrt weiter in die **Oregon Dunes Recreation Area**, die sich mit einer Fläche von 120 Quadratkilometern an der Küste entlang von **Florence** bis Coos Bay erstreckt. Hier, wo die höchsten Sanddünen Nordamerikas zu finden sind – sie erreichen eine Höhe von bis zu 150 Metern –, fühlt man sich zuweilen in die Sahara versetzt. Minimalprogramm ist ein Stopp am Oregon Dunes Overlook, zehn Meilen südlich von Florence, mit Aussichtsplattform, Wanderwegen und Picknicktischen. Einen systematischen Überblick gewährt die Zentrale der **Oregon Dunes Recreation Area** in Reedsport.

Acht Meilen südlich von Florence führt die Siltcoos Beach Road in die Dünen hinein. Hier kann man ab Stagecoach Trailhead einen Rundgang auf dem Lagoon Trail (800 Meter) unternehmen, dann geht es weiter nach **Coos Bay**.

*Wasserwunderwelt mit Quallen im Oregon Coast Aquarium in Newport*

## 6. Tag: Coos Bay – Crater Lake National Park (ca. 270 km)

**Route:**

**OR 42 nach Süden, dann nach Osten bis Roseburg, OR 138 nach Osten bis Crater Lake.**

**Coos Bay** besitzt den größten natürlichen Hafen der Westküste zwischen Puget Sund und San Francisco. Die 1854 gegründete Stadt bezeichnet sich als »weltweit größten Holzverladehafen«. Außerdem ist sie für ihre Austernzucht bekannt. Typisch für die Gegend um Coos Bay ist der Myrtenwald, dessen Holz hier kunsthandwerklich verarbeitet wird.

Ein wenig südlich von Coos Bay befindet sich der **Shore Acres State Park**, ein wunderschöner Blumenpark mit orientalischem Garten, der ursprünglich 1915 von dem zunächst äußerst erfolgreichen »Holzbaron« Louis J. Simpson angelegt wurde. Nach heftigen Schicksalsschlägen und finanziellen Einbußen schenkte Simpson den Park 1934 dem Staat Oregon.

Von Coos Bay aus geht es weiter zum berühmten **Crater Lake**, dessen erster Anblick bei den meisten Besuchern ein begeistertes Staunen hervorruft, denn aufgrund seiner Tiefe und Klarheit erscheint er nahezu unglaublich blau. Das Steel Information Center zeigt u.a. einen Film über die Geschichte des mit 650 Metern tiefsten Sees der USA; die Kraterschüssel weist einen Durchmesser von acht Kilometern auf, bei einer Tiefe von 1 300 Metern.

Der Goldsucher John Wesley Hillman hat den See im Jahre 1853 zufällig gefunden, die Indianer, die anscheinend auch Zeugen des Vulkanausbruchs waren, hatten diesen in ihren Augen heiligen Ort geheim gehalten. Sie hatten soviel Ehrfurcht vor dem See, dass sie sich nicht einmal in seine Nähe wagten.

In ihren Mythen haben sie die gigantische Explosion des Berges verarbeitet: Demnach hat ein heftiger Kampf zwischen den Göttern der Ober- und der Unterwelt die Naturkatastrophe, bei der vermutlich viele Indianer ums Leben kamen, ausgelöst. Im Jahre 1902 wurde das Gebiet zum sechsten Nationalpark der USA, zum Crater Lake National Park, erklärt.

Entstanden ist der See vor etwa 7 000 Jahren durch den Vulkanausbruch des damals etwa 3 600 Meter hohen Mount Mazama, der in den Hohlraum stürzte, den er unter sich ausgeblasen hatte. Der Ausbruch soll noch 42-mal stärker gewesen sein als der des Mount St. Helens im Jahre 1980. Bis in die kanadischen Provinzen Alberta und Saskatchewan soll der gewaltige Ascheregen gelangt sein. Heute noch führen Wissenschaftler alljährlich geologische Untersuchungen am Crater Lake durch.

Auf dem 53 Kilometer langen Rim Drive mit zahlreichen Aussichtspunkten, der schon im Jahre 1918 gebaut wurde, kann man den See mit dem Auto umrunden. An einer Stelle führt ein von Bäumen beschatteter steiler Pfad, der **Cleetwood Trail**, im Zickzack bis zum Ufer hinunter, wo man von einer kleinen Landungsstelle aus eine Bootsfahrt unternehmen kann. Die größte Insel des Sees ist die im Westen gelegene **Wizard Island**, die »Insel der Zauberer«, ein kleiner baumbestandener Vulkan aus Lavagestein. Am besten ist sie vom Watchman (in 2 442 Meter Höhe) aus zu betrachten, aber man kann auch mit dem Boot dorthin fahren und den kleinen Vulkan besteigen. Vor dem Südufer liegt eine zweite Insel, das geheimnisvolle **Phantom Ship**.

Verschiedene Wanderwege machen mit den Charakteristika dieser Region vertraut: dem Vulkanismus; der Bedeutung des Wassers für die Pflanzen und Tiere im Park; der Flora und Fauna rund um den Crater Lake.

# 7./8. Tag — Pacific Coast Highway

## 7. Tag: Crater Lake National Park, OR – Redwood National Park – Crescent City, CA (ca. 300 km)

**Route:**

OR 62 nach Westen, dann nach Süden, OR 234 nach Westen, OR 99 nach Westen, US 199 nach Süden bis Crescent City (CA), US 101 nach Süden bis zum Redwood National Park.

Wir verabschieden uns von Crater Lake und fahren weiter zum **Oregon Caves National Monument**. In einer Höhe von 1 226 Metern gelegen, wurden die Höhlen erst im Jahre 1874 von dem Jäger Elijah Davidson entdeckt. Angeblich verfolgte er eine Bärenspur, als sein Hund ihn zum Höhleneingang führte, der mit Büschen zugewachsen war.

Auf einer 75-minütigen Besichtigungstour kann man mit einem Führer die Höhle erkunden. Dabei sollte man unbedingt an warme Kleidung denken, weil die Temperatur in der Höhle, unabhängig von der Jahreszeit, durchschnittlich nur fünf Celsius beträgt. Die Tour ist relativ anstrengend, und Kindern unter sechs Jahren ist der Zutritt verboten. In der Höhle kann man viele sonderbar geformte Tropfsteingebilde entdecken. Stalaktiten und Stalagmiten sind zum Teil zu imposanten Säulen zusammengewachsen. Der größte Raum der Höhle, der **Ghost Room**, ist 76 Meter lang.

Wenn man vom Ausgang der Oregon Caves Tour weiter nach oben wandert, hat man bei guter Wetterlage einen fantastischen Ausblick auf die Siskiyou Mountains. Hier beginnen auch einige Naturwanderwege, etwa der 1,2 Kilometer lange Cliff Nature Trail oder der fünf Kilometer lange Big Tree Trail.

Von den Oregon Caves geht es weiter zum **Redwood National Park** mit seinen Riesenbäumen und von da aus nach **Crescent City**, das bereits in Kalifornien liegt.

## 8. Tag: Crescent City – Eureka – Mendocino (ca. 360 km)

**Route:**

In Crescent City US 101 nach Süden durch Orick, Trinidad, Eureka und den Humboldt Redwoods State Park; bei Leggett Wechsel auf den Highway 1 bis Mendocino.

> ***Service & Tipps:*** Für den Appetit unterwegs: Seascape Restaurant, am Pier in Trinidad, Fisch und Ozeanblick ($$); Waterfront Cafe Oyster Bar & Grill, 102 F St., Eureka, populäres gutes Fischlokal mit Blick auf die Bay. Frühstück, Lunch und Dinner ($$); Mendocino: Bakery & Cafe, Lansing St.: gemütliches Café; Restaurant 955, 955 Ukiah St.: klein und fein, hausgemachte Pasta und frischer Fisch, Mo–Mi geschl. ($$–$$$).

Redwood-Hölzer flankieren die Küstenstraße weiterhin nach Süden, über die Mündung des Klamath River hinweg durch den Redwood National Park. Vieles spricht dafür, südlich von Elk Prairie zunächst einmal zum Besucherzentrum des **Prairie Creek Redwoods State Park** hochzufahren. Außerdem dem ungewöhnlichen Anblick frei grasender Elche erfährt man hier eine Menge über Flora und Fauna der Region. Zum Beispiel darüber, was die Superstämme an der Küste von denen im Landesinnern unterscheidet.

Nun, die Coast Redwoods *(sequoia sempervirens)* wachsen am höchsten – mit bis zu 116 Metern halten sie den Weltrekord. Als natürliche Wolkenkratzer wachsen sie im so genannten »Mekka der Forstleute«, d.h. auf einem über 800 Kilometer langen Küstenstreifen von Big Sur im Süden bis hinauf nach Süd-Oregon, stets angewiesen auf milde Temperaturen mit viel Nebel und Regen. Sie werden bis zu 2000 Jahre alt. Paläobiologen haben Fossilien von Redwoods in Steinen entdeckt, deren Alter man auf 160 Millionen Jahre schätzt. Ihre Zählebigkeit hat allerdings nicht verhindern können, dass 1925 mehr als einem Drittel der gesamten Redwood-Bestände Kaliforniens der Garaus gemacht wurde – so groß war der Holzbedarf.

Anders dagegen die Giant Sequoias *(sequoiadendron giganteum)*, die die größten Bäume überhaupt sind, nicht wegen ihrer Höhe, sondern wegen ihres über 30 Meter messenden Umfangs. Ihr Lebensraum liegt in den feuchten Sandböden am Westhang der Sierra Nevada. Sie werden sogar noch älter als ihre ohnehin schon greisen Verwandten an der Küste, nämlich bis zu 3200 Jahre.

Das winzige **Orick** am Creek versucht die Motoristen mit Sonderangeboten von ulkigen oder klobigen Holzschnitzarbeiten *(burl art)* aufzuhalten. Womit auch sonst? Schon im Hintergarten der Häuser kauen die Kühe.

Allerlei Treibholz hat sich auf den Sandbänken der Lagunen (Stone Lagoon und Big Lagoon State Park) angesammelt. Einige dieser Süßwasserseen sind wegen ihres Fischreichtums bei Anglern beliebt, aber auch bei Wasserski-Fans, weil die Bootsleute froh sind, dass ihnen kein Salz den Motor verdirbt. Irgendwann lief in dieser Gegend eine spanische Expedition in eine Bucht ein und taufte sie Puerto de la Trinidad, weil sich das Ganze am Sonntag von Trinitatis abspielte.

Die *Gold rush*-Tage brachten das Örtchen auf Trab, denn der Hafen sorgte für den Nachschub der Goldgräber. Später profitierte **Trinidad** vom Holzgeschäft und, als so genannte *whaling station*, vom Walfang.

In **Eureka** lohnt es, einmal Second Street in **Old Town** auf und ab zu fahren, die Gegend also, von der die Lokalpatrioten schwärmen. Liebevoll zurechtgemachte Häuser gibt es dort zu sehen, die scharfe Kontraste bilden mit den ruppigen Schuppen und Hallen der Hafenanlagen. Die Investitionen ins bauliche Erbe gehen inzwischen so weit, dass man Repliken alter Gebäude baut, *instant Victorians* sozusagen. Unangefochtener Star der lokalen Architektur bleibt Carson Mansion, eine spinatgrüne Villa im Queen-Anne-Stil am Fluchtpunkt der Straße, die eher einer teuren Konfektdose als einem knorrigen Redwood-Wald entsprungen sein könnte.

Platte Weideflächen breiten sich südlich von Eureka aus: das Paradies der Milch-, Käse und Eierbauern, die sich im nahen **Ferndale** ihre hübschen Häuschen gebaut haben – wegen ihrer viktorianischen Pracht Butterpaläste genannt. Südlich von Rio Dell verengt sich der Weidegrund zum engen Canyontal, und bald wehen die ersten weißen Schwaden der Pacific Lumber Company in **Scotia** durch die Luft, der größten Sägemühle der Welt. Die PLC dominiert

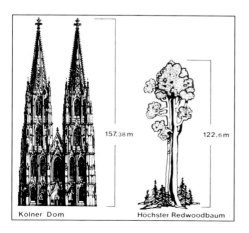

Kölner Dom — 157,38 m
Höchster Redwoodbaum — 122,6 m

nicht nur den Ort, er gehört ihr auch. Scotia, komplett aus Redwood-Holz gebaut, ist das, was man eine *company town* nennt. Die Gesellschaft sorgt für alles – Arbeit, Unterkunft und Sozialleistungen.

Nach dem Kleinholz folgt das Großholz im **Humboldt Redwoods State Park**, die **Avenue of the Giants,** ein Drive-in-Wald, eine grüne Kathedrale. »Botschafter einer anderen Zeit«, hat John Steinbeck die grünen Giganten einmal genannt. »Sie sind die eigentlichen Eingeborenen. Sie waren ausgewachsene Bäume, als auf Golgatha eine politische Hinrichtung stattfand. Sie standen im vollen Mannesalter, als Cäsar die römische Republik retten wollte und dabei zerstörte. Für die Mammutbäume ist jeder ein Fremder, ein Barbar.«

**Garberville** liegt im Zentrum vieler Marihuanafelder *(dope fields),* die ihrer guten Sorten wegen geschätzt, allerdings zur Erntezeit von Razzien heimgesucht werden. Ungeachtet dessen, stellen sie seit Jahren einen bedeutenden Wirtschaftszweig von Mendocino und Humboldt County dar. Wie weit die Liebe zur *sinsemilla* – so heißt hier das begehrte Kraut – geht, soll in Garberville zeitweise sogar von den Verkehrszeichen abzulesen gewesen sein. Das Schild LEFT TURN ONLY wurde auf LEFT TURN ON heruntergekürzt.

An der Straße bieten wiederum zahlreiche *burl shops* alle möglichen skurrilen Figuren an. Geduldige Profi-Schnitzer haben sie dem Redwood-Holz abgerungen: Tische, grimmige Bären oder ulkige Männlein, Rohes oder Poliertes – Holz fürs Heim, wohin das Auge blickt, changierend zwischen hellen Kirsch- und dunklen Mahagonitönen.

Wenn man über den Pacific Coast Highway spricht, geschieht das meist großzügig. Er führe an der gesamten fast 2 000 Kilometer langen kalifornischen Küste entlang, heißt es; manchmal sogar, dies sei die Küstenstraße zwischen dem mexikanischen Tijuana und dem kanadischen Vancouver. Alles im Grunde richtig. Nur, wenn man durch **Leggett** kommt, sollte man wenigstens einmal die topografische Wahrheit sagen: der legendäre Highway 1 Kaliforniens beginnt genau hier und endet in San Juan Capistrano südlich von Los Angeles.

Ausgerechnet die ersten Meilen führen über die Originalstrecke von Legett aus zum Ozean durchs Gebirge. Wenn hier was schief läuft, zum Beispiel ein trödelnder Camper vorausfährt oder ein eiliger Holzlaster im Rückspiegel Druck macht, dann können die wenigen, aber dafür kurvigen Kilometer zum asphaltierten Alptraum werden. Kurz vor Rockport ist dann der Ozean erreicht. Wer sich hier umsieht, kann leicht nachvollziehen, dass der Highway sich nun landeinwärts verdrücken muss, weil die zerklüftete Küste den Weiterbau einer Straße unmöglich erscheinen lässt.

**Fort Bragg**, die alte *logging town*, steht auch heute noch ganz im Zeichen des Holzens und Sägens, was man am besten an den dampfenden Sägewerken erkennen kann. Kurz danach sieht man links unten Noyo Harbor liegen, ein pittoreskes Zentrum der Holz- und Fischindustrie.

Von weitem wirkt **Mendocino** wie handgemalt, aus der Nähe wie handgeschnitzt: die viktorianischen Villen, die adretten Zäune, die Windräder und Wassertürme. »Zeitlose Eleganz« nennt sich das, was in Wirklichkeit durchaus zeitgemäß ist, denn die hölzerne Inszenierung des Städtchens legitimiert die Preise, die die Edeltouristen heute für solch rauen, aber dennoch komfortablen Charme bezahlen. Es sind vorwiegend gut situierte Pensionisten und junge Pärchen, die sich fürs Romantische entschieden haben – meist zart und scheu, aber liquide.

Der **Headlands State Park**, der sich rund um das Örtchen zieht, ist ein herrliches Panoramafenster zur See. Ohne Probleme kommt man über Trampelpfade und durch Brombeerbüsche bis ans Wasser (am Ende von Main Street parken) – zum Wandern und Picknick und, unten am Strand beim Big River Beach, zum Faulenzen und zum Baden – wenn's warm genug ist. Denn übers Jahr gesehen, geben sich Himmel und Erde, Luft und Meer eher neblig-grau.

## 9. Tag: Mendocino – Bodega Bay – Sausalito – San Francisco (ca. 270 km)

**Route:**

**In Mendocino Highway 1 nach Süden über Gualala, Sea Ranch, Jenner, Bodega Bay und Point Reyes Station; Gelegenheit zu einem Abstecher zur Point Reyes National Seashore. Weiterfahrt über Stinson Beach, durch das Küstengebirge zur San Francisco Bay. Stopp in Sausalito. Weiterfahrt nach Süden über die Golden Gate Bridge nach San Francisco.**

*Service & Tipps:* Spaziergang (und/oder Stärkung) bei der Sea Ranch, Rundgang durch Fort Ross, kurzer Umweg nach Bodega. In San Francisco: Rose Pistola, 532 Columbus Ave. (North Beach), © (415) 399-0499: zurzeit im Trend bei Pasta- und Fischfreunden, Reservierung empfehlenswert ($$–$$$). Einen tollen Blick auf die Stadt hat man vom Crown Room (29. Stock) des Fairmont Hotel auf Nob Hill (unbedingt mit dem Außenaufzug hochfahren!).

Der letzte Blick fällt meist wehmütig auf Mendocino zurück: Wer würde hier nicht gerne länger bleiben! Aber die Perspektiven, die der Highway weiterhin entfaltet, lassen Wehmut nicht lange aufkommen.

**Albion**, das Holznest, erinnert an den Namen *New Albion*. So hieß Kalifornien auf vielen Landkarten des 19. Jahrhunderts. In Manchester grüßen kess beschnittene Zypressen wie Punk-Bäume durchs Autofenster. Im diesigen Dunst ringsum bekommen viele ruinöse Ranchgebäude etwas Geisterhaftes, so als seien sie Kulissen für Gruselfilme. Auch wenn man längst kein Bauer mehr ist, »hält« man hier sein Grundstück. Wer weiß, wozu die Scheunen einmal gut sein werden. Wenig später folgen der Garcia River, die Steilküste von **Point Arena** und der Ort selbst mit seinen kunterbunt bemalten Holzhäuschen an Main Street.

Und dann ein ganzes Gedicht aus Holz: **St. Orres**, noble Herberge im Datscha-Look und ein Meisterstück handwerklicher Baukunst zugleich. Im Speiseraum, einem lichten Kuppelbau, schmücken langstielige Orchideen die Tische: Das ist Kalifornien vom Feinsten.

Bauen mit Holz ist im Norden allenthalben gefragt. Viele Häuschen haben simple, aber gefällige Formen, andere wirken extravagant. Ein besonders gelungenes Beispiel steht gleich in Portuguese Beach an der Straße – ein meditativ anmutender, kegelförmiger Wohnbau aus Holz und Glas.

Die meisten Flussmündungen am Highway sind von besonderem Reiz. Auch die des Gualala River. Gualala? Ja. Der wohlklingende Name soll die spanische Version des deutschen »Walhalla« sein, die ein deutscher Siedler 1846 hier einführte.

In Höhe der **Sea Ranch** lohnt es sich allemal, den Motor für eine Weile abzustellen – am besten, weil die Bewohner hier streng auf *privacy* achten – bei der Sea Ranch Lodge, einem Hotel-Restaurant, dessen dezent-graue Holzarchitektur sich farblich dem meist verhangenen Ozean anpasst. Insgesamt hat die Ranch, eine wegen ihres Modellcharakters viel diskutierte Zweithaus-Kolonie, die u.a. vom prominenten amerikanischen Architekten Charles Moore in den 1960er Jahren errichtet wurde, das Land und die See erfreulicherweise in Ruhe gelassen.

Hier kann man gut sitzen, besonders wenn gelegentlich milde Lautenklänge durch die ebenso lichten wie luftigen Räume perlen und der Blick sich in der Weite des

Meers verliert. Durch ein kleines Törchen im Holzzaun kommt man auf einen Pfad, der durch wilde Wiesen und vorbei an malerisch verfallenen Farmgebäuden zur Steilküste führt.

Rhododendron-Liebhaber können sich im **Kruse Rhododendron State Reserve** satt sehen. Zwischen April und Juni stehen die stattlich hohen Sträucher in farbenprächtiger Blüte. Im und rund ums **Fort Ross** kann man schön herumlaufen und die restaurierte Anlage begutachten. 1812 errichteten hier die Russen das Zentrum ihrer umliegenden Besitzungen und zugleich einen Vorposten ihrer Siedlungen in Alaska, um Getreide anzubauen und Seeotter zu jagen. Deren Zahl aber nahm so rapide ab, dass sie 1842 Fort, Schaf- und Viehherden an den schweizerischen Siedlungsmanager Johann August Sutter verkauften und sich zurückzogen.

Malerisch mündet der wegen seiner Lieblichkeit und seines Weins geschätzte **Russian River** bei **Jenner** in den Pazifik, immer vorausgesetzt, man sieht ihn überhaupt. Denn die Küste ist bekannt für Niesel und Nebel. Im Nu können die Wetterköche Traumlandschaften zu einem farblosen Brei verrühren und bunte Postkartenmotive derart ruinieren, dass nur noch rote Rücklichter und dunkle Silhouetten von unerschütterlichen Kühen übrig bleiben. Und wenn die Sonne nicht scheint, wirkt selbst der Ginster finster. Immer, wenn die Straße ihren Bogen landeinwärts schlägt, taucht sie in eine Art tropischen Regenwald ein, denn so wild wuchern hier Bäume und Büsche in den geschützten Buchten, und so tief hängen die Nebelwolken.

Kenner von Hitchcocks »Die Vögel« sind sicher darauf gespannt, in **Bodega**, kurz nachdem sie die Bay erreicht haben, einen kleinen Schlenker durch den Ort zu machen, um die Kirche (die katholische St. Teresa von 1860) und das Schulhaus (von 1873) aus dem Horrorfilm (wieder) zu sehen.

Zwischen Tomales Bay und der Bolinas-Lagune folgt der Highway an der optimisti-

*Idyllisch und bizarr: die Küste Nordkaliforniens bei Point Reyes*

schen Oberfläche genau der *San Andreas fault*, der berüchtigten Knautschfalte zwischen tektonischen Platten (der pazifischen und der kontinental-amerikanischen), die sich rund tausend Kilometer durch Kalifornien zieht und es zu einem der erdbebenreichsten Länder der Welt macht.

Vom **Muir Beach Overlook** windet sich die Straße durch die nach Eukalyptus duftenden Hänge der *headlands*. So wie hier hat es dort, wo heute San Francisco steht, vor gar nicht allzu langer Zeit auch mal ausgesehen: kahle Küstenfelsen mit strammen Winden und Bergziegen.

Jenseits der Küstenberge, auf der Bay-Seite, sieht es schon lieblicher aus: Das schicke **Sausalito** präsentiert sich als mediterranes Schmuckstück mit einem regen Jacht- und einem fantasievollen Hausboot-Hafen: keine schlechte Adresse für einen Zwischenstopp, zur Stärkung, zum Laufen, zum *window shopping*. Zu guter Letzt kommt das optische Finale an die Reihe: die Fahrt über die **Golden Gate Bridge** nach **San Francisco**, ein städtischer Empfang mit offenen Armen!

# 10. Tag: San Francisco

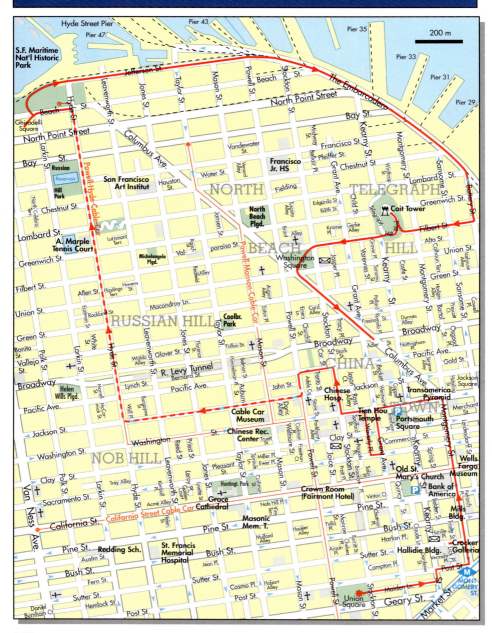

# 10. Tag

**Programm:**
**Vormittag:** Union Square – Financial District – Chinatown
**Mittag:** Lunch in Chinatown (Dim Sum)
**Nachmittag:** Mit der Cable Car hinunter zum Ghirardelli Square, Fisherman's Wharf und Embarcadero – Aufstieg über die Filbert Steps – North Beach.

> *Service & Tipps:* In Chinatown kann man chinesische Dim Sum z.B. im <u>Yuet Lee Seafood Restaurant</u> (1300 Stockton St. & Broadway) essen, oder italienische Kleinigkeiten im <u>Enrico's</u> (504 Broadway). Wer sich aufwärmen möchte, findet im <u>Buena Vista</u>, 2765 Hyde & Beach Sts., einen guten Irish Coffee. Kaffee aller Spielarten gibt es in North Beach wie Sand am Meer: z. B. <u>Caffè Trieste</u>, 601 Vallejo St. & Grant Ave., oder <u>Caffè Puccini</u>, 411 Columbus Ave. Abends: <u>Cortez Restaurant and Bar</u>, 550 Geary St. (Hotel Adagio), © (415) 292-6360, www.cortezrestaurant.com: cooles Design, exzellente Küche mit raffinierten Tapa-Kreationen ($$–$$$); <u>Zuni Cafe</u>, 1658 Market St. (Nähe Civic Center), © (415) 552-2522: exzellente Küche und gute Weine, hervorragend zu jeder Tageszeit. Reservierung empfohlen. Mo geschl. ($$–$$$).

**San Francisco**, das steht fest, ist eine der wenigen amerikanischen Städte für Fußgänger! Warum also nicht mal einen richtigen Stadtrundgang machen? Am besten startet man am **Union Square**. Der Blick, der über das statuen- und palmenbekrönte Karree schweift, macht sich unweigerlich fest am mächtigen Bau des stets fahnenumflatterten, taxiumwimmelten St. Francis Hotel. Neben der Eleganz der Schaufenster fällt an der südöstlichen Platzecke der gläserne Eingang zum Kaufhaus Neiman Marcus ins Auge, dem renommierten *department store*, der wie ein Pariser Kaufhaus aussehen möchte.

Weiter geht es durch **Maiden Lane**, die hohle Gasse, die eine Reihe hübscher Läden vorweisen kann. Im Sommer sitzen die Leute an kleinen Tischen auf der Straße; Autos sind unerwünscht. Um die Ecke, auf Grant Avenue, trifft man auf Galerien, Schweizer Schokolade, Püppchen in historischen Kostümen und die Schleckerecke der »Franciscan Croissants«, die schon draußen duften.

Geschäftige und Flaneure bevölkern auch die **Crocker Galleria** am Ende von Post Street, einer dreistöckigen Glaspassage in akzeptablen Proportionen mit eleganten Läden und Restaurants. Angrenzend die Market Street, die, quer zum Rastertrend der meisten Straßen, vom Schiffsanleger (Ferry Building) schnurstracks auf die Twin Peaks zuführt. An Montgomery Street geht es links ab, hin zu den Büroriesen des Financial Center, die jedem Erdbebenrisiko trotzig ins Auge schauen.

**Montgomery Street**, der wichtigste finanzielle Nervenstrang der Westküste, war mal, als der Goldstaub hierher wehte, die matschigste Meile der Stadt. Doch der Weg vom Gold zum Geld hat für Abhilfe gesorgt. Wo sich früher Kaninchen und Flöhe tummelten, hasten heute seriöse Herren in gedeckten Zweireihern und meist zu kurzen Hosen oder hochhackige Damen zum Lunch. Hinter der Kreuzung von California Street befindet sich auf der rechten Straßenseite das **Wells Fargo History Museum**. Hier kann sich jeder durch allerlei Anschauungsmaterial in die Zeit der Postkutschen und des raffgierigen *Ol' West* versetzen lassen.

Den herausragenden Schlusspunkt des Lehrpfads durch die architektonischen Errungenschaften der Finanzwelt setzt die **Transamerica Pyramid**, das einzige Hochhaus der Welt, das einen Redwoodhain an seiner Seite stehen hat: ein grünes Tannenwäldchen mit Springbrunnen und Sitzbänken.

Themenwechsel: **Chinatown**. Nach der festgemauerten Welt der Anglos plötzlich nur noch Chinesen! Asien scheint in San

*San Francisco alpin: California Street*

Francisco direkt um die Ecke zu liegen. Portsmouth Square war schon während der spanischen Kolonialzeit ein Mittelpunkt. Im »Pueblo Yerba Buena«, wie San Francisco damals hieß, lag hier die Plaza. Später wurde sie zum beliebten Herzstück von China-

town, die heute mit ihren rund 80 000 Einwohnern eine der größten chinesischen Gemeinden außerhalb Asiens ist. Auf der unteren Ebene des Platzes sitzen die Mütter und passen auf die Kinder auf, während oben auf dem Platz die alten Männer ihrer Leidenschaft, dem Schach-, Karten- und Mah-Jongg-Spiel frönnen.

Vorbei am Pagodenbau der Bank of Canton (Nr. 743) führt Washington Street weiter zur Lebensader von Chinatown: Grant Avenue. Man sieht ihr an, wie fest sie in der Hand der Souvenirindustrie von Taiwan und Hongkong ist – billiger, manchmal aber auch kurioser Klimbim.

**Waverly Place** ist eine exotische Bilderbuchstraße mit schönen, durch schwungvolle und bemalte Balkone gegliederten Fassaden einst mächtiger Familienresidenzen. Längst hat sich Stockton Street zum authentischen Gegenstück von Grant Avenue entwickelt – mit überquellenden Gemüseläden, Lieferwagen, Gewürzstübchen und baumelnden Hähnchen. Chinatown ist immer noch der am dichtesten besiedelte Stadtteil von San Francisco, wo die Menschen auf engstem Raum wohnen und arbeiten – in Hinterhöfen und engen Gassen, in Miniwerkstätten, Nähstuben, Nudelfabriken und Bäckereien (Lunchvorschlag: Dim Sum).

Nur einen Block entfernt wartet wieder ein anderes Stück San Francisco. Nicht als Stadtviertel, sondern als Transportmittel: die allseits bekannte **Cable Car**. Die Fahrt mit dem Ratterding bis zum Wasser (Hyde Street Pier) serviert nicht nur Touristen wechselnde *vistas* und Perspektiven der faszinierenden Stadt, denn auch bei den San Franciscans selbst ist die unter Denkmalschutz stehende Bahn beliebt.

Unten am Pier gibt's oft Gedrängel. Verständlich, denn die ehemalige Schokoladenfabrik **Ghirardelli Square** ist ein Touristenmagnet – ihre vielen Geschäfte ebenso wie die Kleinkünstler, die das ganze Jahr hindurch das Publikum bei Laune halten. Einst lag hier Italy Harbor, der Fischereihafen ganz in italienischer Hand. Die alten, Boccia spielenden Italiener beim **Maritime Museum** retten fast als einzige die lebendige Vergangenheit des Hafens. Schritt für Schritt wandelte er sich vom Arbeitsplatz zum Abziehbild für Hafenromantik und Seeabenteuer. Ausnahme: die Seelöwen, jene zudringlichen lauten Lümmel, die sich bei den Kuttern und Pfahlbauten tummeln.

Am Embarcadero entlang führt der Weg langsam wieder Richtung Stadt. Draußen in der Bay liegt **Alcatraz**. Auch die ruinösen Reste des ehemals berühmt-berüchtigten Zuchthauses haben ein Recycling erfahren – besonders für nervenschwache Ausflügler, die das Gruseln lernen wollen.

Vielleicht bedarf es zu diesem Zeitpunkt des Rundgangs einer kleinen Stärkung, vor allem angesichts der fast alpinen Aufgabenstellung, die nun (in Höhe von Levi's Plaza rechts) bevorsteht: der Aufstieg über die **Filbert Steps**. Für ein paar Minuten glaubt man gar nicht, in San Francisco zu sein – so wild begrünt sind die Stufen mit den schläfrigen Katzen und hübschen Holzhäuschen, die hängenden Gärten, durch die man am Ende den **Coit Memorial Tower** erreicht. Die Kletterpartie wird mit einer erstrangigen Aussicht belohnt: auf die Stadt, die Bucht, die Brücken. Sichtbar wird aber auch die unerbittlich regelmäßige Straßenführung, die die natürliche Topografie der Stadt quasi unter sich begräbt. Auch heute noch gelten die Hänge von Telegraph Hill als begehrte Wohngegend, der Ruhe und der tollen *bay views* wegen.

Zurück und abwärts führt wieder eine kleine Treppe, und nach wenigen Minuten rundet sich der Tageslauf am **Washington Square**, der grünen Piazza von North Beach. Hier bekommt man die sehr europäische Stadtkultur San Franciscos zu spüren: Italiener und Chinesen, Senioren-Beatniks und Yuppies geben sich rund um die Uhr ein Stelldichein. Trotz moderner Geschäftsmäßigkeit, bedrohlich steigender Mieten und nüchterner vietnamesischer Wäschereien zieht noch ein Hauch von altmodischer Boheme durch die Cafés, Bars und Buchläden. Ob im »Trieste«, »Puccini«, »Vesuvio's« oder »Tosca« – nirgendwo sonst in den USA sieht man so viele Menschen lesend, redend, kritzelnd oder sich einfach der Musik hingebend – sei es Rock, Jazz oder Verdi.

## 11. Tag: San Francisco

### 1. San Francisco Neighborhoods: Besuch des Mission District, Castro, Haight-Ashbury und Golden Gate Park (Autorundfahrt).

**Route:**

**Über Market St., links an Dolores St. zur Mission Dolores (Ecke 16th St.). Cruising durch den Mission District: weiter über Dolores bis zur 22nd St., diese links bis Valencia, diese links zurück bis zur 16th St., diese rechts bis Mission, diese rechts bis zur 24th St., die man am besten erst ein Stück nach links (Richtung Alabama und Bryant St.) fährt, um zu parken und ein wenig herumzulaufen. – Über 24th dann wieder zurück bis Castro St., dort rechts durch das Castro-Viertel (wo man in Höhe der 18th St. parken kann), weiter Castro hinunter bis Haight St. und diese links durch den Haight-Ashbury-Bezirk zum und durch den Golden Gate Park. Wenn man ihn ganz durchfährt, kann man vorn am Ozean rechts am Cliff House vorbei über Point Lobos Ave. und Geary Blvd. wieder ein Stück stadteinwärts fahren, um über den El Camino del Mar, Seacliff Ave. und Lincoln Blvd. durch den Presidio National Park zum Fuß der Golden Gate Bridge zu gelangen.**

> ***Service & Tipps:*** La Victoria, 24th & Alabama Sts.: vorzügliches mexikanisches Lunch; Castro Theatre, 429 Castro St., schon von außen ein Knüller: spanisch-barocker Kinopalast von 1923; Pork Store Cafe, 1451 Haight St.: Szenetreff; Conservatory of Flowers, John F. Kennedy Dr. im Golden Gate Park: gläsernes Gewächshaus mit exotischen Blumen und Pflanzen von 1878; Cliff House, unübersehbar vorn am Wasser: draußen zugiges, drinnen gemütliches Fleckchen. Gut für den kleinen Imbiss und den großen Seeblick. Wer sich im Parkgelände des Presidio die Beine vertreten möchte, folgt dem Schild BAKER BEACH.

Trotz der vielen Sanierungsbemühungen, denen sich die Downtown-Bereiche amerikanischer Großstädte in den letzten Jahren meist erfolgreich unterzogen haben, spielt sich ihr urbanes Leben dennoch nicht in den Zentren ab, sondern eher in einzelnen Nachbarschaften, den so genannten *neighborhoods*. San Francisco ist da eine Ausnahme, weil selbst große Bereiche der Innenstadt quicklebendig wirken. Ihren ganzen Charakter aber entfaltet die Stadt auch hier erst in ihren diversen Vierteln – und Parks.

»Städte lassen sich an ihrem Gang erkennen wie Menschen«, hat Robert Musil einmal geschrieben. Eine Tour durch einige *neighborhoods* von San Francisco kann das bestätigen. Beginnen wir bei der Kirche, die einem der abwechslungsreichsten Stadtviertel ihren Namen gegeben hat: bei der **Mission Dolores**. Nach der Gründung des spanischen Presidio (1776) wurde südlich davon einige Jahre später die Kirche gebaut. 1891 jedoch wurde sie an ihren heutigen Standort transloziert und überlebte seither alle Erdbeben. Sehenswert ist auch der umliegende alte Friedhof.

Valencia, Mission und 24th Street bilden die wichtigsten Achsen im Mission District, dem *barrio* mit einem hohen Prozentsatz von Mexiko-Amerikanern und Latinos. Lebensmittelläden, Mariachiklänge, prächtige Wandmalereien, pfiffige Graffiti, duftende Bäckereien und eine ziemlich verbeulte Autokultur prägen das Straßenbild. Auch Szene-Gringos wissen dieses hispanische Flair zu schätzen, das gute Essen, die Salsa-Musik, Tecate-Bier und Tequila.

**Castro Street** heißt die Hauptstraße der Schwulengemeinde von San Francisco; Bars, Modeboutiquen und Galerien bilden die Kulisse. Die *gay community* zählt zu den konsumkräftigsten gesellschaftlichen Gruppen. Ihre wirtschaftliche Macht hat sie zu einer ernst zu nehmenden Wählerfraktion gemacht, die erheblichen Einfluss auf die Lokalpolitik ausübt.

Nach dem Hippie-Hoch im *Summer of Love* von 1967 und der Pleite mit Drogenhorror und Gewalt hat die Gegend um die Straßen Haight und Ashbury wieder deutlich an urbanem Gleichgewicht gewonnen. In den Seitenstraßen verraten liebevoll aufgemöbelte Holzvillen und wie aus dem Ei gepellte Queen-Anne-Häuschen gepflegte Lebensart. Das Publikum von Haight Street erscheint dagegen ausgeflippter und bisweilen ruppiger, aber immer für Überraschungen gut.

Der nahe **Golden Gate Park** ist die grüne Lunge der Stadt und ohne Zweifel der schönste Stadtpark Kaliforniens. Wo früher steife Westwinde hemmungslos über die Dünen pusteten, ergehen sich heute die San Franciscans nach Herzenslust. Besonders an Wochenenden wird der weitläufige Park zu einer reinen Spiel- und Freudenwiese.

Nach einem kurzen Schlenker am Pazifik entlang biegt die Straße wieder zurück und stadtwärts, eröffnet aber die Möglichkeit, sich linker Hand zum **Lincoln Park** aufzumachen, wo ein *scenic drive* Stadtpanorama und Golden Gate Bridge zu schönen Ansichtskartenmotiven formt. Zuletzt geht die Fahrt durch ein Filetstück der kalifornischen Küste, das lange in militärischem Besitz, d.h. ziemlich unzugänglich war: das **Presidio**. Vorbei. In den 1990ern ist das wald- und aussichtsreiche Terrain am Fuße der rostbraunen Brücke in einen Nationalpark und damit in ein einzigartiges Naherholungsgebiet verwandelt worden.

## 2. Weintour: ein Tag im Wine Country (halber oder ganzer Tag)

**Route:**

**Golden Gate Bridge (US 101) nach Norden, S 37, S 121 bis Sonoma. Von hier nördlich über die S 12 nach Glen Ellen, von dort über den Oakville Grade durch die Berge ins Nachbartal Napa Valley, die S 29 in Oakville nach Norden über Rutherford, St. Helena nach Calistoga. Rechts durch den Ort und an dessen Ausgang rechts auf den schönen Silverado Trail nach Süden bis Napa, dann S 121, S 12, I-80 durch Vallejo nach Berkeley (Ausfahrt: University Ave.). Von Berkeley zurück: I-80 nach Süden, über die Bay Bridge nach San Francisco.**

*Service & Tipps:* Sonoma Cheese Factory, an der Plaza in Sonoma: reichhaltige Quelle für Picknickleckereien und andere Stärkungen; Jack London Bookstore, 14300 Arnold Dr., Glen Ellen, etwas außerhalb des Örtchens gelegen: seltene bzw. vergriffene London-Literatur; Robert Mondavi Winery, S 29, 1 km nördlich von Oakville: Weingut mit Führungen und Proben; Tra Vigne, 1050 Charter Oak Ave., St. Helena: gutbestückte Trattoria im schönen Innenhof; Indian Springs, 1712 Lincoln Ave., Calistoga: öffentliches Mineralbad; Bistro Don Giovanni, 4110 Howard Lane am St. Helena Hwy. (S 29); Napa: italienische Küche in luftigem Speiseraum mit Blick auf die Weinberge. Auch zum Draußensitzen ($$–$$$).

Wein und Poesie, liebliche Landstriche und zischende Geysire, blubbernde Minz-Schlammbäder und süße Schleckereien – das California Wine Country strotzt vor Genüssen. Wer alles auf die Reihe bringen möchte, der sollte dem Routenvorschlag folgen und sich dem *dolce far niente* hingeben. Auch kulturelle Highlights finden sich am Weg, zum Beispiel die schöne Missionskirche in Sonoma und Glen Ellen, für alle Jack-London-Fans ein Muss, denn hier liegen Ranch, Haus und Grab des Autors.

## 12. Tag: San Francisco – Monterey – 17-Mile Drive – Carmel (ca. 200 km)

**Route:**

**Von San Francisco über US 101 oder I-285 nach Süden Richtung San Jose, über die Küstenberge (S 17) nach Santa Cruz, über den Highway 1 an der Monterey Bay vorbei nach Monterey (Stopp); über den 17-Mile Drive nach Carmel.**

*Service & Tipps:* Wenn Zeit und Lust vorhanden sind, empfiehlt sich unterwegs a) ein kurzer Stopp am munteren Boardwalk in Santa Cruz oder b) in Monterey Besuch des Monterey Bay Aquarium. In Carmel sollten Sie auf keinen Fall die schöne Missionskirche versäumen! Abends in Monterey: Montrio, 414 Calle Principal, freundliches Bistro, gute Küche, Cocktail Lounge, Lunch (Mo–Sa) und Dinner ($$); abends in Carmel: Rio Grill, Crossroads Blvd. & Rio Rd., nahe Hwy. 1, vorzügliches Essen, freundlicher Service, Bar ($–$$$).

Von San Francisco ziehen die großen Highways durch die Halbinsel nach Süden, vorbei an San Jose und über die Küstenberge hinunter nach **Santa Cruz**, wo die Monterey Bay erreicht ist, die »Blaue Schüssel«, wie John Steinbeck sie einmal nannte. Landwirtschaft, wohin man blickt: endlose Artischocken- und Fenchelfelder mit emsigen *farm hands*, Trucks, Landmaschinen, Scheunen und Schuppen. Die Artischocken, ursprünglich aus Italien eingeführt, machten in Kalifornien Furore; der Westküstenstaat wurde zum Hauptlieferanten für die USA. Wir sind im Salinas-Tal, in Steinbeck Country, das neben biografischen auch literarische Meriten als Schauplatz seines 1952 erschienenen Romans »East of Eden« vorzuweisen hat.

In der ehemaligen Landeshauptstadt **Monterey** lautet die bekannteste Adresse **Cannery Row**, die früher tatsächlich einmal die »Straße der Ölsardinen« war. Heute dient sie als beliebter Treffpunkt für Touristen. John Steinbeck hat diesen Funktionswechsel selbst einmal beschrieben: »Die Fischkonservenfabriken, die früher ekelhaft stanken, gibt es nicht mehr. An ihrer Stelle stehen Restaurants, Antiquitätenläden und dergleichen. Sie fangen Touristen ein, nicht Sardinen, und diese Gattung ist nicht so leicht auszurotten.« Ein Fischlokal bringt es auf den Punkt: »Steinbeck Lobster Grotto«.

Nicht weniger belebt gibt sich **Fisherman's Wharf**: mit Fischrestaurants, Kuttern und jaulenden Seelöwen. Malerisch dagegen wirkt

*Der meistfotografierte Baum Kaliforniens: Cypress Point am 17-Mile Drive*

der Ocean View Boulevard zum Beispiel in Richtung Point Pinos Lighthouse von **Pacific Grove**, vorbei am schwarzblauen Ozean, den *ice plants* und den feuerroten Kerzenblüten der Aloe vera, die besonders im Winterlicht kräftig brennen.

Zwischen Monterey und Carmel kann man auf dem **17-Mile Drive** für ein paar Dollar den ästhetischen Mehrwert Kaliforniens in Reinkultur genießen. Optisch, versteht sich, mit schönen Aussichten auf eine heile Welt der schäumenden Buchten, prächtigen Farben und manikürten Golfplätze rund um die Monterey Peninsula. Was die einen schätzen, wurmt wiederum andere, die die gebührenpflichtige Strecke für modernes Raubrittertum halten.

Das Städtchen **Carmel** liefert eine perfekte Anschauung vom *California living* de luxe, vor allem Junipero Avenue zeigt die ganze Palette der »Crème Carmel«, des Wohnens hinter Kiefern und Zypressen. Sie mündet auf Beach Avenue, der eleganten Geschäftsstraße der Galerien, Boutiquen und Gasthöfe im Tudor-Stil. Clint Eastwood, der kinematografische Mythenhändler, spielte hier einst den Bürgermeister. Der anspruchsvolle Stil des Orts lässt nur noch schwach ahnen, dass Carmel in den ersten beiden Jahrzehnten des 20. Jahrhunderts Kaliforniens berühmtester Boheme-Treff war. Der literarische Zirkel schloss unter anderen Mary Austin und George Sterling ein; Upton Sinclair und Jack London zählten zu den Gästen.

»Carmel, das von hungrigen Schriftstellern und unerwünschten Malern gegründet worden war, ist jetzt eine Gemeinde der Wohlhabenden und Pensionierten. Wenn die Gründer wiederkämen, könnten sie es sich nicht leisten, hier zu leben. Aber so weit käme es gar nicht. Man würde sie sofort als verdächtige Elemente aufgreifen und über die Stadtgrenzen abschieben«, schrieb John Steinbeck bereits 1961.

Auch die **Carmel Mission** passt zum gepflegten Stadtbild: inmitten von Bougainvilleen, Kakteen und Lilien. Sie wurde 1770 von Don Gaspar de Portola und Pater Junipero Serra geschaffen, der hier 1774 starb.

# 13. Tag: Carmel – San Simeon – Solvang – Santa Barbara (ca. 395 km)

**Route:**

**In Carmel Highway 1 nach Süden über Big Sur nach San Simeon (Besichtigungsmöglichkeit: Hearst Castle); weiter über Cambria bis San Luis Obispo; dort US 101 südlich bis Pismo Beach; dort wieder Highway 1 bis Lompoc, dort Highway 246 nach Solvang (Stopp); von Solvang weiter nach Osten auf der 246, östlich von Santa Ynez den Highway 154 am Lake Cachuma vorbei über den San Marcos Pass bis zur US 101 und diese nach Santa Barbara.**

*Service & Tipps:* Für den Abend in Santa Barbara – Wine Cask, 813 Anacapa St.: feine Adresse mit hervorragender kalifornischer Küche und fulminanter Weinkarte ($$–$$$); Arigato Sushi Bar, 1225 State St., exzellente Sushi-Happen ($$); Ca'Dario, 37 E. Victoria St. (Anacapa St.), beliebt, gute italienische Küche, *al dente* ist kein Fremdwort. Freundlicher Ton, reiche Weinauswahl. Lunch und Dinner ($$); Joe's Cafe, 536 State St.: zünftige Bar.

Heute folgt nun das vielleicht atemberaubendste Wegstück Kaliforniens: der kurvige Highway 1 entlang der Zentralküste durch **Big Sur**. Wo Big Sur eigentlich beginnt, lässt sich nicht so leicht sagen; einen zusammenhängenden Ort gibt es nicht, ein Schild schon gar nicht. Eher bilden die malerischen Elemente der Küstenregion die Einheit: als sinnliche Erfahrung. Auch die Spanier waren topografisch nicht sehr präzise, denn mit der Bezeichnung Rio Grande del Sur war lediglich »der große Fluss südlich« (von Monterey) gemeint.

Lange blieb Big Sur unzugänglich; bis ins frühe 19. Jahrhundert war es bewohnt von den Esalen-Indianern, die aber an den von den Weißen eingeschleppten Krankheiten starben. Dann kamen sporadisch Siedler, die man für Eskapisten hielt, und erst ab 1920, als Sträflingskolonnen aus dem St.-Quentin-Gefängnis damit begannen den Highway anzulegen, belebte sich die Küstenregion. Zunächst durch eine bunte Boheme aus Schriftstellern, Malern und Künstlern, die in den 1930er und 1940er Jahren die reizvolle Region zu schätzen wussten.

Tausendfach versuchen die buschigen Lampenputzer an den Hängen die Erdrutsche *(land slides)* zu verhindern, die hier immer wieder passieren. Schilder warnen davor: SLIDE AREA. Manchmal kommt es so schlimm, dass der Highway gesperrt werden muss.

In der Höhe von **San Simeon** thront auf den Bergen zur Linken wie ein ferner Märchenpalast **Hearst Castle**, ein pompöses Unikum, das amerikanische Touristen geradezu magisch anzieht. Alle haben den Film »Citizen Kane« gesehen und von Patty Hearst gehört, der Tochter des einstigen Pressezaren, der sich mit seinem privaten Zauberbergschloss ein Denkmal setzte – ein durch und durch eklektisches übrigens, denn alle möglichen Baustile der Menschheitsgeschichte sind dort droben wieder auferstanden. Hearst Castle: das Neuschwanstein Kaliforniens. Leider muss man sich im Sommer oft auf lange Warteschlangen gefasst machen.

Bei **Morro Bay**, in die der wuchtige Morro Rock wie von Riesenhand geworfen und hineingeplumpst zu sein scheint, verlässt der Highway für kurze Zeit die Dünen und den tiefblauen Ozean, aber nur, um nach einem Schlenker durch gepflegtes Ranchland und das verträumte **San Luis Obispo** in **Pismo**

*Mission San Luis Obispo*

**Beach** dorthin wieder zurückzukehren. Pismo (indianisch für »Teer«) ist bekannt für seine verrückten Dune Buggies, die hier, für Kalifornien ausnahmsweise, am Strand und durch die Dünen düsen dürfen.

Auf seinem weiteren Weg durch das Küstengebirge drängt sich Ranchland an den Highway. Die Chumash-Indianer lebten einst auch hier auf ihren *rancherias*. Kalifornien, das Füllhorn der Früchte, der Garten Eden für Obst und Gemüse: Vor und hinter Guadalupe bekommt man ein Bild davon – Felder, so weit das Auge reicht.

Kurz vor Lompoc weist ein Schild nach links zur **Mission La Purísima Concepción**, einer schönen Kirchenanlage, die mehr noch als ihre baulichen Verwandten zeitentrückt wirkt. Wäre da nicht die Vandenberg Air Force Base in der Nähe, die ab und zu lautstarkes Fluggerät durch die Luft jagt, könnte man sich leicht ins 19. Jahrhundert zurückversetzt fühlen. Auch diese Missionsanlage wurde 1834 säkularisiert, d.h. sie verkam fast völlig und wurde erst durch die Mission-Revival-Welle 1884 vor dem endgültigen Verfall gerettet.

**Lompoc** (indianisch für »Muschelmund«) ist längst zum Synonym für blühende Blumenfelder geworden, die hier und im Umkreis zwischen Anfang Juni und Mitte Juli ihre ganze Leuchtkraft entfalten.

Streckenweise folgt der Highway 246 dem Santa Ynez River durch dessen liebliches Tal mit Eichen und Obstgärten, Windrädern und grasenden Pferden, Ranchos, Scheunen und Zäunen, das auch auf der Landkarte der guten kalifornischen Weine eine bedeutende Rolle spielt.

Wie eine Fata Morgana wirkt **Solvang**. Am Anfang des 20. Jahrhunderts von dänischen Immigranten gegründet, präsentiert es sich mit Fachwerkhäusern und Windmühlen seit langem erfolgreich als ein perfektes dänisches Disneyland, das vielen Amerikanern eine Europareise erspart. Außerdem sind sie hier unter sich und können sich, ungestört von fremden Sprachen und Sitten, mit Souvenirs und Süßigkeiten vollstopfen, derweil am Hans Christian Andersen Shop das Mühlrad rauscht.

Der San Marcos Pass führt am **Lake Cachuma** vorbei hinunter nach **Santa Barbara**. Duftende Parklandschaften aus Eukalyptusbäumen empfangen den Besucher in der Stadt, die viele für die kalifornischste halten. Tatsächlich bringt sie durch Größe, Topografie und Stadtbild spanisch-mediterrane Kultur und arkadische Gestalt auf einen Nenner.

Alles »Amerikanische« ist ihr weitgehend fremd: sowohl Wolkenkratzer wie auch aufdringliche Reklameschilder und sonstige Werbegags. Stattdessen prägt der gefällige Santa-Barbara-Look, eine nachgebaute spanische Kolonialarchitektur aus roten Terrakotta-Ziegeln und getünchten Putzwänden, die Stadt.

Es gibt verschiedene Ansatzpunkte, sich einen ersten Eindruck von der Stadt zu machen, die sich von einer langen Reihe einladender Strände hoch hinauf in die Berge zieht: die prächtige Missionskirche etwa, aber ebenso State Street mit ihren hübschen Innenhöfen – oder der Pier (Stern's Wharf), der die beneidenswert gelegene Stadt besonders am Spätnachmittag von ihrer Schokoladenseite zeigt.

*Mission La Purísima*

## 14. Tag: Santa Barbara – Malibu – Santa Monica – Venice – Long Beach (ca. 165 km)

**Route:**

**In Santa Barbara US 101 nach Oxnard, dann Highway 1 über Point Mugu, Malibu nach Santa Monica (Stopp), dann Lincoln Blvd. nach Süden (mit möglichen Abstechern nach Venice, Manhattan Beach, Redondo Beach); weiter Richtung Palos Verdes und San Pedro, dort an Gaffey St. links zur Auffahrt der Vincent Thomas Bridge nach Long Beach.**

> *Service & Tipps:* Wenn Sie möglichst früh in Los Angeles sein möchten, um etwa die Universal Studios zu besichtigen, dann sollten Sie auf der US 101 bleiben (also nicht auf die S 1 wechseln): durch das San Fernando Valley und von der US 101 in Universal City zu den Studios abbiegen. Fahren Sie über den landschaftlich attraktiveren Pacific Coast Highway, finden Sie in Venice das <u>Rose Cafe</u> (Ecke Main St. & Rose Ave.) als gute Lunchadresse. Auf der Halbinsel Palos Verdes ist die <u>Wayfarer's Chapel</u> sehenswert, eine hinreißende Glas- und Holzkirche in traumhafter Lage. In Long Beach: <u>The Madison Restaurant & Bar</u>, 102 Pine Ave., wunderschöner Raum, hoch und luftig, holzgetäfelt mit Kassettendecke. Amerikanische Küche. Bar ($$–$$$).

**Oxnard** ist fest in der Hand hispanischer Landarbeiter – und von Ampeln, die erbarmungslos auch jeden flotten BMW auf den Boden der geordneten Verkehrstatsachen zurückholen. Die vorwiegend mexikanischen Landarbeiter arbeiten hart in den umliegenden Gemüsefeldern; fast die gesamte Broccoli-Ernte der USA kommt aus dieser Ecke.

Alsbald jedoch kehrt der Highway zur kargen Küste zurück und streift eine Reihe hervorragender Strände: **Zuma Beach** (beliebt bei Beach-Volley-Ballern und FKK-lern), Malibu Surfrider Beach, Leo Carrillo und Point Dume State Park, bis er sich in Pacific Palisades und Santa Monica in den Siedlungsraum Los Angeles einmischt.

Der angebrochene Tag bietet noch viele Möglichkeiten. Am einfachsten ist es, sich den schönen Stränden hinzugeben, in **Santa Monica** etwa mit seinem wieder erstandenen Pier, oder im angrenzenden **Venice**, wo allemal für Entertainment gesorgt ist, ja, das an Wochenenden sogar Kopf steht: *California crazy!* Ein kurzer Bummel auf dem **Ocean Front Walk** erklärt alles.

Venice und Santa Monica können auch hervorragende Shopping-Adressen vorweisen, die zu gemütlichen Einkaufsbummeln verlocken. Erste Wahl in Santa Monica: die **Third Street Promenade** mit ihrem durch und durch europäischen Mix aus Boutiquen, Cafés und buntem Straßentheater. Gleich nebenan der vom Kult-Architekten Frank O'Gehry entworfene Santa Monica Place (für ein paar Stunden kann man hier kostenlos parken).

Auch weiter südlich folgen sehenswerte Badeorte und Strände, etwa **Manhattan Beach**, eine aufgeräumte *beach community* und typische *surfurbia*, Surfer-Stadt. Der inzwischen weltweit beliebte Beach-Volleyball soll hier kreiert worden sein.

Hermosa und Redondo Beach bilden die Übergänge zu allmählich gepflegteren Wohnbereichen, die schließlich in **Palos Verdes** gipfeln, wo man nicht weiß, was man mehr bewundern soll, die herrschaftlichen Villen oder die üppige Blütenkultur ringsum am Fuß des Hügels. Mittendurch führt die Parkstraße – vorbei an Eukalyptus und Oleander. Es gibt einen *vista point* fürs *whale watching*, einen inzwischen beliebten kalifornischen Freizeitsport. Die kurvige Klippenlandschaft bei **Portuguese Bend** führt wieder eine jener neuralgischen Erdrutschzonen vor Augen, von denen die Westküste so reich ist.

**Long Beach**, für viele ein touristisches Mauerblümchen, hat sich in den letzten Jahren doch sehr gemausert. Am Ocean Boulevard gibt es ein paar bauliche Glanzstücke der glorreichen Vergangenheit als Badeort in neuem Outfit zu sehen, die Villa Riviera zum Beispiel; außerdem viel Art déco, Marinas und Strand – ruhiges Wasser, Bötchen und Wasserski: für die gesetzteren Jahrgänge nach der Midlife Crisis. Der zum Hotel gemodelte Luxusdampfer »Queen Mary« in der Nähe passt ins Bild. Doch an den Wochenenden wird's munter, dann fällt die nuckelnde Pepsi-Generation ein und verwandelt auch das betuliche Long Beach in einen kalifornischen Himmel auf Erden.

## 15. Tag: Long Beach

**Programm:**

**Ausflug nach Disneyland in Anaheim oder eine Besichtigungstour durch Beverly Hills (Rodeo Drive) und Hollywood (Sunset und Hollywood Blvd.).**

Auf zu den Mickymäusen! *Go with the flow,* sagen sich die meisten Angelenos auf dem Freeway, und das heißt, sich und andere nicht verrückt machen, nicht rasen, nicht bummeln, halt so fahren wie alle. Ratschläge wie diese kann man gut gebrauchen, wenn es nach **Disneyland** geht, denn die Fahrt ins Märchenreich beginnt erst einmal mit der harten Wirklichkeit einiger Freeway-Meilen bis Anaheim, der ehemaligen Mutterkolonie von Südkalifornien – übrigens 1858 von Deutschen gegründet.

Danach kann man entspannt ins weltberühmte Reich der Mäuse schlüpfen, nach Disneyland, der Nummer eins unter den Top-Themenparks der USA. Lästerzungen halten ganz L.A. für ein Disneyland, für eine perfekte Illusionsmaschine. Wie auch immer, schon die Größe der Parkplätze lässt ahnen, was jedem der jährlich mehr als 15 Millionen Besucher in der Wunderwelt auf der 30 Hektar großen Fläche bevorsteht: Unterseefahrten, Gorilla-Attacken im Dschungel, magenumstülpende Berg-und-Tal-Fahrten, Raumfahrt-Kicks und viel, viel Coke und *ice cream* oder der Horrortrip à la »Indiana Jones«, dem Jäger des verlorenen Schatzes.

Wer sich einen Eindruck von der Größe und Vielfalt des Siedlungsraums Los Angeles verschaffen möchte, dem reiht der **Sunset Boulevard** die Stadtteile wie die Perlen einer Kette auf. In seiner vollen Länge reicht er vom Pueblo zum Pazifik, von Downtown Los Angeles bis zum Meer. Aber man kann ihn auch in umgekehrter Richtung fahren: vom Pacific Coast Highway hinauf nach Pacific Palisades, durch das mondäne Brentwood, am neuen Getty Center und an der Universität von Kalifornien in Westwood (UCLA) vorbei nach Beverly Hills.

Die Fahrt durch **Beverly Hills** erlaubt zumindest flüchtige Blicke aufs Wohnen im Paradies, ein weitgehend menschenleeres allerdings, denn außerhalb der Geschäftsstraßen kann von einer belebten Stadt kaum die Rede sein. Allenfalls an den Bushaltestellen menschelt es: mexikanische Gärtner, Kindermädchen und Haushälterinnen unterwegs von bzw. zu ihren Arbeitsplätzen. Umso mehr bauliche Stilblüten passieren Revue: Villen mit klassizistischen Säulen, im Hacienda-Look oder als plastischer Mix aus Antonio Gaudí, Jugendstil und Buttercremetorte. Man kauft, reißt ab, baut neu. So wuchern die Immobilien des

## 15. Tag — PACIFIC COAST HIGHWAY

Neuen Geldes, der TV-Produzenten, Talkshow-Stars und der Sultans-Verwandtschaft aus Brunei. Ein paar der älteren Anwesen stammen noch aus der Frühzeit Hollywoods, als man sich seine Villa von Studiohandwerkern bauen ließ. Kein Wunder, dass die meisten wie Filmrequisiten aussehen.

Das Preisniveau am hochkarätigen **Rodeo Drive** (kleiner Abzweiger vom Sunset Blvd.) kann man meist schon an den geparkten Karossen ablesen – Mercedes, BMW und RR haben die Nase vorn. Sehenswert sind auf jeden Fall das geschmackvolle Shopping Center der Rodeo Collection und der mediterran anmutende Fassadenkorso von Two Rodeo Drive.

Weithin grüßt normalerweise schon der Name HOLLYWOOD am Berghang, das längst zum Wahrzeichen der ehemaligen Filmgemeinde geworden ist. Hauptachse der Zelluloid-Metropole ist der **Hollywood Boulevard**, in dessen Nähe der Rundbau des Capitol Records Building einen unübersehbaren Akzent setzt. Ansonsten aber muss man die Reminiszenzen aus dem alten Film-Mekka zwischen den Souvenirshops, Ramschläden und McDonald's mit der Stecknadel suchen: den unverwüstlichen Künstlertreff »Musso & Frank«, das einst berühmte Premierentheater »Egyptian Theatre«, den »Walk of Fame« mit seinen rund 2 000 Messingsternen auf dem Bürgersteig, die die Namen der Großen aus dem Showbusiness festschreiben. Ja, und das exotische **Chinese Theatre**.

Das leicht desolate Image des Stadtteils wird nach und nach geliftet. Geschäftsleute und Anlieger des Hollywood Boulevard haben sich zu einer Interessengemeinschaft zusammengeschlossen, die sich um die Sanierung historischer Bauten und ein einladenderes Straßenbild kümmert.

*Stark: Muscle Beach in Venice*

## 16. Tag: Long Beach, CA – Barstow (Calico) – Las Vegas, NV (ca. 460 km)

**Route:**
I-710 nach Norden zur I-10 (Santa Monica Fwy.), diesen nach Osten, I-15 nach Norden über Victorville nach Barstow; kurz hinter Barstow Abzweiger zur Calico Ghost Town; Weiterfahrt über I-15 nach Las Vegas.

*Service & Tipps:* Bars, Nachtclubs, Restaurants und Shows gibt's in Las Vegas wie Sand in der Wüste, zum größten Teil innerhalb der großen Casino-Komplexe. Ein paar gute Restaurants (Spago und Palm Restaurant z. B.) erwarten Sie in den Forum Shops von Caesars Palace, in dem es auch eine schicke Bar mit Live-Entertainment gibt: Cleopatra's Barge.

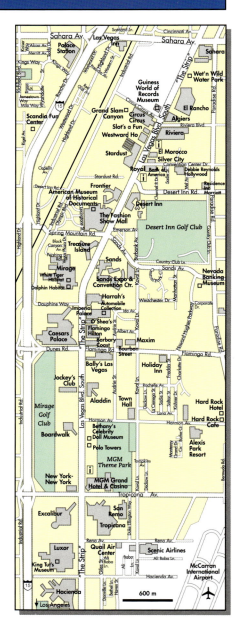

Dass L.A., das sich im Namen so gern kurz und bündig gibt, in Wirklichkeit wie ein Pfannekuchen aufgegangen ist, kann man am besten ermessen, wenn man von der Küste aus nach Osten fährt, wie es der Santa Monica Freeway und nach ihm der San Bernardino Freeway, in den er übergeht, tun – eine Ende der Stadtlandschaft ist lange nicht in Sicht.

Zwischen den San Gabriel und den San Bernardino Mountains führt der dramatische Cajon Pass (1 277 Meter) aus dem Los Angeles Basin auf das Hochplateau der Mojave-Wüste. Und prompt grüßt die meist stachelige Flora durchs Autofenster: Kakteen (Yuccas zum Beispiel), *sagebrush* und *Joshua trees* mit ihren ulkigen Armen, Bäume, die an vielarmige Leuchter erinnern.

Kurz hinter Barstow gewährt die adrett hergerichtete Geisterstadt **Calico** einen Blick in die Ära des Wilden Westens. Das ehemalige Bergwerksnest, in dem einst (1881) die reichsten Silberfunde Kaliforniens zutage gefördert wurden, wartet mit

# 16. Tag     PACIFIC COAST HIGHWAY

einem hauptamtlichen Sheriff und zünftigen Saloons auf – auf jeden Fall mit guter Luft und meistens gutem Wetter.

Nach unzähligen Telefonleitungen, ein paar Salzseen und einigen Etablissements, die Las Vegas Kunden abspenstig machen möchten, nimmt sie dann langsam Gestalt an, die »Welthauptstadt des Glücksspiels«, **Las Vegas**. Lange begrüßte die »Entertainment Capital of the World« den Besucher mit zwei riesigen Neon-Ikonen: der kessen »Vegas Vicky« und ihrem Pendant, dem schmauchenden Cowboy »Vegas Vic«. Beide glitzern noch heute an den Casinofassaden der Fremont Street.

Inzwischen aber sind andere Blickfänge aufgetaucht: die neuen Mega-Resorts. Sie brüsten sich als Pyramiden, als komplette Skylines (»New York – New York«) mit Sphinxen und Löwenmähnen oder befinden sich noch in lärmenden Geburtswehen – als klaffende Baustellen für weitere Hotelklötze, einer größer als der andere: Seit 1990 ist Las Vegas von allen US-Städten am schnellsten gewachsen, denn es boomt im Glücksspielfieber!

Das schüttelt schon eine Weile die ganze Nation und beschert der Freizeitindustrie die höchsten Zuwächse. Jenseits der etablierten Zockerparadiese in Nevada (Las Vegas, Reno) und New Jersey (Atlantic City) schießen landauf, landab neue Casinos wie Pilze aus dem Boden. Wo Staaten dies (noch) verbieten, nutzen die Indianer ihre Chance und setzen ebenso clever wie erträglich auf den entfesselten Spieltrieb des Weißen Mannes. *Rien ne va plus?* Im Gegenteil: *everything goes*. Und zwar in Kalifornien ebenso wie in South Dakota, in Connecticut oder auf dem Mississippi *(riverboat gambling)* in Louisiana. Erlaubt ist in den Reservaten schließlich alles, was nicht gegen Bundesgesetz verstößt. Und das tut das Glücksspiel nun mal nicht; es untersteht lediglich der Gesetzgebung des einzelnen Staates.

Kein Wunder, dass Las Vegas bei so viel Konkurrenz im Nacken auftrumpfen muss, um den Spitzenplatz unter den Entertainment Cities zu halten. Was hier zuletzt auf die Beine gestellt wurde, degradiert andere Fantasy-Hotels landesweit zu kleinen Fischen. Nirgendwo sonst in den USA gedeihen die Metastasen der Freizeitkultur so perfekt wie derzeit in Vegas. Und das rund um die Uhr. Unvorstellbar, dass die Stadt einmal als bescheidene Mormonensiedlung begann. Greater Las Vegas bringt es jetzt fast auf 2 Millionen Einwohner, ganz Nevada (der derzeit von allen Bundesstaaten am schnellsten wachsende Silver State) auf 2,6 Millionen.

Trends kommen hier und gehen wie im Taubenschlag. Nach ein paar Jahren der Familienfreundlichkeit mit Futterkrippen, Verwahranstalten und Spielecken als kindliche Unterhaltung mit Vergnügungsparks und Wasserspäßen, Videospielen und Piratenshows mit Schiffeversenken gefragt war, ist inzwischen wieder mal etwas mehr Verruchtheit angesagt. Man kehrt zurück zum Image von »Sin City«, von einem elektronischen Sodom und Gomorrha, nicht zuletzt auch, um sich gegen die Sexangebote der Untergrunds besser behaupten zu können.

Ob Kindertagesstätte oder Revier für Nachtschwärmer, in jedem Fall bleibt die Stadt ihren vollen Reiseeinsatz wert: *Faites vos jeux!*

## 17. Tag: Las Vegas

**Programm:**

**Ausflug zum Lake Mead und Hoover Dam (US 95/93 bis Henderson, dort Hwy. 147 links und Hwy. 166 vorbei am See zum Colorado River und Staudamm); auf der Rückfahrt in die Stadt könnte ein kleiner Umweg am See entlang zur rötlichen Felswelt des Valley of Fire State Park für Abwechslung sorgen (vom Hoover Dam: US 93 zurück, S 166 rechts S 147/169 wieder rechts und in den Parkeingang linker Hand); der Hwy. 169 führt durch den Park und erreicht zuletzt die I-15, die den Kreis bei Las Vegas wieder schließt.**

**Alternative: ein Hubschrauberflug zum Grand Canyon.**

Ein Tag in **Las Vegas** kann sehr verschieden aussehen. Kein Problem, ihn im Stil des *dolce far niente* am erfrischenden Pool zu verbringen, beim Shopping oder auf einem Ausflug in die attraktive Umgebung, zum Lake Mead und zum Hoover Dam. Wer die Sache von oben sehen möchte, fliegt mit einem Helikopter in die Lüfte und genießt den »Strip« aus der Vogelperspektive.

Aber auch am Boden kann man sich den glamourösen Traumwelten hingeben. Und warum nicht bei den **Forum Shops** beginnen? Diese Ladeninszenierung im Caesars Palace gehört zweifellos zu den elegantesten und unterhaltsamsten Malls in den USA: mit Läden vom Feinsten, verlockenden Restaurants, üppigen Brunnen und einem blauen Kunsthimmel voller gemalter Schönwetterwölkchen. Die Gaumenfreuden, die in den zahlreichen Bistros zum Lunch angeboten werden, sind nicht von schlechten Eltern und die beste Voraussetzung für einen entspannten Nachmittag am Pool, eine Massage, ein wohliges Dampfbad oder andere Finessen der Erholung, die Las Vegas' Jungbrunnen tagsüber bereithalten. Sie alle taugen dazu, die Zeit bis zur einbrechenden Dunkelheit aufs Angenehmste zu verkürzen.

Denn erst dann wacht Vegas auf, knipst seine Lampen an und bringt die Skyline der Neons zum Glühen und Blinken, zum Flackern und Flitzen. Sie laufen rauf und runter, springen vor und zurück und explodieren. Wie verheißungsvolle Sterntaler begleiten sie die Glücksritter auf ihren fliegenden Teppichen durch die imaginären Wunderwelten.

Egal, in welcher Richtung oder Reihenfolge man durch die bunten Kathedralen des Glücksspiels treibt, jeder Corso durch Las Vegas führt letztlich nach innen – meist schwerelos eingesaugt von den Förderbändern der *people mover*.

**Treasure Island** ist von der Romanwelt der »Schatzinsel« des Robert Louis Stevenson beflügelt und hat am Eingang ein Seeräubernest inszeniert. Hier liefern sich zwei Oldtimer-Schiffe spritzige Seegefechte. Wem Klamauk dieser Art zu grob erscheint, der wird sich sicher nebenan im opulenten **Mirage** wohl fühlen, in jenem ersten der neueren Fantasy-Hotels, die Las Vegas wieder in die Schlagzeilen gebracht haben. Nach Anbruch der Dunkelheit, pünktlich alle halbe Stunde, poltert hier mit lautem Getöse ein Vulkan los und ergießt seine vermeintliche Lava in die Lagune zu seinen Füßen.

Ansonsten bietet das Mirage ein Gehege, in dem sich die weißen bengalischen Tiger gelangweilt rekeln.

Ein gewaltiger Löwenkopf bildet den Eingang zum kolossalen **MGM Grand Hotel & Casino**, dem drittgrößten Resortkomplex der Welt. Die Bettenburg des **Excalibur** ähnelt von außen einer mittelalterlichen Burg, wie man sie von Nürnberger Lebkuchendosen her kennt. Die Rolltreppen am Eingang senken nicht nur die Wüstenhitze auf Eiseskälte ab, sondern wirken wie eine Zeitmaschine: Mit einem Schlag steht sie da, die bunte Pappmaché-Welt eines aus Sperrholzkästen geschnitzten Mittelalters. King Arthur lässt grüßen! Während noch die Lüster als wehrhafte Burgen an der Decke baumeln, fordert am Boden die Neuzeit ihren Tribut an den Spielgeräten.

Nebenan liegt das **Luxor**. Ägyptologen ebenso wie New-Age-Jünger werden gleichermaßen Gefallen finden an dieser schwarzen Glaspyramide (1993) mit einem gigantisch dimensionierten Atrium, aus deren Spitze nachts ein Lichtstrahl gen Himmel schießt. Bei Dunkelheit gleicht der dem Vorbild der Cheopspyramide nachempfundene Koloss einem soeben gelandeten Raumschiff.

Von den Hochgefühlen, die Las Vegas herbeikitzelt, profitiert auch die Hochzeits-Industrie. An die 120 000 Besucher pro Jahr schließen hier den Bund fürs Leben, d.h. alle paar Minuten verspricht sich in Las Vegas ein Paar die ewige Treue. So unbürokratisch die Amtshandlung, so variantenreich sind die Zeremonien. Autofans können ihre Hochzeit im Drive-in-Stil feiern: Einige Kapellen halten für mobile Paare eigens ein *Drive-Up Wedding Window* offen – *easy come, easy go.*

Die diversen Shows in den Casinos sind allemal ihr Geld wert, Las Vegas ist unumstritten die Welthauptstadt der professionellen Top-Shows. Ob »Cirque du Soleil Mystère«, »Folies-Bergère«, »Lord of the Dance« »Enter the Night«, »The Winds of the Gods«, »Spash« oder »Starlight Express« – sie alle zeigen Klasse, ganz zu schweigen von den Auftritten der Superstars wie Celine Dion in Cesars Palace David Copperfield oder von Oldtimern wie Liza Minelli.

Dass Las Vegas über eine attraktive landschaftliche Umgebung verfügt, wird naturgemäß erst deutlich, wenn man die Stadt verlässt. Wer sich nicht mit einem Helikopterflug über den glitzernden »Strip« begnügen möchte, sollte sich eins der zahlreichen Ausflugsziele wählen, etwa **Lake Mead**, der sein wohltuendes Blau dem gleich dahinter liegenden **Hoover Dam** verdankt, weil dieser den Colorado River erst weiterfließen lässt, nachdem er seine Hausaufgaben gemacht hat. Und die bestehen an dieser Stelle in erster Linie darin, dass im energiehungrigen Las Vegas die Lichter nicht ausgehen, aber auch darin, den gestressten Glücksspielern und sonstigen Stadtmüden Sport und Erholung auf dem See zu bieten.

Wer noch weiter und höher hinaus möchte, dem sei ein *Scenic Airline*-Flug zum **Grand Canyon** empfohlen: Millionen Jahre Erdgeschichte auf einen Blick!

## 18. Tag: Las Vegas, NV – Lake Elsinor – Temecula – San Diego, CA (ca. 540 km)

**Route:**

**In Las Vegas: I-15 nach Süden über Baker, Barstow, Victorville, Cajon Pass, I-215 Richtung Riverside und Temecula, weiter I-15 bis San Diego, dort I-8 nach Westen.**

*Service & Tipps:* Sevilla Restaurant & Tapas Bar, 555 4th Ave., Gaslamp Quarter in San Diego: gemütlich und munter, Happy Hour, Tapas etc.; Osteria Panevino, 722 5th Ave. (G St.), ✆ (619) 595-7959, beliebter Italiener, besonders schmackhafte Vorspeisen, auch Pasta-Gerichte sind als Appetizer zu haben.

»Die Mojave ist eine große und erschreckende Wüste. Man könnte meinen, die Natur erprobe die Ausdauer und Beharrlichkeit eines Menschen, ehe sie ihn für gut befindet, ihn nach Kalifornien zu lassen«, hat John Steinbeck einmal geschrieben. Ein Großteil der heutigen Reise geht, wie bereits auf der Hinfahrt, durch die Hoch-Wüste, bis sich der Highway durch den **Cajon Pass** hinab ins Los Angeles Basin senkt.

Für die vielen frühen (und späten) Siedler und Neuankömmlinge überwand er die letzte Hürde menschenabweisender Bergwände und öffnete das Tor zum Schlaraffenland der Orangenhaine, Weingüter und Salatfarmen, jenes Gelobten Landes also, von dem es immer wieder hieß, hier flössen Milch und Honig. Indianer, spanische Entdecker und Missionare, Pioniere, Jedediah Strong Smith und Kit Carson – sie alle wählten genau dieses Nadelöhr auf ihrem Weg ins Mega-Tal, in dem inzwischen San Bernardino, Pasadena, Santa Monica und Dutzende andere Städte Platz genommen haben.

Die rapide Abfahrt entwickelt sich besonders bei Gegenlicht zu einem hinreißenden Erlebnis. Die gewaltigen Felsmassen der San Gabriel und San Bernardino Mountains,

*Spanische Glocke an der San Diego Mission*

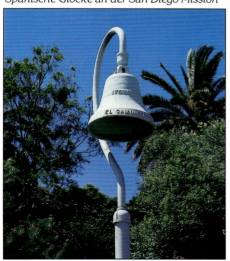

vom Dunst in zarte Grautöne getaucht, wirken entgegenständlicht wie Traumsilhouetten – eine massive Gebirgsstaffel, vom Licht zerlegt in dünne Lagen Seidentücher. Dann aber, auf einmal, kommt es knüppeldick: gelbliche Smogluft. Das war mal anders.

Die Liebe zu den Orangen hat das 1851 von Mormonen gegründete San Bernardino und andere Siedlungen im Tal am Anfang des 20. Jahrhunderts gedeihen lassen. Durch die goldenen Haine seines riesigen Obstgartens reifte sein Ruf zum »Orange Empire«. Als jedoch die Baulöwen und Immobilienhaie aufkreuzten, wurden die Gärten planiert. In den 1960er Jahren taufte man deshalb clever um: aus dem »Orange Empire« wurde das »Inland Empire«.

Weiter geht die Fahrt durch das Hinterland des Küstengebirges von Südkalifornien, vorbei am **Lake Elsinor** und Escondido. Wenn alles klappt, erreicht man am Nachmittag **San Diego**, die südlichste Stadt der Reise, und endlich den Strand. Schluss mit den Wüstenträumen! Alles, was jetzt zählt, liegt in der Nähe des kühlen Flutsaums: die Brandung, der Sand, die Möwen.

Verwöhnt von Sonne und sanften Brisen, gut situiert zwischen Küste und Wüste, dem Meer und Mexiko, hat San Diego, die Geburtsstadt Kaliforniens und heute dessen zweitgrößte, in den letzten Jahren Punkte gesammelt. Millionen Besucher wollen sich davon jährlich ein eigenes Bild machen: Nach Industrie und Militär besetzt der Tourismus Rang drei auf der Wirtschaftsskala.

Großstädtische Probleme scheinen hier besser im Griff als in anderen kalifornischen Metropolen: Smogbelastung, Kriminalität, Stadt- und Regionalplanung. »San Diego wird immer schöner«, schwärmen nicht nur Lokalpatrioten, sondern längst auch Gäste, die früher die Stadt für den Alterssitz wohlhabender Rentner und Marineoffiziere a.D. hielten und deshalb lieber links liegen ließen. Vorbei. Eine beinah leichte Lebensart durchweht die Hafenstadt, die mit ihren drei Millionen Einwohnern mit urbanen Qualitäten ebenso aufwartet wie mit viel Auslauf und Entspannung.

## 19. Tag: San Diego

**Programm:**
- **Bummel durch das Gaslamp Quarter und/oder den Balboa Park**
- **Ausflug nach Mexiko (Tijuana)**
- **Besuch bei Sea World of California**
- **Erholen an den schönsten Strände**

> ***Service & Tipps***: Balboa Park, von Downtown 12th St., dann Park Blvd., dort u.a. Reuben H. Fleet Space Theater and Science Center (Thema Raumfahrt) und San Diego Museum of Art, 1450 El Prado, auch der Zoo liegt im Park. – Sea World of California, 500 Sea World Dr., Mission Bay: im Sommer tägl. 9 Uhr bis Sonnenuntergang, sonst kürzer: Maritime Shows und Entertainment – Shamu, der Killerwal, Seeotter, Delphine, Seelöwen und Pinguine, besonders für Kinder ein Riesenvergnügen. Dinner: Trattoria Aqua, 1298 Prospect St., La Jolla: luftiges, verwinkeltes Holzlabyrinth mit Blick auf den Pazifik bei schmackhafter italienischer Kost ($$).

Besonders in Downtown, lange ein Sorgenkind, hat **San Diego** Hausputz gehalten. Das Herzstück, die verspielte **Horton Plaza**, wirkt, als hätten italienische Renaissance, Art déco und die nautische Formensprache gemeinsam Pate gestanden: So munter mixt der Shoppingkomplex Bullaugen, Kommandobrücken, Bögen und Pfeiler, Neon und Metall.

Umgeben ist die farbenfrohe Mall von dem gefällig sanierten **Gaslamp Quarter**, einigen Straßenblocks mit viktorianischen Fassaden, hinter denen gemütliche Cafés, schicke Restaurants und Läden nisten. Abends kommen noch ein paar *adult video shops* ans Licht: Relikte des ehemaligen *red light district*, dem in erster Linie die Seemänner beim Landgang zugetan waren.

Von der denkmalgepflegten Konsumszene zur grünen Bühne für den Freizeitspaß, zum **Balboa Park**: Die Straßenbahn *(trolley)* bringt Sie bequem dorthin. Vor allem an Sonntagen ziehen die San Diegans in Scharen in diesen weitläufigen Volksgarten, um es sich gut gehen zu lassen – mit Kind und Kegel, Fahrrad und Grillwürstchen. Mitten in der Großstadt vereint der Balboa Park Museen, Theater, Gewächshäuser und einen Weltklasse-Zoo.

Die meisten Dekorbauten sind Überbleibsel der Panama-California-Weltausstellung (1915/16) oder stammen noch aus den 1930er Jahren von der California Pacific Exposition. Musikanten, Tarotspieler und Handleser – für Entertainment unter freiem Himmel ist gesorgt. Wäre da bloß nicht die Einflugschneise des Flughafens, der, eben weil er so praktisch in der Nähe liegt, niemanden so wenig stört wie die San Diegans. Das mag der Grund dafür sein, dass er bleibt, wo er ist: viel zu dicht an der Stadt und für internationale Flüge nicht ausbaufähig.

Unternehmungslustige mögen vielleicht einen Blick über die Grenze werfen: Mexiko liegt in San Diego gleich um die Ecke, genauer gesagt die Großstadt **Tijuana**. Entweder benutzt man die Straßenbahn oder das Auto bis zur Grenze. Von dort geht es per Bus oder Taxi in die Innenstadt. Besonders am Spätnachmittag entfaltet die Zweimillionenstadt peu à peu ihr Doppelgesicht: ihr farbig-grelles Geschäftsleben, und, bei Einbruch der Dämmerung, des Zwielichts und der Dunkelheit, ihr Nachtleben – mit Cantinas und Neons, Mariachi und Mädchen.

Der Grenzübergang zeigt Sofortwirkung. Gerüche, Abgase und Straßenlärm, aber auch reihenweise Zahnärzte (weil sie erheblich billiger sind als die US-Kollegen) machen schlagartig klar, dass dies hier Mexiko ist. Kein Land auf Rädern, sondern eines zu Fuß. Mit gelegentlichen Problemen, versteht sich, denn man muss schon ab und zu ein Auge auf die Bordsteine und Straßen werfen – sie sind voller Tücken, haben Löcher und Brüche: ein Krater- und Absturzterrain für hohe Absätze und schwache Knöchel.

Das Leben im Zentrum der Stadt, die Auslagen und Angebote zeigen unmissverständlich, wie weitgehend Tijuana vom großen Nachbarn lebt – von dessen Touristen, die sich ab und an mal einen Katzensprung in ihre Klischeewelt der *burros* und *sombreros* leisten. Das geht nicht ohne Obolus an die zahllosen Bettler – gitarrenspielende Kinder, Frauen mit Säuglingen und Greise. Alle entlarven den Besucher sofort als Geldquelle für die Kurtaxe der Dritten Welt.

Tijuana ist, vom Stierkampf oder dem rasanten Schlagstockspiel des Jai Alai einmal abgesehen, vor allem wegen seiner Zwitterstellung am »Tortilla-Vorhang« erstaunlich, wegen seines vielfältigen Changierens zwischen einem auf die USA ausgerichteten Waren- und Dienstleistungsangebot und einem lokalen Marktplatz, zwischen penetranter Folklore und desolatem Alltag, Dollars und Pesos.

Wer später ernsthaft behaupten will, in San Diego gewesen zu sein, der muss vor allem eins gesehen haben: **Sea World of California**, das lebende Wassergesamtkunstwerk aus und mit dressiertem Meeresgetier, dessen ausgefeilte Kunststücke im Zusammenspiel mit der Akrobatik der Wasserski-Truppe alle Zweifel über die Berechtigung der happigen Eintrittspreise zerstreut.

San Diego lockt mit vielseitigen Küstenpartien – steilen und steinigen (z.B. Sunset Cliffs), flachen und sandigen (z.B. Mission, Pacific Beach). Die Küste im schicken **La Jolla** liegt unter schönen Palmen. Sie gilt als populärer Familientreff und liefert zugleich eine tägliche Sportschau: Taucher (Unterwasser-Canyons), Surfer, *boogie boarders* (Surfer mit halbhohen Schaumstoffbrettern), Schwimmer und Strandläufer.

Entschließt man sich zum Besuch der Coronado-Halbinsel und ihrer Sandstrände, wird man das unübersehbare **Hotel del Coronado** nicht auslassen, jene ebenso ornamentfreudige wie voluminöse Holzarchitektur aus viktorianischen Tagen. Dieses Flaggschiff der kalifornischen Hotelbranche verdankt seine Entstehung (1880) dem Wunsch eines Eisenbahnmagnaten, der sich ein Lustschloss im europäischen Stil in die Neue Welt holen wollte.

*Flaggschiff der Branche: Hotel del Coronado auf der gleichnamigen Halbinsel*

# 2. Best of the West
## Kalifornien und der Südwesten der USA

Wer gern viele Nationalparks im Südwesten der USA auf die Reihe bekommen möchte, aber dafür nicht allzu viel Zeit mitbringt, für den ist die folgende Route optimal ausgelegt. Das Filetstück der kalifornischen Küste (Big Sur), der atemberaubende Grand Canyon, das glühende Tal des Todes und die schneebedeckten Sierras stehen ebenso auf dem Programm wie eine Reihe attraktiver Städte: das mondäne Scottsdale (Phoenix), das ins Gigantische wachsende Las Vegas, good old San Francisco und das verrückte Los Angeles.

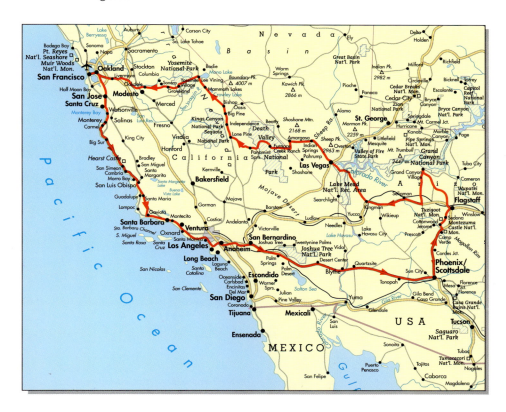

**Informationen:**

**California Division of Tourism**
Vgl. 1. Route, S. 130.

**Las Vegas Visitors Authority**
Vgl. 1. Route, S. 130.

**Arizona Office of Tourism**
c/o Get it Across
Neumarkt 33
50667 Köln
℡ (02 21) 233 64 08
Fax (02 21) 233 64 50
www.arizona-guide.com

BEST OF THE WEST                                                1. Tag

**Gesamtlänge:** 3 480 km (ohne Stadtfahrten)

**Reisedauer vor Ort:** 15 Tage

**Reisezeit:** Frühsommer und Herbst. Achtung: der Tioga Pass im Yosemite National Park ist meist lange zugeschneit und geschlossen, in der Regel von Mitte November bis Ende Mai, manchmal aber auch bis in den Juni hinein. Dann muss man zwischen Death Valley und Yosemite die Alternativroute (über Bakersfield) nutzen. Plant man mit dieser von vornherein, dann ist die Rundreise ganzjährig befahrbar – im Winter sogar mit dem Vorteil angenehmer Temperaturen im Süden und im Death Valley.

**Route:** Los Angeles, CA (Ankunftstag); Los Angeles – Anaheim – Palm Springs; Palm Springs – Phoenix/Scottsdale, AZ; Scottsdale; Scottsdale – Flagstaff; Flagstaff – Grand Canyon National Park; Grand Canyon – Las Vegas, NV; Las Vegas – Death Valley National Park; Death Valley National Park – Yosemite National Park, CA; Yosemite National Park – San Francisco; San Francisco; San Francisco – Monterey; Monterey – Ventura Beach; Ventura Beach – Los Angeles; Los Angeles (Rückflug)

## 1. Tag: Ankunft in Los Angeles

Wer beim Landeanflug auf **Los Angeles** einen Blick aus dem Fenster wirft, dem wird eins sofort klar: Diese Stadt ist wie ein gigantischer Pfannkuchen aufgegangen. Rund 15 Millionen Menschen leben hier verstreut auf einer Fläche so groß wie das Ruhrgebiet oder Schleswig-Holstein. »Los Angeles? Nein, danke!« hört man deshalb immer wieder, nicht nur von Europäern, auch von Amerikanern. Sie fühlen sich geschockt und genervt von

den monströsen Ausmaßen eines Siedlungsraums, in dem 168 Städte fließend ineinander übergehen, von den vielen Autos, den oft menschenleeren Straßen.

Aber L.A. hat immer schon die Gemüter erregt und polarisiert. Die Fans glorifizieren die Metropole der Massenkultur als goldene Beach-Boys-Welt aus Sonne, Sand und Surf, als Inbegriff des kalifornischen Traums. Kritische Geister dagegen geißeln sie als energiefressende Stadtmaschine, als einen Moloch aus Freeways und Smog, aus verstopften Verkehrs- und Atemwegen. Realisten mögen's lapidar: Millionen Angelenos können nicht irren, sagen sie.

Wie auch immer. Fest steht, dass die Stadt ihren Besuchern keinen roten Teppich ausrollt. In den »Big Apple« New York kann man, trotz seiner Größe, gleich reinbeißen. In die »Big Orange«, wie L.A. sich nennt, keineswegs. Man muss sie erst schälen. Nur

168

1./2. Tag                                                                                           BEST OF THE WEST

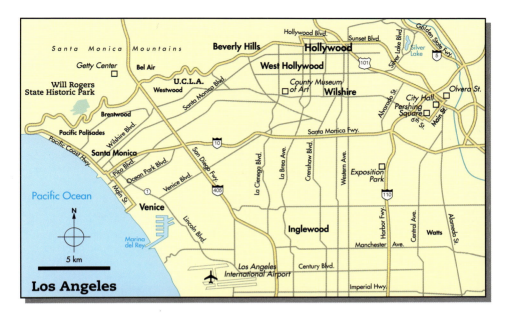

dann besteht die Chance, dass sich Vorurteile lösen und Energien, Innovationen und jene Kreativität, mit der man hier von jeher Althergebrachtes ad acta legt, freigesetzt werden.

»Los Angeles..., man kann sich hier amüsieren wie mit einem Kaleidoskop: ein kleiner Stoß mit der Hand – und schon geben die bunten Glasstückchen die Illusion einer neuen Rosette«, schrieb einst Simone de Beauvoir. Kein Zweifel, diese Stadt hat mehr zu bieten als die vielen Abziehbildchen, die von ihr weltweit im Umlauf sind.

## 2. Tag: Los Angeles – Anaheim – Palm Springs (ca. 240 km)

**Route/Programm:**
Von Downtown L.A. ca. 40 km über I-5 (Santa Ana Fwy.) nach Südosten, Ausfahrt Ball Rd. oder Katella Ave., danach ausgeschildert Disneyland (1313 S. Harbor Blvd.); weiter nach Palm Springs über Santa Ana Fwy. (I-5) Richtung Südosten, Orange Fwy. (57) nach Norden, San Bernardino Fwy. (I-10) nach Westen bis US 111: dort rechts ab nach Palm Springs.

*Service & Tipps:* Abends in Palm Springs, Las Casuelas Terrazza, 222 S. Palm Canyon Dr.: für eine erfrischende Margarita und/oder mexikanische Küche ($$); Johannes, 196 S. Indian Canyon Dr., leichte eklektische Küche auf hohem europäischen Niveau in attraktivem 1950er-Jahre-Dekor. Sehr differenzierte Weinauswahl ($$–$$$).

169

In L.A. gewesen zu sein und Disneyland nicht besucht zu haben halten viele fast für eine touristische Todsünde. Doch gemach! Schließlich gibt es böse Zungen, die behaupten, ganz Los Angeles sei wie Disneyland. Was auch immer, 15 Millionen Besucher jährlich im Reich der Mäuse können nicht irren – ein Besuch in **Disneyland** gehört ganz einfach zum kalifornischen Einsteigerprogramm.

Vom Mega-Fun-Park geht es weiter: in die Wüste. Etwa in Höhe von Pomona erreicht der Orange Freeway den großen Bruder, den San Bernardino Freeway, der sich nahezu endlos durch die östlichen Städte der Megalopolis zieht. Einst reiften hier nur Orangen glücklich vor sich hin und machten das Tal bis hin zur US-Ostküste als Paradies auf Erden berühmt; doch über die Jahrzehnte breiteten sich andere hier aus: Grundstücksagenten und Immobilienmakler.

Schließlich öffnet sich das **Coachella Valley**, das (linker Hand) erst einmal eine kuriose Überraschung auf Lager hat, denn bei **Cabazon** haben neben einem Truck-Stop zwei Dinosaurier Platz genommen, zwei grünliche Zement-Monster am Highway, in jahrelanger Kleinarbeit erstellt. Einer der groben Kerle trägt einen kleinen Souvenirladen in seinem Bauch, in den vor allem die Kinder gern hineinkrabbeln.

Kurze Zeit später, südlich der Interstate: **Palm Springs**, eine Art Königswinter Kaliforniens, ein in die Jahre gekommener, aber gleichwohl äußerst erholsamer Wüstenkurort, in dem die Indianer (seit Jahrhunderten) Heilkraft aus heißen Mineralquellen ziehen. Einst als Refugium und Tummelplatz zahlreicher Hollywoodstars gepriesen, spielt der Ort nach wie vor seine Rolle als Naherholungsziel für die gestressten Angelenos.

Dabei hält der die meiste Zeit des Jahres schneebedeckte Mount Jacinto den ruhebedürftigen Wüstenfüchsen die Küstenwolken vom Leibe. Wer abends noch über den **Palm Canyon Drive** schlendert, der wird häufig eine fast europäisch anmutende Flaneur-Szene antreffen. Die warme wohlige Luft, das letzte violette Licht und das Gefühl einer gewissen Zeitlosigkeit lassen etwas von der seltsamen Anziehungskraft des Ortes ahnen, die ihm trotz mancher wirtschaftlichen Krisen bis heute treu geblieben ist.

## 3. Tag: Palm Springs, CA – Phoenix/Scottsdale, AZ (ca. 440 km)

**Route:**

**Auf Indian Canyon Dr. zur I-10, diese nach Osten: über Indio, Blythe und Quartzsite nach Phoenix/Scottsdale.**

**Alternative:**

Umweg durch den Joshua Tree National Park. Route von Palm Springs: Indian Canyon Dr. durchs Tal bis Desert Hot Springs, dort auf die S 62 und beim Ort Joshua Tree in und durch den Park Richtung Cottonwood Visitor Center und von dort aus wieder auf die I-10. (Zusätzlich 2–3 Std., einschließlich einer ausgedehnten Wanderung. Zeitrahmen: 8.30 Uhr ab Palm Springs, 16.30 Uhr in Phoenix/Scottsdale.)

*Service & Tipps:* Frühstück in Palm Springs bei Starbucks Coffee, Tahquitz & S. Palm Canyon Dr. Für den Abend in Scottsdale: Z Tejas Grill, 7014 E. Camelback Rd. (Scottsdale Fashion Square), © (480) 946-4171, www.ztejas.com: Lecker und lebhaft. Süd-Südwest-Küche unter dem Motto »Dining South by Southwest« – von Voodoo-Thunfisch bis zur *Navajo Roll* ($–$$).

Durch den Wald der Windturbinen führt der Indian Canyon Drive zur Interstate, die das Coachella Valley in seiner gesamten Länge durchzieht. Östlich von Indio, der Metropole der Dattelpalmen, wird die Mojave-Wüste immer einsamer, und nur ihre typischen pflanzlichen Bewohner sorgen hin und wieder für etwas Abwechslung: Wüstensträucher wie *cholla, ocotillo* und die grünen *Paloverde*-Büsche. Dass sie hier so munter wachsen können, dafür ist der staatliche Naturschutz in dieser so genannten *California Desert Conservation Area* zuständig.

Bei **Blythe** ist die Grenze erreicht, denn der **Colorado River** trennt Kalifornien von Arizona. Nach Ehrenberg folgt **Quartzsite**, ein ehemaliges Goldgräberkaff, das sich in den Wintermonaten zur Heimstatt von Hunderttausenden von *snowbirds* mausert, mobilen Rentnern, die hier in ihren Wohnwagen parken, um den kälteren Nordregionen zu entkommen.

Es dauert nicht lange, bis sich die ersten *Saguaro*-Kakteen zeigen, jene langarmigen, stachligen Gesellen, die praktisch in jedem Westernfilm auftauchen, obwohl sie nur auf einem verhältnismäßig begrenzten Terrain des Südwestens wachsen.

Platte Landwirtschaft zu beiden Seiten des Highway begleitet den Rest des Weges nach **Phoenix**. Die ausufernde, durstige Metropole und Hauptstadt Arizonas hat sich mit zwei Millionen Einwohnern zu einer Mega-Oase ausgeweitet, zum *Valley of the Sun*, einem ebenso gnadenlos heißen wie komfortablen Tal aus 23 Städten und Gemeinden, zu dem Rentnerburgen wie Sun City, die Universitätsstadt und das stark von Mormonen besiedelte Tempe ebenso gehören wie die extravaganten Ferienanlagen von Scottsdale.

Wohin man blickt weiße Traumvillen an palmengesäumten Boulevards, überquellende Bougainvilleen und dekorative Brunnen – so verschwenderisch zähmt man die wilde Wüste zu einer gepflegten Wohn- und Freizeitkultur. Ein Hauch von Oman liegt über der von Natur aus knochentrockenen Stadt, in der allerdings die Luftfeuchtigkeit stetig wächst: durch das System der Kanäle, die Wasserspeicher und kühlenden Sprühnebel, die an den Malls durch eine *mass of mist* die Lufttemperatur senken.

Mit üppigen Inszenierungen suchen sich die exklusiven Fantasy-Resorts gegenseitig zu übertreffen. Weder Mühen noch Millionen wurden gescheut, um dem verwöhnten Kurgast auf raffinierte Weise den Himmel auf Erden zu bereiten: illuminierte Pools, heiße Jacuzzi-Becken und rauschende Wassergärten im römischen Stil: »Caracalla West«.

Die markanten Bergrücken am Rande des Tals, die bei klarem Licht so aussehen, als seien sie wie bei der elektrischen Eisenbahn aus Pappmaché gefertigt, nehmen sich im Licht der untergehenden Sonne wie betörende Tableaus einer Wildwest-Oper aus. Sogar bei schlechtem Wetter kann man seine natürlichen Wunder erleben, wenn plötzlich Windböen in die Palmenschöpfe fahren, Regenbogen, Donner und Blitze aufgeboten werden, die zwischen Sonnenuntergang und polterndem Gewitter alles in Bewegung setzen, was vorher wüst und tot schien.

*Palmengarten des Hyatt Hotel, Scottsdale*

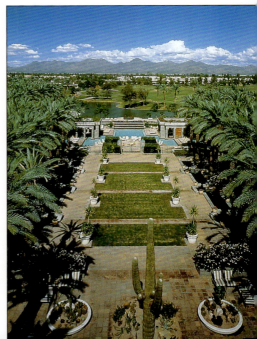

# 4. Tag: Scottsdale

**Programm:**

Vormittag:   Heard Museum in Phoenix oder Shopping Tour in Scottsdale
Mittag:       Lunch (Arizona Center in Phoenix oder Scottsdale Mall)
Nachmittag: Taliesin West (Scottsdale) oder Westernkulisse von Rawhide oder Badefreuden am Pool.

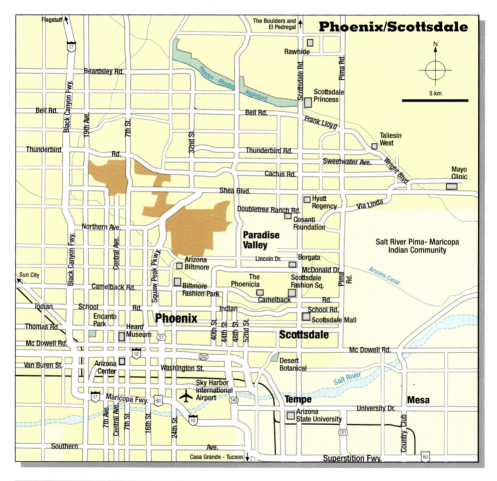

***Service & Tipps:*** The Heard Museum, 22 E. Monte Vista Rd., Phoenix, tägl. geöffnet. Shopping: Borgata of Scottsdale, 6166 N. Scottsdale Rd. (Schmuck und Mode); Scottsdale Fashion Square, 7014 E. Camelback Rd. (renommierte Warenhäuser); Arizona Center, Phoenix, Van Buren

## 4. Tag — BEST OF THE WEST

> St. zwischen 3rd & 5th St.: Highlights & Entertainment; The Frank Lloyd Wright Foundation Taliesin West, Frank Lloyd Wright Blvd. & Cactus Rd., Scottsdale, Führungen, tägl. geöffnet; Rawhide, 5700 W. N. Loop Rd.: Western Town, Steak House und rekonstruiertes Indianerdorf, tägl. ab 17 Uhr.

> **Ausflüge:** Wer das empfohlene Tagesprogramm zu stramm, aber einen faulen Tag am Pool wiederum zu langweilig findet, der kann sich die Wildwest-Vergangenheit der Region ansehen – entweder auf einem Ausflug nach Tucson (hübsche Altstadt: El Presidio Historic District; Arizona-Sonora Desert Museum, vorzügliches Open-Air-Wüstenmuseum; Saguaro National Park: herrliche Kakteenwälder) oder, noch weiter, nach Tombstone (mit deftigen Western-Saloons und dem legendären O.K. Corral, wo einst Sheriff Wyatt Earp einen seiner berühmtesten Showdowns inszenierte). Fahrzeiten: Phoenix – Tucson ca. 2 Std.; Tucson – Tombstone ca. 1 Std.

300 Tage im Jahr, so hat man werbewirksam errechnet, wölbt sich der blaue Himmel über Phoenix und Scottsdale, der Wüstenadresse, unter der extravagante Resort-Oasen zum derzeit wohl komfortabelsten *dolce far niente* des Südwestens verführen.

Beginnen wir in **Phoenix**, jener Metropole, die lange nicht ahnte, dass sie ihrem Namen einmal derartige Ehre machen würde. Lange dümpelte der Ort (1870 gegründet und 1881 inkorporiert) als staubige *frontier town* mit Postkutschen, Saloons und Cowboys, Minenarbeitern und Soldaten vor sich hin. Erst im 20. Jahrhundert, als die Wirtschaftskräfte der großen »C«s – *cattle, copper, cotton, climate, citrus* – von neuzeitlicheren abgelöst wurden, setzte ein ebenso rasantes wie ungeplantes Wachstum ein, das bis heute jenen ausufernden *urban sprawl* geschaffen hat, der vergleichsweise nur noch in Houston oder Los Angeles anzutreffen ist.

Klimakontrolle und ausgeklügelte Wasserversorgung schafften letztendlich die Voraussetzung für das Gedeihen der High-Tech-Welt, von der die meisten Phoenicians heute (gut) leben. Ob General Electric, Honeywell oder Hughes Aircraft – immer waren es auch niedrige Löhne und schwache Gewerkschaften, die das Wachstumsklima des *Valley of the Sun* anheizten. Wer heute Phoenix mit dem Flugzeug anfliegt, sieht das künstliche Muster seiner Anlage am besten – die plötzlich aus dem braunen Wüstenterrain auftauchenden Grünflächen der bewässerten Felder, die linearen Autopisten, die Glasbunker von Downtown und die endlosen Wohnparzellen, umgeben von grünblauen Türkissteinen, den Pools.

Zu ebener Erde kann man andere Akzente setzen. Zum Beispiel den Besuch im renommierten **Heard Museum**, in einer zwar nur nachgebauten, aber dennoch ansehnlichen Hacienda, in der eine der bedeutendsten kulturgeschichtlichen Sammlungen des Südwestens untergebracht ist: indianische Flechtkörbe, Keramik, Schmuck, Textilkunst und eine der umfangreichsten Sammlungen historischer Kachinas in den gesamten USA.

Programm- und Szenenwechsel für diejenigen, die statt eines Museumsmorgens den Vormittag lieber im benachbarten **Scottsdale** verbringen möchten. Dessen Wahrzeichen, die Silhouette des Camelback Mountain, markiert optisch die Grenze zu Phoenix, während am Boden alles fließend ineinander übergeht. Doch je länger man fährt, um so klarer wird, dass der Lebensstil in Scottsdale nicht von armen Eltern ist. Schließlich bilden seine rund 250 000 Einwohner eine der reichsten Gemeinden des Landes. Tourismus, Einzelhandel, Banken und Versicherungen garantieren den Löwenanteil des Wohlstands.

173

Auch die Ansiedlung großer Elektronikfirmen (allen voran Motorola), die Mayo Klinik und der Tourismus trugen dazu bei, dass die Stadt zum begehrten Ziel für gutsituierte Kurgäste und viele Künstler wurde – was sich heute unter anderem an einem guten Dutzend erstklassiger Ferienhotels, mehr als 100 Golfplätzen und doppelt so vielen Kunstgalerien ablesen lässt. Natürlich auch an den schicken Malls, deren Architektur, Klientel und Preisniveau ohne die Dollars aus dem Mittleren Westen und die zahlreichen Firmenumsiedlungen aus Kalifornien nie zustande gekommen wären.

Die **Borgata** eignet sich gut für den gehobenen Shopping-Einstieg: ein dunkler schattiger Fuchsbau aus einem Stilgemisch von spanischen und italienischen Bauelementen, Patio und Piazza, Brunnen und Arkaden. In der Nähe liegt der **Scottsdale Fashion Square**, ein recht heller und weitläufiger Komplex des glasbedachten Galleria-Typs – mit vielen Palmen und heftigem Wasserrauschen.

Frische Luft dagegen dominiert in der **Scottsdale Civic Center Mall**, die sich an Old Town, ein Straßenquadrat aus Shops und Lokalen, anschließt und übergeht in einen ebenso grünen wie schattigen Skulpturenpark voller lila blühender Jacaranda-(Trompeten-)Bäume und gemütlicher Picknicktische: eine wahre Oase zum Sitzen, Schauen und Spazieren.

Für Architekturfreunde ist der Besuch von **Taliesin West**, dem markanten Frank-Lloyd-Wright-Bau am Nordostrand von Scottsdale, ganz einfach selbstverständlich. Die Führungen folgen dem Rhythmus der verschachtelten Räume, den Passagen, Terrassen und Innenhöfen, während es zwischendurch nicht nur bauliche Details und vielfältige Korrespondenzen zwischen Drinnen und Draußen zu bewundern, sondern meist auch Anekdoten des eigenwilligen Baumeisters und ersten Star-Architekten der Moderne zu hören gibt.

Wright suchte sich 1937, in seinem siebzigsten Lebensjahr, dieses Stück Land aus und bebaute es zusammen mit seinen Helfern und Schülern – als Pendant zu seinem (gleichnamigen) Wohnsitz Taliesin in Spring Green, Wisconsin. Er wollte hier die Winter bis zu seinem Tod verbringen, unter anderem auch, um der kalten Jahreszeit in Wisconsin zu entgehen.

»Ich war hingerissen von der Schönheit der Wüste«, schrieb er später, »von der trockenen, klaren, sonnendurchglühten Luft, der klaren Geometrie der Berge; die gesamte Region inspirierte mich in ihrem krassen Gegensatz zu der üppigen pastoralen Landschaft meines heimatlichen Wisconsin. Und aus dieser Erfahrung, oder Offenbarung, wie man es nennen könnte, entstand das Design für dieses Gebäude. Es kam aus sich selbst heraus, ohne Vorbilder und Nachfahren.«

Belebt wird diese Winterresidenz nicht zuletzt durch die Baumaterialien: die Felsbrocken, die vor Ort gesammelt wurden, der Sand aus den nahen *washes*, und schließlich die Verwendung von Textilien und Plastikmaterialien. Die sehenswerte Beziehung zwischen Baustoffen und umgebender Landschaft, von der Textur des Mauerwerks und der von Berg und Boden, die Schrägen der Mauern und Dächer im Verhältnis zu den Berghängen; das ausgeklügelte Verhältnis von Licht und Schatten; die Art der natürlichen Belüftung – all dies steht freilich in schroffem Gegensatz zum Durchschnitt der Eigenheime des ausufernden Scottsdale, die dem architektonischen Kleinod, zum Leidwesen seiner Liebhaber, auch noch immer näher rücken.

Meilen, Malls, Museen – nichts davon zählt, wenn man sich einfach nur erholen will. Man muss in den diversen Paradiesgärten der Hotellerie nicht unbedingt ein Schlafzimmer gebucht haben, um sich verwöhnen zu lassen. Man parkt einfach sein Auto und nutzt die entsprechenden Einrichtungen (einige gegen Gebühren, die nur unwesentlich über denen für die Hotelgäste liegen): Pool, Spa, Tennis- und Golfanlagen, die Gondel zum Restaurant, die Bar oder (für biologisch Interessierte) die Geländetour, auf der man die bodennahe Bevölkerung des Südwestens zu Gesicht bekommt, u.a. Saguaros und andere Kakteen, Jacarandas und Oleander, Bougainvilleen, Iris und Dattelpalmen, Hasen und Hörnchen, Salamander, *road runners,* Wachteln und schwarze Schwäne.

Meist hat die findige Concierge noch einiges mehr auf Lager, vor allem dann, wenn es um erholsame Kontakte mit den Kakteen geht, um Ausritte, Touren mit dem Jeep oder Planwagen, den Besuch von Rodeos oder anderen Festen und Feiern.

## 5. Tag: Scottsdale – Flagstaff (ca. 260 km)

**Route:**

**I-17 nach Norden; Stopp beim Montezuma Castle, anschließend ein Stück Interstate Richtung Süden zurück, dann Ausfahrt S 260 Richtung Cottonwood, dort US 89A nach Norden und Sedona; weiter auf US 89A durch den Oak Creek Canyon nach Flagstaff.**

**Alternative:**

Statt oder in Ergänzung zum Stopp in Montezuma ein Besuch in Arcosanti, der Stadtvision von Paolo Soleri und einem Experiment energiesparender Architektur (Ausfahrt Cordes Junction und Schildern folgen).

> ***Service & Tipps:*** Tlaquepaque Arts & Crafts Village in Sedona: nachgebautes mexikanisches Dorf mit schattigen Shops und Restaurants. – Abends in Flagstaff: El Charro Cafe, 409 S. San Francisco St., verlässliche mexikanische Küche ($); Museum Club, 3404 E. Route 66: zünftige Country & Western-Tanzdiele und Bar.

Wo einst die Sinagua-Indianer (*sine agua* = ohne Wasser) wohnlich an der Felswand klebten, da nisten heute die Bienen und bauen die Schwalben und Raben ihre Nester: im **Montezuma Castle**, einer gut erhaltenen *cliff-dwelling* aus dem 13. Jahrhundert. Frühe weiße Siedler verfielen angesichts dieser Felsensiedlung dem Irrtum, ihr Ursprung ginge auf die Azteken zurück. Daher der (falsche) Name.

In **Sedona** ist der Hang zum Höheren unverkennbar. Seit Ende der 1980er Jahre zählt der Ort zu den amerikanischen New-Age- Hochburgen. Einige Gurus hatten ihn als einen *power point* unseres Planeten ausgemacht, als einen Ort, an dem die Energie nur so aus der Erde strömt. Ein regelrechter Supermarkt spiritueller Fitnessprogramme hat sich hier breit gemacht.

Der ebenso lauschige wie rotfelsige **Oak Creek Canyon** liegt praktisch vor der Haustür. Im Sommer beherrscht die Beach-Party-Szene den Slide Rock State Park, weil der auf und zwischen den Steinen im Wasser Kühlung bietet. Besonders im Herbst, wenn die Blätter Farbe bekennen, zieht der Canyon alle Register seiner landschaftlichen Schönheit.

**Flagstaff**, das sich kilometerlang an der Eisenbahnlinie hinzieht, liegt durchaus noch auf der Höhe des Plateaus, was oft bis in den Mai hinein Schneefelder und verzuckerte Weihnachtsbäume zur Folge hat, während nur ein paar Autostunden weiter südlich das Thermometer bereits auf 40 Grad klettert. Als 1876 jemand die US-Flagge an einem geschälten Kiefernstamm befestigte, hatte der Ort seinen Namen weg. *Flag staff* hängte fortan sein Fähnchen nach dem Wind: in Richtung Holz, Viehwirtschaft, Eisenbahn, Universität und – Tourismus.

Wer die gute Höhenluft genießt und durch die Straßen der lebendigen Innenstadt wandert, trifft meist auf Leute, die sicher für den Durchschnitt in Arizona nicht ganz typisch sind. Das Umfeld ist entsprechend sortiert, eher europäisch und weit entfernt vom Wilden Westen: mit Birkenstock und New-Age-Literatur, therapeutischen Massagen und Schwangerschaftshilfen, Bioläden und vegetarischen Restaurants. Auch die Universität strickt am Flair von Flagstaff mit.

Wenn beim Straßenfest am Samstagabend die Band mit aller Kraft gegen das Geheul der Santa-Fe-Eisenbahn anrockt, rächt die sich. Wie mit den Trompeten von Jericho fährt sie zwischen die Rockmusik, so als könne sie die partout nicht leiden.

## 6. Tag: Flagstaff – Grand Canyon National Park (ca. 150 km)

**Route:**
**Von Flagstaff US 180 nach Norden.**

> ***Service & Tipps:*** Der El Tovar Hotel Dining Room im Grand Canyon Village ist ein gepflegter alter Speisesaal mit guter Küche und Cocktail Lounge ($$–$$$).

Nördlich von Flagstaff begleiten Schneisen durch Nadelgehölz und Passagen wie in der Lüneburger Heide die Fahrt zum **Grand Canyon**. Den Horizont begrenzen die meist schneebedeckten konischen Vulkankegel der **San Francisco Mountains**.

Endlich dann der erste tiefe Blick in den Canyon der Canyons! Zwei Milliarden Jahre Erdgeschichte für einen angebrochenen Nachmittag, das ist naturgemäß etwas viel. Deshalb liegt es bei knapper Zeit nahe, sich (im Sommer) dem kostenlosen Pendelbus entlang dem West Rim Drive anzuvertrauen oder, noch besser, alles (oder zwischendurch) zu wandern, und zwar auf dem weitgehend parallel verlaufenden **Rim Nature Trail** am Canyonrand entlang. Der Wanderweg zwischen Hermit's Rest im Westen und Yavapai Point im Osten ist rund 14 Kilometer lang.

Aus wechselnder Perspektive, über Wildblumen, bonsaiartige (wegen der geringen Niederschläge) Piñon- und Juniperbäume hinweg, streift der Blick über das von Auffaltungen und vulkanischen Eruptionen aufgewühlte Steinmeer, durchgeknetet und geschliffen von Wasser und Wind, ausgesägt vom mächtigen Colorado – zu einem Urloch, das Platz hat für vier verschiedene Vegetationszonen, von der Wüste am Grund bis zum feuchten Koniferenwald in den Höhen.

Und alt wie die Gesteinsschichten sind auch die Jahresringe ihrer Bewohner, Entdecker und Bewunderer. Archäologische Funde datieren die ältesten menschlichen Spuren auf 2000 v. Chr.; danach ist die indianische Siedlungsgeschichte besser belegt.

Wie in anderen Canyons des Südwestens auch, waren es die Anasazi, die hier etwa zwischen 500 und 1000 n. Chr. siedelten, bis sie vermutlich wegen anhaltender Dürreperioden abwanderten. Heute leben die Hualapai- und Havasupai-Indianer noch im Westteil des Canyons.

Die spanischen Kontakte mit der wilden Schlucht im 16. und 18. Jahrhundert waren sporadisch und ziemlich konsequenzenlos. Ob Expeditionstrupp oder Franziskanerpater solo, alle waren schnell wieder weg. Im Grunde gilt das auch für die ersten Amerikaner, für die wanderlustigen Pelzhändler seit Beginn des 19. Jahrhunderts ebenso wie für die Landvermesser und Prospektoren, die nach dem Ende des amerikanisch-mexikanischen Kriegs folgten.

Major John Wesley Powell wagte sich 1869 vom Green River in Wyoming flussabwärts aufs Wasser und erreichte (allerdings unter beträchtlichen Schwierigkeiten und Verlusten) den Grand Canyon. Seine Expedition erregte Aufsehen, leistete einen bedeutenden Beitrag zur Kartografie und brachte die systematische Erforschung der gesamten Flusslandschaft in Gang. Später dann reifte der Gedanke, die Wildnis als Nationalpark zu schützen.

Präsident Roosevelt setzte sich nach einem Besuch im Canyon vehement dafür ein und erklärte ihn 1906 schon einmal zum National Monument. Unter der Präsidentschaft von Woodrow Wilson erhielt der Grand Canyon 1919 dann den Status eines Nationalparks. War damit die Rettung seiner einzigartigen Naturlandschaft besiegelt? Kaum. Mehr als vier Millionen Besucher im Jahr, dazu flatternde Hubschrauber, IMAX-Kino und Hunderte von Gummi-Tomahawks sind schwer zu verkraften.

## 7. Tag: Grand Canyon, AZ – Las Vegas, NV ( ca. 480 km)

**Route:**

**Vom Grand Canyon Village US 180/S 64 nach Süden bis Williams; I-40 West nach Kingman; US 93 Richtung Hoover Dam und Las Vegas.**

*Service & Tipps:* Vgl. 1. Route Pacific Coast Highway, 16. Tag, S. 160.

**Williams** wirkt, wenn man einen Schlenker durch die Innenstadt macht, sehr aufgeräumt und freundlich. Zwei Straßen teilen sich hier das Erbe der Route 66, je nachdem, aus welcher Himmelsrichtung man kommt: Railroad Avenue sorgt für den Verkehr von Osten nach Westen, Bill Williams Avenue, benannt nach einem Pelztrapper, für den in umgekehrter Richtung. Vielleicht gründet die Vitalität des seit 1881 bestehenden Örtchens darauf, dass es erst ziemlich spät, 1984, von der Interstate umkurvt und links liegen gelassen wurde – die letzte Stadt an der Route 66 übrigens, der dies widerfuhr.

Zunächst glaubte man, das sei's gewesen. Aber es kam anders. Unzählige Arbeitsstunden freiwilliger Helfer flossen in die Stadterneuerung, und viele historische Gebäude schlüpften unter den Deckmantel des Denkmalschutzes. Vom Bahnhof aus dampfen schon seit Beginn des 20. Jahrhunderts Züge zum Grand Canyon.

Die Wechsel von Berghängen und Talsohlen verschönern auch weiterhin den Highway, doch dann geht es plötzlich abwärts. Mit einem Schlag verschwinden die Bäume und überlassen wieder Piñon und Juniper das Feld. Das Schild von **Ash Fork** bescheinigt den Höhenabfall: Die ehemalige Verladestation für die Erze aus Jerome liegt nur noch 1 700 Meter hoch. Das ansehnliche Nest besteht aus ein paar alten Motels, einer kleinen weißen hölzernen Baptisten-Kapelle und vielen Kindern auf der Straße, denn es ist Sonntag. Am Ortsausgang scheint der »Crow Bar Grill« mit zwei gemalten schwarzen Raben am Eingang noch ebenso gut besucht wie die Kirche. Anderes ist verwaist und hat, wie das »White House Hotel« am Ortsausgang, bessere Tage gesehen.

Dass **Kingman**, die 1882 gegründete Stadt mit heute 28 000 Einwohnern, allein durch die Eisenbahn auf die Landkarte kam, kann man noch immer sehen und hören, weil die Geleise mitten durch den Ort laufen, meist begleitet vom ratternden Sound schier endloser Güterwaggons.

Der Highway 93 führt zum massiven **Hoover Dam** an der Grenzlinie von Arizona und Nevada, wo der Colorado River nicht nur zum Lake Mead gestaut wird, sondern auch dafür sorgt, dass in Las Vegas die Lichter nicht ausgehen. Die mit Hochspannungsmasten und -drähten vernetzte Felslandschaft belegt das ohne weitere Worte.

**Las Vegas** (vgl. 1. Route Pacific Coast Highway, 16. Tag, S. 161 ff.): Boomtown ohne Ende. 2005 wurde der 2,7-Milliarden-Bau des **Wynn Las Vegas** von Casino-König Steve Wynn, dem schon das Mirage, Golden Nugget und Treasure Island gehören, eröffnet. Zu dem Mega-Hotel- und Casino-Komplex gehören Restaurants, Bars, Geschäfte und Theater (»Le Rêve«). Auch auf dem Grundstück des ehemaligen Silver Slipper ist ein neues Resort entstanden. Außerdem hat Donald Trump bereits sein eigenes Denkmal, den Trump Tower Las Vegas, errichtet, ein Zwillingsturm ist im Bau.

Kein Wunder, dass sich hier und da Sorgen wegen der großen Wachstumsschübe ausbreiten. Las Vegas entwickelt sich allmählich zum zweiten L.A. in puncto Verkehr, schlechte Luft, sinkende Lebensqualität und Wasservorräte. Praktisch muss man jeden Monat eine Schule bauen, um die neu zuziehenden Schülern überhaupt unterbringen zu können.

Auch das Leben im Casino scheint brisanter geworden zu sein: Einige Casinos sind jetzt mit Elektroschockgeräten bestückt, um im Notfall bei Herzstillstand helfen zu können ...

## 8. Tag: Las Vegas – Death Valley National Park, CA (ca. 230 km)

**Route:**

**US 95 nach Norden bis Lathrop Wells, S 373 durch Amargosa Valley bis zur Death Valley Junction, dort S 190 Richtung Furnace Creek.**

Die Fahrt ins Tal des Todes gleicht einer weichen Mondlandung. **Death Valley**, die Shoshonen nannten es *tomesha*, »brennender Boden«. Die frühen Siedler gaben ihm den noch fataleren Namen, als sie hier 1849 auf der Suche nach den Goldquellen durchzogen und hofften, das Tal sei eine Abkürzung. Aber sie waren schlecht informiert. Alles, was sie fanden, waren ein Salzboden und der wenig ermutigende Anblick der Panamint Mountains, die ihnen den Weg zu versperren schienen.

Inzwischen ist das Todestal zum Nationalpark avanciert, was de facto bedeutet, dass der Landschaftsschutz über die Grenzen der bisherigen Region hinaus ausgedehnt und den 4-Wheel-Drive-Trips durch Dünen und Salzseen ebenso ein Ende gesetzt wurde wie militärischen Übungen, neuen Schürfgenehmigungen und Weiderechten – sicher lebensverlängernde Maßnahmen für die kalifornische Wüstenschildkröte und andere gefährdete Tiere und Pflanzen.

Zu den Besonderheiten des Todestals gehört neben seinen ungewöhnlich bizarren Stein- und Salzformationen auch seine Namensgebung. Auffällig sind dabei die vielen Spuren des Leibhaftigen! Er verfügt nicht nur über ein »Kornfeld«, sondern auch über einen eigenen »Golfplatz« (Devils Golf Course). Die Nomenklatur des Death Valley reicht von Ritter-Tod-und-Teufel-Vorstellun-

**8./9. Tag** — BEST OF THE WEST

gen (eine berühmte »Burg« hier heißt »Scotty's Castle«) bis zu Poetischem auf höchster Ebene: dem Künstlerpfad *Artists Drive* und *Dante's View*. Himmel und Hölle, Höhen und Tiefen der Menschheitsgeschichte werden als offenbar vertrauensbildende Maßnahmen eingesetzt, um Mutter Natur Furcht und Schrecken zu nehmen.

Ab und zu finden sich Erinnerungen an die Zeit, als hier vor allem Borax abgebaut wurde, jene weiße, kristallene Substanz, die unter anderem zur Keramik- und Glasherstellung, aber auch für Seifen, Kosmetik und Frostschutzmittel verwandt wird. In den *badlands* des Tals, vor allem in den Salzpfannen der ausgetrockneten Seen, gab es besonders reichhaltige Funde, die um die Wende zum 20. Jahrhundert mit langen Karren von 20 Maultieren abtransportiert wurden. Diese *twenty mule teams* zogen nach Mojave, der nächsten Eisenbahnstation, die allerdings 260 Kilometer entfernt ist.

## 9. Tag: Death Valley National Park – Yosemite National Park (ca. 560 km)

**Route:**

**S 190 North bzw. West über Stovepipe Wells, Panamint Springs bis Lone Pine, dort US 395 nach Norden über Bishop, Mammoth Lakes und Lee Vining, dort S 120 über den Tioga Pass ins Yosemite Valley.**

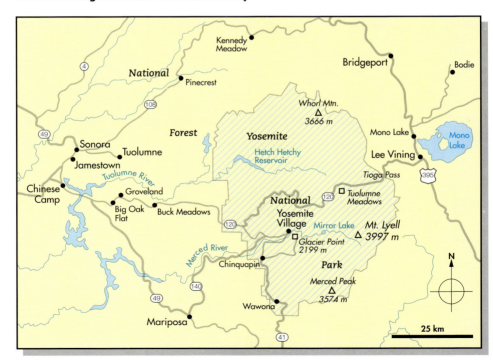

179

**Alternative:**

Im Death Valley S 190 nach Westen, S 178 durch das Panamint Valley nach Süden bis Trona und über Ridgecrest, China Lake und die S 178 nach Westen Richtung S 14, diese durch den Red Rock Canyon bis Mojave, dort S 58 nach Westen bis Bakersfield, hier S 99 nach Norden bis Fresno, dort S 41 zum Yosemite National Park.

Um es gleich vorweg zu sagen, die heutige Strecke hat in puncto attraktiver Naturlandschaft allerhand zu bieten. Das geht schon im Death Valley los, wenn die weißlich-winzigen Büschelhütchen von **Devil's Cornfield** Revue passieren. Auf jeden Fall sollte man sich wenigstens ein paar Minuten Zeit nehmen, um bei den Dünen von **Stovepipe Wells** zu parken und in die imposanten Sandberge hineinzuspazieren. Es ist erstaunlich, wieviel Lebendiges in den oft blendenden, vom Wind geriffelten Sandbergen nistet: Gräser, Creosotebüsche, die besonders lange Wurzeln entwickeln, oder Mesquitebäume, deren gelbe, bohnenartige Früchte schon die Shoshonen schätzten, mit ebenso tiefem Wurzelgang. Außer ein paar nimmermüden Käfern und hitzeresistenten Eidechsen wohnt die Wüstengesellschaft vorzugsweise am Tage unter Tage, d. h. im kühleren und feuchteren Untergrund. Man pflegt erst nachts auszugehen, wie die Känguruhratte oder der *sidewinder*, jene besonders giftige Klapperschlangenart, die sich seitwärts springend fortbewegt.

Harsche Halbwüsten, Steinfaltungen und Geröllsand dulden weiterhin nur noch *sagebrush*, ein struppiges Gemisch, das die Befürchtung weckt, hier könnten am Ende die Frogs landen. Wieso auch nicht? E.T. setzte im San Fernando Valley, im Hinterhof von Los Angeles, auf; der Weiße Hai biss an der Pazifikküste zu. In Kalifornien muss man auf vieles gefasst sein. Doch es kommt anders.

Sobald sich der Highway dem Owens River nähert und ihn überquert, erscheint die Landschaft wie verwandelt: die pastoralen Bilder des **Owens Valley** lösen die Einöden ab.

Lone Pine, Independence, Big Pine, Bishop: Wie Kandiszuckerstücke reiht der Highway ein Nest ans nächste. Die Main Streets ähneln sich ebenso wie ihr jeweiliges Umfeld – Haine, Weiden und schmucke Holzhäuschen. Über allem thront der **Mount Whitney**, mit 4 418 Metern Kaliforniens höchster Berg.

Von jeher war diese beeindruckende Landschaft als Kulisse für Wildwestfilme beliebt, wie ja überhaupt das Wiedersehen von Verfilmtem zu den typisch kalifornischen Erfahrung gehört. Schon Simone de Beauvoir hat sie auf ihrer Amerikareise gemacht: »So wie man Holland durch die Bilder seiner Meister sieht – hier ein Raum von Ruysdael, dort eine Mühle von Hobbema, dann wieder eine Mauer von Vermeer –, so entdeckt man Kalifornien durch seine Kinobilder: Cowboys, Polizisten, Büffelherden, galoppierende Pferde, wilde Engpässe, Dörfer aus Holz haben mich so entzückt, weil ich sie wiedererkannte.«

Das fruchtbare Owens Valley war ursprünglich lange von Indianern bewohnt. 1845 benannte man See, Tal und Fluss nach Richard Owens, einem Offizier der Armee, den eine Expedition in diese Gegend brachte. Sagebrush links und rechts der Straße deutet an, dass auch hier die Wasserdiebe aus L.A. zur Versteppung des Tals beigetragen haben. Am Sherwin Summit endet das Tal, das sich – so steht es jedenfalls auf der Plakette an der Straße – von hier aus 160 Kilometer nach Süden erstreckt, also praktisch bis zur Mojave-Wüste.

Im Sommer strahlt das Blau des **Crowley Lake** zur Straße herüber, im verschneiten Winter sucht man ihn vergebens. Er ist der größte Speicher im Wasserverbundsystem – und der **Mono Lake**, der friedliche Greis unter den Seen, denn mit seinen geschätzten 700 000 Jahren ist er einer der ältesten der Welt. »Der feierlich stille, von keinem Segel in seiner Ruhe gestörte See, dieser einsame Lehensmann Gottes auf diesem allereinsamsten Fleck ... das echte Leichentuch eines Vulkans, dessen weiten Krater der See verschluckt hat«, schrieb Mark Twain. Die Mono Basin National Scenic Area umschließt den See. Dort, wo man das Kleinkleckersdorf der Salzablagerungen schon vom Highway aus sehen kann, führt eine schmale Straße linker Hand zum **Mono Lake Tufa State Reserve** – eine willkommene Gelegenheit, den Motor einmal abzustellen und ein paar Schritte zu laufen.

Spiegelglatt und tiefblau ist die Salzlauge des Sees, in dem die Tufasteine wie Klunker liegen, »... malerisch getürmte Felsmassen aus weißlichem, grobkörnigem Gestein«, wie Twain es ausdrückte. Ihre Entstehung verdanken die weißen Türmchen dem durch Verdunstung gesteigerten Mineralgehalt des Sees, der ohne natürlichen Abfluss und doppelt so salzig ist wie der Ozean. Außer ein paar winzigen Krabben können Fische hier nicht leben. Um so kontroverser wird daher seit Jahren die Rolle jenes Energieunternehmens diskutiert, das praktisch das gesamte Wasser der Osthänge der Sierras sammelt, kanalisiert und abführt – in die durstigste Stadt Südkaliforniens, nach Los Angeles.

Das »Department of Water and Power« von L.A. zapft auch die Wasserzufuhr aus den Bergen in den Mono Lake an, so dass sein Wasserspiegel sinkt, was wiederum den Lebensbereich der Vogelwelt bedroht. Dass das Ökosystem bereits angegriffen ist, zeigt ein Detail. Eine der Inseln im See diente von jeher als Nistplatz für Möwen; heute ist daraus aufgrund des niedrigen Wasserstands eine Halbinsel geworden, die den Coyoten den Weg zu den Vogelgehegen eröffnet.

80 Prozent des Wasserbedarfs der Megastadt fließen aus den Sierras durch die Mojave-Wüste nach Süden, und das »Los Angeles Owens River Aqueduct« ist unter den Zuflüssen das gewaltigste. 1913 fertig gestellt und damals als Wunder der Ingenieurskunst gefeiert, bilden heute seine Röhren, Stauseen, E-Werke und Kanäle mit einer Länge von rund 550 Kilometern eins der wohl kompliziertesten Wasserversorgungssysteme der Welt. Mit dem Ziel der Sicherung seiner Wasserzufuhr hat Los Angeles schon früh Hunderttausende Hektar Land in Inyo und Mono County unter seine Kontrolle gebracht, die vom »Department«, wie die Behörde hier feindselig genannt wird, verwaltet werden – Weideflächen ebenso wie Erholungsgebiete.

Cineasten werden sich an Roman Polanskis Film »Chinatown« erinnern, der die zwielichtigen Wassergeschäfte von Los Angeles auf die Leinwand brachte. Die Wende kam 1989, als ein Gericht entschied, dass L.A. kein Wasser mehr aus dem See entnehmen dürfe, und zwar so lange nicht, bis sich Forellen wieder vermehren und Vögel wieder nisten können. Die Stadt versucht inzwischen, das Defizit durch Sparen und Wiederaufbereitung zu kompensieren; wohl mit Erfolg, denn die befürchtete Austrocknung fand nicht statt. Inzwischen wird das ganze Owens Valley im Sinne des Bioregionalismus allmählich zurückgebaut.

Weiterfahrt über den steilen Osthang der Sierras. Bis in den Juni hinein kann es passieren, dass neben der **Tioga Pass Road** im *high country* plötzlich Schneeballschlachten geschlagen werden, während es in Sonora und im Yosemite Valley vor Hitze kaum auszuhalten ist. Kurz, der Pass (3 313 Meter) gilt als der größte Unsicherheitsfaktor aller Kalifornienreisenden, der, wenn er zum Zuge kommt und unpassierbar ist, happige Umwege über Bakersfield und Fresno nach sich zieht.

Auf fast 3 000 Meter Höhe ziehen die kahlgeschorenen Granitplatten und blankpolierten Steinbrocken vorbei und das größte alpine Hochmoor der Sierra-Kette, die **Tuolumne Meadows**. Dann endlich senkt sich der Highway ins **Merced Valley** im Yosemite National Park: ein herrliches Tal, in das die kahlpolierten Granitwände so senkrecht abstürzen, als wollten sie das Lot fällen. **Yosemite Village** bildet das gesellschaftliche und daher meist überlaufene

Zentrum des Parks, obwohl es noch nicht einmal ein Prozent seiner Gesamtfläche ausmacht.

Am Visitors Center beginnt auch ein Trail für die erste Tuchfühlung mit dem Merced-Tal: an den Yosemite Falls vorbei am Fluss entlang, zu Fuß oder mit dem Rad. Backenhörnchen und Vögel haben sich längst auf die Situation eingestellt, so zutraulich sind sie – allen voran der stattlich-blaue Häher, der *stellers jay*, mit seinem pfiffigen Mützchen und die hübschen schwarzen Burschen mit dem roten Wams, die *redwinged blackbirds*, – nur zwei von insgesamt 230 Verwandten, die im Park herumfliegen. Füttern sollte man allerdings keinen von ihnen.

Wenn's nicht ausgerechnet Wochenende ist, geht man auf den Wegen und Trampelpfaden am Merced River sehr angenehm. Unter wuchtigen Koniferen und Granitskulpturen kann man hier kreuz und quer durch die Blumenwiesen laufen.

## Alternativroute – für den Fall, dass der Tioga Pass geschlossen ist:

Südlich des kargen Panamint Valley gilt es zunächst die optische Durststrecke zwischen dem zierlichen Trona und dem Erreichen des Highway 14 zu überstehen, ein kleines Geduldsspiel, das spätestens durch den **Red Rock Canyon** belohnt wird, dessen rötliche Färbung schon immer viele Filmteams anlockte, weil die Steinwelt eine gute Kulisse für Westernfilme abgibt.

Kurz vor dem Ort Mojave knickt die Route in westliche Richtung ab und führt beim **Tehachapi Pass** an den Rand der Mojave-Hochwüste und hinab ins Central Valley. Die Hänge am Pass sind mit Windturbinen vollgestellt; konsequent nennt sich daher der Ort »Hauptstadt der Windenergie«. Für eine Weile bleiben noch die Höhenzüge in Straßennähe, dann wird es flacher und flacher. Und das für eine lange Zeit!

Allenfalls noch im Umkreis von **Bakersfield** kommt zur Abwechslung mehr Vertikales ins Spiel: Silos, die Kathedralen der Getreidewirtschaft. Und Petrochemie. Dann aber schnürt der große Highway 99 mit hohem Tempo durch endlose Äcker im gleißenden Licht. Keine Frage, das Central Valley ist das landwirtschaftliche Herzland Kaliforniens, ein Früchte- und Obstkorb, der große Teile der USA mit Vitaminen versorgt. Brettgeradeist der Talboden, ohne Gefälle, und deshalb hervorragend geeignet für die künstliche Bewässerung. Oleanderbüsche verschönern zwar meilenweit den Mittelstreifen, aber das nützt nichts.

Die gnadenlos platten Bauteile weit und breit (Schuppen, Lagerhallen und geparkte Güterzüge) machen die Fahrt keinen Deut prickelnder. Eine *tour de force*, ein richtiger Interstate-Highway-Lehrgang! Nicht ohne Grund ist ja dieses Interstate-System gelegentlich als der 51. US-Bundesstaat bezeichnet worden, d.h. als eine hermetische, aus identischen Versatzstücken gefügte *travelworld*, die, allein auf eiligen Transit und schnelle Grundversorgung ausgelegt, Land und Leute unterwegs zum Verschwinden bringt. »Dank der Interstates kann man heute in Amerika von Küste zu Küste fahren, ohne irgend etwas zu sehen«, schrieb ein Verkehrsexperte.

Etwas Trost bringt wenigstens das Obst. Mühelos nämlich kann man hier unterwegs einen Obsttag einlegen, denn alle naselang gibt es Hinweise auf Stände und Buden mit frischen Früchten.

Dann folgt **Fresno**, wichtigster Marktplatz und Verladestation des *agribusiness*. Schon die kurze Fahrt durch einige Bezirke der Geburtsstadt William Saroyans führt ihren hohen Anteil an mexikanischen Landarbeitern, Cantinas und spanischsprachigen Reklametafeln vor Augen. Über allem Vitaminreichtum lastet meist auch bis in den späten Nachmittag hinein die diesig-grelle Hitze, die alle Oberflächen zum Flimmern bringt. Dazwischen künstlich bewässerte Felder, so weit das Auge reicht: Rosinenfarmen, Wein, Oliven, Feigen und Nüsse, gepflanzt in Reih und Glied, wie auf dem Reißbrett, zum untrüglichen Zeichen dafür, wie künstlich das Natürliche in Kalifornien bisweilen erzeugt wird.

Von jetzt auf gleich endet dann die Fruchtbarkeit, sobald der Rand des Central Valley erreicht ist. Dürres Ranchland und felsige Böden übernehmen die Regie. Die Straße beginnt sich zu winden und erreicht zunächst einmal **Oakhurst**, jenen Punkt, der am Südende des berühmten **Highway 49** liegt, der diese Nummer wegen der Jahreszahl trägt, die im 19. Jahrhundert den »Goldenen Staat« zu einem solchen machte. Der Highway 49 ist die Hauptstraße des *Gold Country* und schlängelt sich an den Ausläufern der Sierras vorbei durch Dutzende kleiner Goldgräbernester nach Norden.

Unsere Strecke dagegen strebt den Bergen zu und führt hinauf nach Fish Camp und in den **Yosemite National Park**. Die **Mariposa Grove** weist einen ansehnlichen Bestand an Riesensequoias *(giant sequoia)* aus. Unübertroffen: der Grizzly Giant, ein hölzerner Superman, fast 3 000 Jahre alt, der so manchen Blitzschlag überlebt hat.

## 10. Tag: Yosemite National Park – San Francisco (ca. 340 km)

**Route:**

**Von Yosemite Village S 120 nach Westen durch Groveland, Chinese Camp, Oakdale, Manteca, Livermore, Hayward; I-580 nach Oakland, I-80 über die Bay Bridge nach San Francisco.**

*Service & Tipps:* Vgl. 1. Route Pacific Coast Highway, 9. Tag, S. 146; außerdem: schöne Cocktail-Lounge im Hotel Adagio, 550 Geary St. (nicht weit vom Union Sq.) mit gutem Restaurant (Cortez).

Auch wenn man Abschied nehmen muss – man sollte dem Urgestein des Goldrauschs, der höchsten und längsten Bergkette der USA, dem riesigen Granitblock von rund 600 Kilometer Länge und bis zu 130 Kilometer Breite nicht einfach den Rücken kehren, sondern einen besonders schönen Rückblick genießen: vom Rim of the World Vista Point kurz hinter dem Parkausgang.

Es folgen Groveland (ein Nest mit Gehsteigen aus Holzplanken – eine perfekte Westernkulisse) und **Chinese Camp**. Chinese Camp? Ja, hier lebten eine Weile tatsächlich nur Chinesen. Zu Scharen zogen all jene hierher, die anderenorts vertrieben und weggejagt wurden. So wuchs der Ort Mitte der 50er Jahre des 19. Jahrhunderts mit 5 000 Einwohnern zur größten chinesischen Siedlung außerhalb Asiens heran. Das ist vorbei. Wohl erhalten und verschlafen liegt der kleine Ort heute da, halb Hüttendorf für ganze 140 Yankee-Seelen, halb *ghost town*.

Wir sind im *California Gold Country*, am legendären Highway 49, im Land, wo der *gold rush* ausbrach. Im Jahr zuvor (1848), als der schweizerische Siedlungsführer Johann August Sutter in Sacramento seine Gründungsvision von einer Neuen Schweiz verfolgte, beauftragte er den vagabundierenden Schreiner James Wilson Marshall damit, am südlichen Arm des American River eine Sägemühle zu bauen. Die Indianer der Region halfen ihm dabei. Im Wassergraben, der zum Mühlrad führte, bemerkte Marshall zwei winzige Bröckchen, die er Sutter zeigte und die beide als Gold identifizierten. Sie verabredeten Verschwiegenheit, aber das klappte nicht. Im Gegenteil: Horden von Schatzsuchern und Glücksrittern strömten aus aller

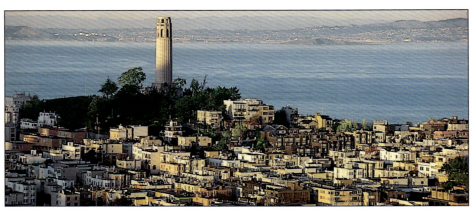

*San Francisco: Telegraph Hill mit Coit Memorial Tower*

Welt herbei, die Gewinne grassierten, und Kalifornien veränderte über Nacht sein Gesicht. Nur die Männer der ersten Stunde gingen leer aus. Sutters Traum nach Neuschweizer Art zerbröselte, Marshall verarmte als Alkoholiker, und beide starben pleite.

Der Highway verlässt das breite San Joaquin Valley, um sich dann westlich von Manteca durch das Küstengebirge zu winden. Sogleich tauchen bei Altamont und Livermore Heerscharen von Windturbinen auf, die hier wie an anderen windigen Ecken Kaliforniens alternative Energiegewinnung betreiben. Ansonsten haben ökologische Ziele ausgerechnet hier nichts verloren: die waffentechnischen Labors von Livermore waren einst Experimentierfeld für Ronald Reagans »Star Wars«.

Dann **Oakland** – von jeher notorisch unterschätzt und ein Mauerblümchen im Schatten der schönen städtischen Schwester auf der anderen Seite der Bay. Weder ihr altes Chinesenviertel noch der hübsche Lake Merritt, weder das Paramount Theatre am Broadway (ein grandioses Art-déco-Kino) noch das erstklassige Kunstmuseum haben widerlegen können, was einst Gertrude Stein über Oakland zu Papier brachte: »There is no there there.«

Die Bay Bridge führt zum Ziel des heutigen Tages, nach **San Francisco** – und es gibt keine schönere Zufahrt und keine bessere Tageszeit als den späten Nachmittag. Goldene Brücken bauen und rote Teppiche zur Begrüßung ausrollen – das kann San Francisco wie keine andere amerikanische Stadt. Schon der erste Anblick von ihr fasziniert: die hügelige Traumlage über den Wassern, die Skyline und die berühmten Brücken, die jeden mit offenen Armen zu empfangen scheinen. Kein Wunder, dass San Francisco von allen wie ein Lieblingskind verhätschelt wird. Und die Stadt selbst, die sich stolz »The City« nennt, genießt es, *everybody's darling* zu sein. Dabei ist sie alles andere als typisch amerikanisch. Die tägliche Gangart wirkt eher europäisch, und der asiatische Einfluss wächst und wächst. San Francisco, eine westöstliche Diva – mit 43 Hügeln und täglich rund 750 000 Bewunderern, sprich: Einwohnern.

Entsprechend hoch rangieren Stadtkultur und Straßenleben in den diversen ethnischen Vierteln. Statt der üblichen autogerechten Trennung von Downtown und Suburbia überrascht San Francisco durch die Palette seiner Plätze, Parks und Perspektiven, durch Cafés und Eckkneipen – bunt und jeden Tag neu bevölkert von gestriegelten Yuppies und verknautschten Flippies, Bankern und Spaßvögeln, *locals* und Touristen. Wie sagte Rudyard Kipling? San Francisco habe nur einen Nachteil: »Man kann sich schwer davon trennen.«

## 11. Tag: San Francisco

**Programm:**

**Stadtrundgang:** Vgl. 1. Route Pacific Coast Highway, 10. Tag, S. 148 ff.; dort auch Service & Tipps.

## 12. Tag: San Francisco – Carmel – Monterey (ca. 210 km)

**Route:**

**Von San Francisco über US 101 oder I-285 nach Süden Richtung San Jose, über die Küstenberge (S 17) nach Santa Cruz, an der Monterey Bay vorbei über den 17-Mile Drive zwischen Monterey und Carmel; zurück nach Monterey.**

*Service & Tipps:* Vgl. 1. Route Pacific Coast Highway, 12. Tag, S. 153.

Die heutige Route ist praktisch mit der der Pacific-Coast-Highway-Tour des 12. Tages identisch (siehe dort, S. 153 f.), sie ist die klassische Küstenstrecke: über Santa Cruz nach **Monterey** und seiner Hafenstraße, die durch Steinbeck zu literarischen Ehren gekommen ist – **Cannery Row**. Nach und nach aber sind die meisten alten Gebäude durch Wohnblocks und Parkhäuser ersetzt worden, und der Neubau des hervorragenden **Monterey Bay Aquariums** hat die letzte Konservenfabrik vom Platz gefegt. Naturgemäß sorgt sich die örtliche Denkmalpflege um den Erhalt der historischen Adresse.

## 13. Tag: Monterey – Ventura Beach (ca. 450 km)

**Route:**

**Pacific Coast Highway (Hwy. 1) nach Süden über Big Sur, Cambria, Morro Bay bis San Luis Obispo; dort weiter über US 101 bis Santa Barbara, dort Stopp. Am Nachmittag Weiterfahrt US 101 South bis Venura bzw. Ventura Beach.**

*Service & Tipps:* Vielleicht ein Kurzbesuch im Point Lobos State Reserve, ca. 10 km südlich von Carmel rechter Hand vom Hwy. 1 (ausgeschildert). Stopp in Nepenthe (am Highway 1, Big-Sur-Schild beachten) hoch über dem Pazifik – probieren Sie den himmlischen Ambrosiaburger auf der Terrasse! Ein Knallbonbon wartet gleich südlich von San Luis Obispo: der verrückte Madonna Inn, Traum aller romantischer Flitterwöchner und Kitsch-Enthusiasten. Man sollte sich zumindest eine Kurzpause bei einer Tasse Kaffee genehmigen – aus Porzellan von Hutschenreuther. Sehenswert ist die Santa Barbara Mission, 2201 Laguna St. (ausgeschildert); zur Stärkung in Santa Barbara: Paradise Cafe, 702 Anacapa & Ortega Sts., beliebt zum Lunch auf der Terrasse (Fisch, Geflügel, Salate), auch Dinner ($$).

Die Tagesroute gleicht anfangs auf weiten Strecken jener in der Pacific Coast Highway Tour (13. + 14. Tag, S. 155 ff.) beschriebenen. Ausnahme: das südlich von Carmel gelegene **Point Lobos State Reserve**. Das Naturschutzgebiet erhielt seinen Namen von den Seelöwen, die hier seit alter Zeit das zerklüftete und mit windzerzausten Monterey-Zypressen bewachsene Terrain am Meer bevölkern, zusammen mit Pelikanen, Möwen, Kormoranen und Seeottern, deren Fell bei Jägern und Trägern stets begehrt war, so dass diese Spezies heute unter strengem Schutz steht. Die reizvolle Öko-Oase muss man zu Fuß durchstreifen; sie zählt zu den schönsten Stellen der Küste. Es heißt, ihre wilde Szenerie hätte Robert Louis Stevenson zu den Landschaftsdarstellungen seiner »Schatzinsel« inspiriert.

Die Fahrt auf dem Highway 1 gleicht im Folgenden manchmal einer *Magical Mystery Tour*, so kurvig ist sie und so oft kann das Wetter umschlagen, Sonne und Nebel wechseln. Hinter **San Luis Obispo** zieht die US 101 geschützt durch die Küstenberge nach Süden. Sie nennt sich *El Camino Real* oder *King's Highway*, weil einst die Spanier diese Route wählten, als sie versuchten, durch den Bau militärischer Posten und Missionskirchen Kalifornien unter Kontrolle zu bringen.

Der von ihnen errichtete Kranz der *California Missions* brachte es auf die stattliche Zahl von 21, von San Diego im Süden bis nach Sonoma nördlich von San Francisco. Entlang dem Camino Real waren sie jeweils Tagesritte voneinander entfernt. Eins der prächtigsten Exemplare dieser spanischen Bauernkirchen (nach der in Carmel) wartet heute oberhalb von Santa Barbara. Über den Gaviota Pass windet sich der Highway letztlich wieder zum Meer hinunter, zu jenem schönen Teilstück, das oft auch »California Riviera« genannt wird und deren Hauptstadt und unbestrittene Schönheitskönigin **Santa Barbara** heißt.

Von ihr aus ist es nur noch ein Katzensprung bis zur Hafenstadt **Ventura**, abgekürzt so genannt nach der lokalen Missionskirche San Buenaventura. Sie ist Startpunkt einer von Rangern geführten Boots- und Erkundungstour zu den kargen und oft nebelumwobenen Channel Islands, wo sich Seelöwen und Robben ungestört tummeln können. Ventura selbst verfügt gleich über einige schöne Strände: Emma Wood, San Buenaventura und McGrath State Beach sind eher was für Camper; Ventura Harbor dagegen ein Tipp für jedermann, zumal die passende Gastronomie gleich um die Ecke liegt.

*Cabrillo Bathhouse am East Beach in Santa Barbara*

14./15. Tag                                         BEST OF THE WEST

## 14. Tag: Ventura Beach – Los Angeles (ca. 120 km)

**Route/Programm:**

US 101 nach Oxnard, dann California 1 über Point Mugu, Malibu nach Santa Monica und Los Angeles.
Nachmittag: Programmauswahl zwischen Universal Studios oder Hollywood (Mann's Chinese Theatre/Sunset Boulevard) und/oder Beverly Hills.

> *Service & Tipps:* Shopping in Strandnähe in Santa Monica: Third Street Promenade und Santa Monica Place oder Main Street. Abends, je nach Lage des Hotels: The Lobster, 1602 Ocean Ave., Santa Monica, gleich an der Brücke zum Pier, herrliche Aussichten, vorzügliche Fischgerichte zum Lunch und Dinner. Die Bar lädt zum Sonnenuntergang ($$–$$$); Il Fornaio, 1551 Ocean Ave., Santa Monica, belebt, offene Küche, sehr schmackhafte italienische Gerichte, gute Weinauswahl ($$–$$$); Musso & Frank Grill, 6667 Hollywood Blvd., So/Mo geschl.: traditionsreiches Lokal mit saftigen Grillgerichten ($$–$$$).
> Eine Übersichtskarte von L.A. finden Sie S. 169; vgl. auch Hinweise in 1. Route Pacific Coast Highway, 14. + 15. Tag, S. 157 ff.

## 15. Tag: Rückflug von Los Angeles

**Alternativroute zum San Diego Freeway:**

**Wer das Staurisiko auf dem San Diego Freeway vermeiden und dabei gleichzeitig eine alternative Zufahrt nach LAX kennen lernen möchte, dem sei der Weg über Lincoln Blvd. nach Süden zum Flughafen empfohlen (Airport-Zeichen folgen).**

Da die Flüge nach Frankfurt von LAX meist erst nachmittags starten, bleibt ausreichend Zeit für einen gemütlichen Einkaufsbummel in Santa Monica. Erste Wahl: **Third Street Promenade** mit ihrem durch und durch europäischen Mix aus Boutiquen, Cafés und buntem Straßentheater.

Gleich nebenan: der vom Kult-Architekten Frank O'Gehry entworfene **Santa Monica Place** (für ein paar Stunden kann man hier kostenlos parken).

Nicht minder lohnt es, **Main Street** in Santa Monica auf und ab zu spazieren, denn hier geben sich eine ganze Reihe origineller Läden ein Stelldichein. Außer den Antiquitäten- und Memorabilienläden befindet sich hier auch das **Santa Monica Museum of Art.**

Wenn das Auto zurück- und die Koffer aufgegeben sind, bleibt vielleicht noch Zeit für einen Abschiedsdrink in der »Stadt der Engel« – im spinnenhaften Flughafengebäude (**Theme Building**) in der Mitte aller Terminals, in dem Disney-Imagineure das Restaurant „Encounter" gestaltet haben – eine Mischung aus Milchbar der 1950er Jahre und Raumschiff Enterprise. Oben hat man einen schönen (letzten) Rundblick auf die nie endenden Starts und Landungen dieses zierlichen Flughafens.

# 3. Apache Trail
## Indianerspuren in Arizona und New Mexico

*Der indianische Name im Routentitel weist den Weg der Reise: entlang historischer Indianer-Trails und ehemaliger Siedlungsgebiete zu den heutigen Pueblo-Indianer am oberen Rio Grande und diversen prähistorischen Klippensiedlungen der Anasazi- und Sinagua-Kulturen im Canyon de Chelly, im Navajo National Monument bis hin zu den Ruinen von Casa Grande, Tuzigoot und Montezuma Castle.*

*Die Reise geht dabei durch den weitgehend unbekannten Südostzipfel Arizonas bis ins kleine Apache, wo sich einst Geronimo, der große Häuptling der Apachen ergeben musste, kreuzt dann ein kurzes Stück durch Texas, taucht ein in die tiefen Höhlen der Carlsbad Caverns, um sich von hier aus auf den Weg zu machen zur heimlichen Hauptstadt des »Milden Westens«, Santa Fe.*

*Aber auch die weithin bekannten Highlights des amerikanischen Südwestens kommen nicht zu kurz, weder das »Marlboro Country« des Monument Valley, der attraktive Lake Powell noch der spektakuläre Grand Canyon. Durch den malerischen Oak Creek Canyon und die New-Age-Hochburg Sedona geht es zum Ausgangspunkt Phoenix zurück.*

---

**Gesamtlänge:** 3 530 km (ohne Stadtfahrten)

**Reisedauer vor Ort:** 14 Tage

**Reisezeit:** ganzjährig, Frühling und Herbst sind am schönsten

**Route:** Phoenix, AZ (Ankunftstag); Phoenix – Tucson; Tucson – Las Cruces, NM; Las Cruces – El Paso, TX – Carlsbad, NM; Carlsbad – Alamogordo; Alamogordo – Santa Fe; Santa Fe – Albuquerque; Albuquerque – Chinle, AZ; Chinle – Kayenta; Kayenta – Page; Page – Grand Canyon; Grand Canyon – Sedona; Sedona – Phoenix/Tempe (Rückflug)

---

### Informationen:

**Texas Tourism**
c/o Mangum Management GmbH
Sonnenstr. 9
80331 München
✆ (089) 23 66 21 66
Fax (089) 23 66 21 99
www.traveltex.com
texas@mangum.de

**Arizona Office of Tourism c/o Get it Across**
Neumarkt 33
50667 Köln
✆ (02 21) 233 64 08
Fax (02 21) 233 64 50
www.arizonaguide.com
arizona@getitacross.de

**New Mexico Department of Tourism**
c/o Get it Across
Neumarkt 33
50667 Köln
✆ (02 21) 233 64 06
Fax (02 21) 233 64 50
www.newmexico.org

# 1. Tag

APACHE TRAIL

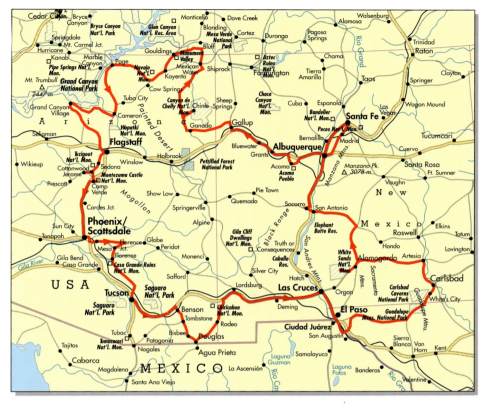

## 1. Tag: Ankunft in Phoenix

Im Anflug auf **Phoenix** zeigt sich das künstliche Muster seiner Anlage am besten – die plötzlich aus dem braunen Wüstenterrain auftauchenden Grünflächen der bewässerten Felder, die linearen Autopisten, die Glasbausteine von Downtown und die schier endlos wuchernden Wohnparzellen, zwischen die die Swimmingpools wie grünblaue Türkissteine geworfen zu sein scheinen.

Weitere Informationen zu Phoenix und dem *Valley of the Sun* vgl. 2. Route Best of the West, 3. + 4. Tag, S. 170 ff.

## 2. Tag: Phoenix – Tucson (ca. 195 km)

**Route:**
Von Downtown Phoenix über Van Buren (US 60/89) nach Osten; aus Van Buren wird Apache Blvd., diesem bis nach Mesa und Apache Junction folgen. Dort US 60 nach Florence Junction, S 79 nach Florence, S 79 (Pinal Pioneer Pkwy.) bis Oracle Junction, dort S 77 nach Tucson.

*Service & Tipps:* Casa Grande Ruins National Monument, Coolidge, an der S 87. Der Komplex von Biosphere 2 (Hwy. 77, *mile marker* 96.5, ausgeschildert) ist erreichbar von Oracle aus links auf S 77. – Abends in Tucson z.B. El Charro Mexican Cafe, 311 N. Court Ave., traditionsreiche mexikanische Cantina in Familienbesitz, Spezialität: *carne seca*, gute Bar (Toma), Lunch ($) und Dinner; Janos, 3770 E. Sunrise Dr., ausgezeichnet für seine Southwest nouvelle cuisine (Mais, Kaktus etc.), reiche Weinauswahl, eleganter Raum und freundlicher Service, Aussicht auf die Lichter von Tucson. Reservieren! © (520) 615-6100 ($$); Lil Abner's Steakhouse, 8501 N. Silverbell Rd., rustikales Steakhouse mit deftiger Kost in einer alten Postkutschen-Station am Nordrand der Stadt. Drinnen und draußen: Steaks, Geflügel, Rippchen, Fisch. Am Wochenende C&W-Bands und Tanz ($$); O'Malley's on Fourth, 247 N. 4th Ave., beliebte Sports-Bar, Live-Musik, Restaurant, Pool-Tische ($).

Der **Apache Trail** beginnt in Phoenix praktisch vor der Haustür und führt auf die Superstition Mountains zu, die ihrem Namen alle Ehre machen, weil ihre Felswelt von Legenden und Geschichten aus der Goldgräberzeit nur so wimmelt. Der Lost Dutchman State Park erinnert namentlich daran: Der deutsche Prospektor Jacob Waltz soll sich hier mit einem Goldschatz versteckt gehalten haben. Wie auch immer, seit 1891 hat ihn niemand mehr gesehen.

Indianische Vergangenheit erschließt auch ein lohnender Abstecher auf dem Weg nach Süden. In Florence braucht man nur den Highway 297 ein kurzes Stück nach Westen zu fahren, bis sich von weitem schon ein seltsamer Baldachin abzeichnet: das schützende Sonnendach der mysteriösen Ruinen der **Casa Grande**.

Schon vor 1500 Jahren lebten Hohokam-Indianer im Tal des Gila River in kleinen, verstreuten Dörfern als Farmer. Um den trockenen Boden zum Grünen zu bringen, legten sie ein kompliziertes, mehr als 1000 Kilometer langes Kanalsystem zur Bewässerung an und pflanzten Baumwolle, Mais und Kürbisse. Sie betrieben eine ausgefeilte Töpferei und handelten außerdem mit Mexiko. Ansonsten aber weiß man nicht viel über ihre Kultur, vor allem nicht, warum sie um 1350 dieses mächtige vierstöckige Bauwerk errichteten. Sollte es als Fort dienen? Für Rituale genutzt werden?

Die neuere Forschung weist darauf hin, dass die oberen Fenster exakte astronomische Beobachtungen ermöglichen. Also eine Sternwarte? Der Bummel zum Hauptbau und durch die umliegenden Ruinen schlägt ein geruhsames Geschichtskapitel auf, aufgelockert von bunten Schmetterlingen und summenden Kolibris.

Zurück nach Florence: Der Weinbau auf den Feldern ringsum passt dazu. Toskanische Spätlese? Bald danach mausert sich der Highway 79 zum **Pinal Pioneer Parkway**, was seine Szenerie erheblich aufwertet. Das Spannendste am Weg ist natürlich das Tom Mix Monument in der Nähe des fatalen »Tom Mix Wash«, wo der Westerndarsteller einst mit dem Auto tödlich verunglückte.

Dem Haus der ungeklärten Vergangenheit folgt das der ungeklärten Zukunft auf dem Fuß: **Biosphere 2 Center**, eine Art Raumschiff Enterprise, das allerdings niemals abgehoben hat. Aber es tat zumindest für eine Weile so, als könne es entrückt von der Erde existieren. Vor Jahren wollte man eine Handvoll Wissenschaftler im Glashaus versiegeln, um abgeschlossen von der Außenwelt (»Biosphere 1«) wie in einer modernen Arche Noah Lebens- und Überlebensbedingungen zu testen. Doch daraus wurde nichts. Heute brauchen sich die Besucher nicht mehr an den Glasscheiben von außen die Nase plattzudrücken, sondern können die Kunstlandschaften drinnen aus nächster Nähe besichtigen: den tropischen Regenwald, Savanne, Ozean, Marsch und Wüste.

Oracle Road nähert sich **Tucson** von Norden her und damit auch seinen fast 550 000 Einwohnern, die in diesem Hochwüstental heimisch geworden sind, das von vier Bergmassiven beschützt wird: den Santa Catalina, Rincon, Santa Rita und Tucson Mountains. Pater Eusebio Francisco Kino spielte hier um das Jahr 1700 den städtischen Geburtshelfer. Der spanische Jesuit, dessen Standbild denn auch den Eingang der örtlichen historischen Gesellschaft ziert, gründete die erste Mission unter den Papago-Indianern. Später, während der Apachenkriege, diente das inzwischen angeschlossene US-Fort als Kavalleriestützpunkt. Ab 1880 brachte die Eisenbahn erste Ansätze von Zivilisation, doch so richtig bergauf ging es erst nach dem Zweiten Weltkrieg.

Das moderne Tucson, liberaler Gegenspieler des eher konservativen Phoenix, lebt im Wesentlichen von der Air Force und der Universität. Das trockene und besonders im Winter angenehme Klima hat die Stadt außerdem zu einer beliebten Rentneradresse gemacht, und den neu zugezogenen High-Tech-Firmen gefällt die klare und staubfreie Wüstenluft.

Die touristischen Highlights winden sich wie ein Kranz um die ausufernde und durchweg flache Stadt – wegen der happigen Entfernungen an einem fortgeschrittenen Nachmittag unerreichbar. Dennoch bieten sich zumindest drei Alternativen zum Hotelpool an: ein Bummel durch die Altstadt, der

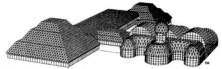

*Biosphere 2 Center*

Besuch des **Arizona-Sonora Desert Museum** oder ein Ausflug zum östlichen Teil des Saguaro National Park.

Der historische Kern von **Downtown Tucson** (im Karree zwischen Franklin, Court, Congress und Main Street) erschließt sich leicht zu Fuß. Bester Parkplatz und Ausgangspunkt ist das Tucson Museum of Art, in dessen Nachbarschaft nicht nur zahlreiche alte Adobebauten, Galerien, Kunstakademien und Restaurants liegen, sondern auch einige Häuser, die vom deutschstämmigen Architekten Henry C. Trost (1860–1933) um die Jahrhundertwende für reiche Junggesellen entworfen wurden, so dass der Distrikt den Beinamen *snob hollow* bekam. Auch wenn manche der Villen zur umgebenden spanischen Baulandschaft wie die Faust aufs Auge passen, können sie sich durchaus sehen lassen.

Der Broadway entwickelt sich in östlicher Richtung stadtauswärts zum Old Spanish Trail, der schließlich zum **Saguaro National Park (Ost)** führt, wo sich Fotofans und Naturliebhaber so richtig an den Kakteen begeistern können, denn am Spätnachmittag ist hier das Licht am schönsten. Bis zu 200 Jahre alt, bis zu 15 Meter hoch und über acht Tonnen schwer können diese »Könige der Wüste« werden. Im Frühjahr, zwischen April und Anfang Juni, blühen die Kolosse: Nach Sonnenuntergang öffnet sich eine der oft über hundert kleinen weißen Blütenknospen und wartet darauf, am nächsten Morgen bestäubt zu werden, um noch am selben Tag zu verwelken.

Noch ausführlicher wird die Wüste im **Arizona-Sonora Desert Museum** zum Thema. Unter anderem bietet dieses ausgezeichnete Institut die Möglichkeit, ein *wikeyup*, die traditionelle Behausung der Papago-Indianer, aus der Nähe zu betrachten.

## 3. Tag: Tucson, AZ – Tombstone – Las Cruces, NM (ca. 460 km)

**Route:**

**In Tucson I-10 nach Süden, bei Benson US 80 nach Süden bis Tombstone (Stopp) und Bisbee (Stopp), Douglas, Chiricahua, Apache, Rodeo bis zur I-10 zurück, diese weiter nach Osten bis Las Cruces.**

> **Service & Tipps:** In Tucson sollte man zunächst einen Abstecher zur spanischen Barockkirche San Xavier del Bac von 1797 machen (I-10 South, S 19 South, Exit 75 und Schildern folgen). Gut für eine Stärkung: Copper Queen Hotel, 11 Howell Ave., Bisbee. In Las Cruces empfiehlt sich ein Bummel/Abendessen/Barbesuch an der Plaza in Mesilla; unter den mexikanischen Restaurants: El Patio, La Posta oder Double Eagle (alle $$–$$$).

Südlich von Tucson sollte man die Interstate kurz verlassen, um sich eine der schönsten spanischen Missionskirchen des Südwestens anzusehen: **San Xavier del Bac**. Ihr weißer Baukörper hebt sich schon von weitem vorteilhaft vom Hintergrund der schwarzen Berghänge ab, so dass der Beiname »weiße Taube der Wüste« sofort einleuchtet. Innen gibt es eindrucksvolle Freskenmalerei zu sehen. Die Kirche steht im Reservatsgebiet der Tohono-O'odham-Indianer. Auf der Plaza lebt das spanisch-mexikanische Erbe in den Menschentrauben, Pick-ups und Verkaufsbuden weiter. An den duftenden Ständen verkaufen die Indianer ihr frisch gebackenes Brot und andere Stärkungen.

Karges Terrain voller Sagebrush und Yuccas dekoriert die passende Bühne für **Tombstone**, den Schauplatz von jenem *shoot out*, in dem Sheriff Wyatt Earp im O.K. Corral die bösen McLowrey-Brüder und Billy Clanton erschoss. Heute stehen die Akteure dort als lebensgroße Puppen herum, wie tiefgefroren in ihrer letzten Stellung vor dem Jenseits.

Gleich am Ortseingang verzeichnet der **Boothill Graveyard** die genaue Todesart vieler Namenloser und legendärer Westmänner. Ob erstochen, legal oder versehentlich erhängt, von Indianern in den Hinterhalt gelockt oder sonstwie umgekommen – alle liegen einträchtig unter der Erde.

Hoch ging es einst her in der reichen Silberminenstadt, die sich in den 1880er Jahren durch lockeres Geld und leichtes Leben einen Namen machte. In *bordellos*, Spelunken und Opiumhöhlen vertrieben sich die damals rund 10 000 Silbermänner die Zeit – bis die Minen nichts mehr hergaben und die Schürfer abzogen. Nur die Kulissen des wüsten Dolce Vita stehen noch.

Ein weiteres Highlight ist das **Bird Cage Theater** von 1881, das zahlreiche Requisiten aus jener Zeit versammelt, als es sich als Bühne, Bar und Spielsalon seines

*San Xavier del Bac*

schlechten Rufs erfreute. Auch den Crystal Palace Saloon sollte man auf keinen Fall versäumen.

Weniger touristisch als Tombstone bewältigt **Bisbee** seine Vergangenheit. Das liegt sicher daran, dass hier nicht gewaltsame Lebensverluste, sondern fleißige Kupfergewinne den Ton angaben. Das gut 6 000-Seelen-Städtchen in der steilen Schlucht des »Mule Pass« kommt ohne Ampeln, Designer-Getue und blasierte Boutiquen aus und verwöhnt den Besucher stattdessen mit einem leichten Mix aus originellen Läden, Cafés und esoterischem Flair.

Bisbees internationaler Ruf basiert auf der Entdeckung der »Copper Mine Lode« 1877, einer der reichsten Kupferadern des Westens. Mit der Ankunft der Eisenbahn expandierte die Stadt und kroch wie ein Wuppertal des Wilden Westens an den steilen Berghängen hinauf. Bisbee hatte solide Backsteinhäuser, asphaltierte Straßen, fließendes Wasser und eins der schönsten Hotels weit und breit zu bieten: das **Copper Queen Hotel**, das sich noch heute zeitlos wie eine Pagode über dem Zentrum der gedrungen wirkenden Altstadt erhebt, auf jeden Fall aber wie ein Denkmal.

1975 stoppte die Kupferförderung. Die Minenarbeiter suchten das Weite, und die Immobilienpreise sanken in den Keller. Das wirkte auf die Lebenskünstler der Hippiezeit äußerst attraktiv, zog aber allerlei Zank und Gerangel zwischen Newcomers und Oldtimers nach sich. Mit der Zeit, wie vielerorts in den USA, erreichten die Hippies das vierzigste Lebensjahr, machten sich selbständig und wählten Ronald Reagan.

Seither geht es in Bisbee eher selbstgenügsam zu: in den Buchhandlungen, in den kleinen Stadtmuseen, die Andenken an die Tage voller Kupfer, Zink, Mangan, Gold und Silber versammeln, und in den Antiquitäten- und Schmuckläden, die Modisch-Mineralisches anbieten.

Dann führt die Route erst mal an der riesigen **Lavender Pit** vorbei, dem größten Krater Arizonas, aufgewühlt von Kupfergier und dann verlassen. In einem Jahrhundert (1877–1987) baute man hier acht Milliarden Tonnen Kupfer ab. Ansonsten herrscht – und das fast den ganzen Tag über – struppiges Ranchland vor: Rinder, Schimmel und Eisenbahnschienen.

Dort, wo die Straße fast die mexikanische Grenze berührt, pflegt **Douglas** (nicht anders als Tombstone und Bisbee) seinen Anteil am Wildwesterbe – am sichtbarsten durch seine schöne Hauptstraße. Pancho Villa, so will es die Legende, soll bei einer Schießerei die Treppen des berühmten **Gadsden Hotel** hinaufgeprescht sein und dabei den kostbaren Marmor von den Stufen abgesplittert haben. Legende oder nicht, dieses Hotel in staubiger Grenzlage ist einen Stopp wert, denn seine Lobby zählt zu den eindrucksvollsten Innenräumen von Arizona.

In Douglas macht der Highway 80 eine Spitzkehre in Richtung Rodeo. Ab und zu tragen die Straßenschilder ein Fernrohr-Symbol als Hinweis darauf, dass dieser äußerste Südostzipfel von Arizona ein Paradies für Vogelliebhaber ist. Einsames Ranchland dominiert weiterhin. Die Yuccas weichen zwischenzeitlich mal goldenen Gräsern, und die Pampas-Szene gewinnt noch durch die echten Cowboys, die zu Pferd ihre Herden vorantreiben. In dem kleinen Nest **Apache** erinnert eine Steinsäule daran, dass sich Geronimo hier ergeben hat.

WELCOME TO NEW MEXICO heißt es schließlich, aber von dessen oft reklamierter »Verzauberung«, dem *enchantment*, ist zunächst wenig zu spüren. Das liegt am Einstiegswinkel; später wird sich das ändern. Immerhin aber hechtet gleich hinter Rodeo ein *road runner*, der Wappenvogel von New Mexico, über den Asphalt. Östlich von Lordsburg und Deming rücken allmählich die Organ Pipe Mountains näher.

In **Las Cruces** fließt (neben dem Colorado) der zweite Fluss, dessen Name mit dem amerikanischen Südwesten untrennbar verbunden ist: der **Rio Grande**. Allerdings wirkt er an dieser Stelle alles andere als »grande«. Wie sagte der Komiker Will Rogers? »Der Rio Grande ist der einzige Fluss in Amerika, der bewässert werden muss.«

## 4. Tag: Las Cruces – El Paso, TX – Guadalupe Mountains National Park – Carlsbad, NM (ca. 385 km)

**Route:**

In Las Cruces I-10 Richtung El Paso; dort S 20 (Mission Trail) nach Süden; in San Elizario auf die I-10 wechseln, diese nach Norden und auf S 375 zur US 62/180 nach Osten, Guadalupe Mountains und Carlsbad Caverns.

Auf dem Weg nach Texas ziehen zahlreiche Rinderstationen vorbei, und schließlich schlüpft der Highway durch den Pass hinunter in die Stadt, die daher ihren Namen hat: **El Paso.** Der erste Blick streift die mexikanische Seite mit besiedelten Geröllbergen, armseligen Buden und Schrotthütten: **Ciudad Juárez,** die Schwesterstadt. Da redet man doch am besten übers Wetter. *Sun City,* El Pasos Untertitel, ist eine Anspielung auf die überdurchschnittlich vielen Sonnentage pro Jahr, das hört sich gleich gut an. »El Paso« selbst aber auch: Pass, Grenze und Schnittstelle dreier Kulturen: der indianischen, der hispanischen und der der Yankees. »Paso del Norte« nannten die *conquistadores* diesen Fleck am Ende des 16. Jahrhunderts. Etwas über 1 000 Meter Höhe erreicht er zwischen den Juárez und Franklin Mountains, was so viel heißt wie zwischen dem Anfang der Sierra Madre und dem Ende der Rocky Mountains, die sich bis hierhin über 5 000 Kilometer aus Alaska erstrecken.

Wer sich in Downtown umsehen möchte, wählt die Ausfahrt Santa Fe Street, die wie der größte Teil der Innenstadt fest in der Hand der hispanischen Bevölkerung ist. Tagsüber herrscht reges Geschäftsleben, nachts wird es spukiger. Trotz Schwarz- und Drogenhandels und patrouillierender Sheriffs gilt El Paso als sichere Stadt. 60–70 Prozent der Einwohner tragen spanische Familiennamen; zusätzlich kommen täglich Hunderte Tagelöhner über die beiden Brücken. Die Stadt ist komplett zweisprachig.

Links und rechts am Brückengeländer sind die Wahrzeichen des »Tortilla«-Vorhangs befestigt, die Maschendrahtzäune, die im Stadtbereich scharf bewacht sind und ein paar Meilen flussauf- und -abwärts reichen; weiter nördlich und südlich wird die Grenze wieder offener. Ähnlich wie in den meisten anderen Grenzstädten trägt das Flussbett im Stadtbereich ein Betonkorsett. Weil der Rio Grande zu oft seinen Lauf wechselte, wurde die Grenze irgendwann auf diese Art festgeschrieben, und so verwandelte sich der lebendige Fluss in einen tristen Abwasserkanal.

Lohnend ist auf jeden Fall eine kleine Tour zu den Missionskirchen, die im Südosten der Stadt, am so genannten *Camino Real,* der königlichen Straße, wie auf einer Perlenschnur liegen und vor rund 300 Jahren von Indianern und spanischen Franziskanerpatern gebaut wurden, also deutlich früher als die bekannteren in Kalifornien. Die **Ysleta Mission** (1681) liegt gleich neben dem Reservat der Tigua-Indianer (108 Old Pueblo Rd.) und ist die älteste ihrer Art in Texas. Einen Katzensprung entfernt (Socorro Rd.) steht die **Socorro Mission** (1682) mit einem sehenswerten Friedhof. Die Dachbalken stammen noch aus den ersten Tagen dieser Kirche. Ihre Fassadenform entspricht dem indianischen Regenwolkensymbol.

Ebenfalls in der Nähe: die Missionskapelle des **San Elizario Presidio,** eines spanischen Forts von 1780 (Socorro Rd.), das die Padres vor den Überfällen der Apachen schützen sollte. Der Camino Real wurde später Teil des berühmten Santa Fe–Chihuahua Trail, der sich von Mexiko entlang dem Rio Grande bis nach Santa Fe hinzog, um sich dort mit dem amerikanischen Santa Fe Trail zu treffen, der aus Missouri kommend, einst der wichtigste inneramerikanische Handelsweg überhaupt war.

Die US 180/62 führt in das alpine Bergmassiv der Guadalupe Mountains, eines Hunderte Millionen Jahre alten, versteinerten Riffs. Es gehört zum **Guadalupe Mountains National Park**, der vom **Guadalupe Peak**, dem mit 2 667 Metern höchsten Berg von Texas, überragt wird. Allerdings stiehlt ihm der um 200 Meter niedrigere **El Capitan** (2 462 Meter) mit seiner blankgeschliffenen Flanke die Schau, weil er aus der Perspektive der Straße größer wirkt.

Der Highway windet sich den Pass hinauf und nach New Mexico. In der Ferne glänzen ein paar weiße Häuser. Logisch, das Ganze heißt ja auch so: **White's City**. Von wegen! Der Apostroph hätte schon skeptisch stimmen sollen, denn er bringt es an den Tag. Seit der Cowboy Jim White 1901 die Höhlen zuerst entdeckte, ist White's City Eigentum der Familie White. Praktisch gehört ihr die ganze Stadt: Campingplatz, Motels, Restaurants, die Spielhalle und das Museum mit den schönen deutschen Puppenstuben und Kaufmannsläden. Nur die berühmten Höhlen gehören ihr nicht. Sie waren allerdings der Anlass für die Gründung der Stadt, denn von hier aus sind es nur noch ein paar Meilen bis zum Carlsbad Caverns National Park.

Der freilich steht erst morgen früh auf dem Programm, so dass es zunächst einmal weiter geht. Nichts, aber auch gar nichts erinnert in **Carlsbad** an Karlsbad. Die meisten der rund 25 000 Einwohner werden das vermutlich bestätigen. Die Namensgebung liegt lange zurück. Am Ende des 19. Jahrhunderts meinte man, der Mineralgehalt einer nahen Quelle ähnele dem der Heilquellen des böhmischen Karlsbad.

## 5. Tag: Carlsbad – Alamogordo – White Sands National Monument – Alamogordo (ca. 350 km)

**Route:**

**Von Carlsbad US 285 nach Norden bis Artesia, dort die US 82 nach Westen über Hope nach Cloudcroft, US 54 nach Süden bis Alamogordo, weiter auf US 70/82 zum White Sands National Monument, anschließend zurück nach Alamogordo.**

*Service & Tipps:* Sowohl in Carlsbad als auch in Alamogordo kann man sich mit Vorräten für ein Picknick in White Sands versorgen; oder man stärkt sich in einem Restaurant in Alamogordo für den Wüstengips.

Wer die Schönheitskönigin unter den wilden Wunderwelten der US-Parks ist, darüber wird gern gestritten. Nicht aber über die besondere Qualität der **Carlsbad Caverns**, denn sie sind der einzige Nationalpark mit eingebauter Klimaanlage und damit von allen Launen des Reisewetters und der Jahreszeiten unabhängig. Konstante 13 Grad Kühle umgeben den Besucher auf seinem Abstieg in die 230 Meter tiefe, durch Sickerwasser entstandene Märchenunterwelt.

Die ersten Siedler um 1880 nannten sie Bat Cave, Fledermaushöhle, wegen der Millionen Fledermäuse unterhalb des Höhleneingangs. Zwischen April und Oktober starten sie vor Anbruch der Dämmerung zum luftigen Insekten-Dinner, einem Spektakel, das allabendlich Hunderte von Schaulustigen anlockt. Angeblich bringen die Tiere es auf drei Tonnen Nahrung pro Nachtmahl. Was davon übrig bleibt, die Guano-Ablagerungen, sind seit der Wende zum 20. Jahrhundert ein ebenso hochwertiges wie begehrtes Düngemittel, das unter anderem den süßen Früchten in den Zitrusgärten Kaliforniens zugute kommt.

Die Höhle selbst wurde erst in den 1920er Jahren erforscht und Schritt für Schritt zugänglich gemacht, bis sie 1930 zum National Park erklärt wurde. Heute überwindet ein flotter Aufzug die 75 Stockwerke Höhenunterschied in einer Minute: eine Art kontrollierter freier Fall für alle, die wenig Zeit haben.

Spannender jedoch ist der Abstieg zu Fuß durch die spukige Dunkelheit der Raumstrukturen und deren Formenfülle, die von Kleinkleckersdorf über Spaghetti-Eis und Streuselkuchen zu überwältigenden Steinkathedralen reicht. Die hohe Luftfeuchtigkeit (etwa 95 Prozent) drückt auf die Lungen. Außerdem verführen die bizarren Höhlendecken leicht zur Genickstarre, was den Gleichgewichtssinn nicht gerade fördert. Viele wandern denn auch sichtlich benommen herum, schwanken und torkeln seltsam wie im Trancezustand.

Es tröpfelt, ein Ranger flackert mit der Taschenlampe, ein bisschen Friedhofsgeruch lässt gruseln, und Geisterbahn-Effekte bleiben nicht aus. Doch Ende gut, alles gut. Die technisch gestylte Boden- bzw. Verköstigungsstation wirkt so vertraut wie das Szenario eines antiquierten James-Bond-Films. Und Souvenirstände, Fotoshop und Cafeteria sorgen auch unter Tage für die gewohnte Sicherheit.

Nördlich von Carlsbad, an einem Stück gestautem **Pecos River** (Lake McMillan) vorbei, begleiten Rinder hinter Gittern und Gattern, Ranchland und künstlich bewässerte Äcker die Fahrt bis **Artesia**, eine nicht unansehnliche Kleinstadt, die von Ackerbau und Viehzucht lebte, bis 1923 Ölfunde ihr Wachstum beschleunigten. Die Mineralquelle in der Umgebung verlieh dem Städtchen seinen poetischen Namen; gelebt aber hat sie mehr von Ölprodukten – die Raffinerie am Weg zeugt davon.

Westlich von Artesia gewinnt das *ranching* wieder die Oberhand und damit die Einsamkeit. Auch ein Nest wie **Hope** kann daran wenig ändern. Je näher die Berge rücken, umso lieblicher wirken die sanften grünen Hügel am **Rio Penasco**. Die Straße folgt seinem Lauf durch ein Tal mit fast paradiesischen Zügen, so schön und zugleich fruchtbar ist es. Überall werden Äpfel und Birnen, Pflaumen und Pfirsiche angeboten, auch Mais, Tomaten und Kürbisse. Es folgen kleine Siedlungen wie Elk und Mayhill, wir sind längst im Lincoln National Forest und ziemlich auf der Höhe, genauer gesagt auf 2 637 Metern, fast in den Wolken. Der Name **Cloudcroft** deutet es an.

Dass die Gemeinde in einem Ferien- und Skigebiet liegt, das übrigens in seinem nördlichen Teil das Reservat der Mescalero-Apachen einschließt und auch von ihnen verwaltet wird, erkennt man leicht, denn aus den Ranches werden plötzlich Resorts und Ferienhäuser. Auf den Almwiesen grasen keine Kühe mehr, sondern Makler nach Zweitwohnungen und Skihütten.

Die Abfahrt aus dem Hochwald der Sacramento Mountains durch den steilwandigen Canyon ins **Tularosa Valley** sorgt zweifellos für die stärksten landschaftlichen Eindrücke am heutigen Tag: traumhafte Aussichten auf die gestaffelten Felslandschaften und im Hintergrund bereits White Sands wie ein Schneefeld – Breitwandkino vom Feinsten.

Vielleicht wird in **Alamogordo** gerade eine Fiesta gefeiert. Dann sollte man getrost seinen Picknickvorrat vergessen und sich unter das ohnehin bunte Volk mischen. Indianer, Mexikaner und Yankees, Kinder und Omas, lassoschwingende *vaqueros* und Grundschullehrerinnen sind auf solchen Straßenfesten vereint und erkennbar bester Dinge; an Musik und Tanz, Essen und Trinken fehlt es nie.

Szenenwechsel: von der menschenfreundlichen Fiesta zum lebensfeindlichen Gips, zum **White Sands National Monu-**

ment. Irgendwo hat man das fotogene Granulat schon einmal gesehen. Im Kino natürlich. Dort taucht es meist als bedrohliche Kulisse von Westernfilmen auf. Hier brechen Pferde, mit weißem Schaum bedeckt, zusammen und bekommen den Gnadenschuss, während sich der Held mit rissigen Lippen und rotgeflecktem Gesicht zum nächsten Wasserloch schleppt.

In Wirklichkeit ist White Sands halb so schlimm. Wie sonst könnten die Dünen ein beliebter Wochenendtrip sein, auf dem sich die Wagenkolonnen, prall gefüllt und schwer beladen, zur riesigen Gipswüste schleichen! Dort wird geparkt und ausgepackt: Klappsessel, Grill und T-Bone-Steak.

Die Kids sausen auf Brettern die Dünen runter: *sand surfing.*

Die Wüste lebt. Dass sie das wirklich tut, wird erst dann sichtbar, wenn die Besucherströme ihr Freizeit-Soll erfüllt haben und abgezogen sind – also wochentags oder zu ruhigeren Besuchszeiten im Frühjahr oder Herbst. Dann lockt der gewellte Puderzucker zu einzigartigen Wanderungen vor dem purpurnen Hintergrund der San Andres Mountains im Westen und der Sacramento Mountains im Osten.

Aber man kann auch einfach nur so durch den Gips laufen – barfuß und querbeet – oder sich still hinsetzen und einem fernen Gewitter zusehen.

## 6. Tag: Alamogordo – Santa Fe (ca. 385 km)

**Route:**

**In Alamogordo US 54 nach Norden bis Carrizozo, dort US 380 nach Westen bis San Antonio, dort I-25 nach Norden bis Albuquerque und Santa Fe (Ausfahrt entweder Cerrillos Rd. Oder St. Michael's Drive).**

> **Service & Tipps:** In San Antonio ist die Owl Bar & Cafe eine einschlägige Adresse für ein herzhaftes Lunch (nicht zu übersehen); lohnende kleine Abstecher am Weg: die Old San Miguel Mission in Socorro, eine restaurierte Missionskirche von 1819–21 mit massiven Adobemauern und hölzernen Deckenbalken; der indianische Isleta Pueblo, wenige Kilometer südlich von Albuquerque am Rio Grande mit einer schönen wuchtigen Lehmkirche. – Abends in Santa Fe z.B. Geronimo, 724 Canyon Rd.: feines Südwest-Ambiente in schönem altem Adobebau mit Spitzenküche ($$$); Pranzo, 540 Montezuma St. (neben Sanbusco Center): populäre Adresse für italienische Spezialitäten. Kleinigkeiten bis 24 Uhr ($–$$). Gute Bars: El Farol, 808 Canyon Rd. (oft Live-Musik); Ore House (an der Ecke der Plaza), Dragon Room, 406 Old Santa Fe Trail.

Großräumig umkurven die Highways die *Jornada Muerto*, den Schauplatz der ersten Atombombenexplosion. Am 16. Juli 1945 ging in Trinity Site (zwischen Carrizozo und San Antonio, südlich von Bingham) hoch, was zuvor Robert Oppenheimer und Co. in den Labors in Los Alamos nördlich von Santa Fe ausgeheckt hatten.

Dürftige Grasflächen breiten sich am Highway 25 aus, nur das Flusstal erzeugt grünes, gut bewässertes Farmland, von dessen Früchten unter anderem auch die Indianer der **Isleta Indian Reservation** leben. Ihr Dorf ist das erste im Kranz der indianischen Pueblos am oberen Rio Grande. Den Namen (»kleine Insel«) wählten die Spanier, weil der ursprüngliche Pueblo Tuei wegen der Überschwemmungen wie eine Insel aussah.

In **Albuquerque**, der Stadt mit dem unaussprechlichen Namen, der vermutlich vom lateinischen *arbor quercus* (»die Eiche«) abstammt, lebt fast ein Viertel der gesamten Bevölkerung von New Mexico (rund 500 000). Linker Hand erkennt man die Silhouette von Downtown, rechter Hand starten und landen die Flugzeuge vom internationalen Flughafen. Diverse Ausfahrten zu den verschiedenen Indianer-Pueblos folgen: nach Cochiti, dessen Künstler für ihre Trommel-Baukunst bekannt sind, oder Santo Domingo, einer der ältesten Pueblos am oberen Rio Grande überhaupt.

Zuletzt zeichnen sich die Berge immer deutlicher ab und mit ihnen die Lage von **Santa Fe** auf einem 2 000 Meter hohen Plateau, über dem sich die mächtigen **Sangre de Cristo Mountains** erheben. Die erste Ausfahrt mündet in Cerrillos Road, die wahrlich keinen roten Teppich zur Begrüßung ausrollt. Wie sollte sie auch! Doch irgendwann geht dieser ganz gewöhnliche *commercial strip* zu Ende, der Hinweis DOWNTOWN PLAZA deutet es an.

Die Stadt des »heiligen Glaubens« wurde 1610 von Don Pedro de Peralta gegründet und ist damit die älteste europäische Siedlung westlich des Mississippi. Schon nach wenigen Minuten wird klar, dass dieses Santa Fe einfach die Hauptstadt des »Milden Westens« sein muss, denn kaum eine andere Stadt der Region verdichtet dessen kulturelle Bausteine so sinnenfällig wie sie.

Die alte Siedlung am Ende des nach ihr benannten Trails war einst Zentrum der spanischen Kolonialmacht und stets eng mit dem Handel der Pueblo-Indianer verbunden; heute ist sie Regierungssitz und seit Jahren magischer Anziehungspunkt für alle, die im *American way of life* nicht mehr das Nonplusultra sehen.

Das fällt schon beim ersten Rundgang auf. Die traditionelle Adobebauweise beherrscht dank konservatorisch strenger Überwachung fast die gesamte Innenstadt. Wo die Anwendung der alten Techniken zu mühsam war oder dem modernen Bautempo und den erforderlichen Funktionen nicht entsprach, hat man sich bemüht, zumindest im Adobestil zu bauen – Tankstellen, Hotels, ja, sogar die Bank.

Die Bewohner fallen nicht minder aus dem Rahmen. Ungewöhnlich viele sind überqualifiziert, Leute, die einfach in dieser Stadt leben wollen, die es beruflich bereits geschafft oder sonstwie weit gebracht haben, aber eine persönliche Veränderung für wichtig halten. Selbstbesinnung statt Berufsstress, Muße statt Karriere: Santa Fe scheint an solchen Biografien mitzuschreiben.

Nirgendwo bekommt der Besucher das ungewöhnliche Milieu dieser Stadt besser zu spüren als in ihrem Herzstück, der **Plaza**. Hier trifft sich und kreuzt alles, was Santa Fe seine Vielfalt verleiht, – ein idealer Ort zum Sitzen und Schauen, ein Platz aber auch, der emsig umkurvt wird – von zerbeulten Pick-ups, ordentlichen Touristenmietwagen, eiligen Biertransportern, hispanischen *low riders* oder *high rollers*. Man hört Englisch, Spanisch und indianische Sprachen, denn beim Gouverneurspalast haben die Indianer der umliegenden Pueblos ihre Decken ausgebreitet und bieten selbstgefertigten Schmuck an.

Schon Simone de Beauvoir war von der lebendigen Mischung vor Ort angetan. »Die Kleidung der Männer und Frauen«, schreibt sie, »ist ebenfalls bemerkenswert und erinnert ein wenig an die der Sommerfrischler in Saint-Tropez. Santa Fe kommt mir wie ein Saint-Tropez vor, wo die Indianer – wenn auch etwas geheimnisvoller – die Rolle der einheimischen Fischer spielen, deren Hosen und Südwester von den Badegästen imitiert werden.« Santa Fe vereint auf engstem Raum die sanfte, bisweilen modische Mischung dreier Kulturen.

198

## 7. Tag: Santa Fe

**Programm/Route:**
Plaza, Sena Plaza, Canyon Road und Museen
Oder: Ausflug nach Taos und zum Bandelier National Monument

**Route nach Taos:** In Santa Fe hinter dem Postamt (Paseo de Peralta) über den Old Taos Hwy. zur US 84/285 nach Pojoaque, Espanola, Velarde und Taos. Stopp an der Plaza; weiter durch den Ort zum Taos Pueblo; Rückfahrt über US 84/285, bei Pojoaque rechts ab über die S 502 Richtung Los Alamos zum Bandelier National Monument, Wanderung. Zurück zur US 84/285 nach Santa Fe

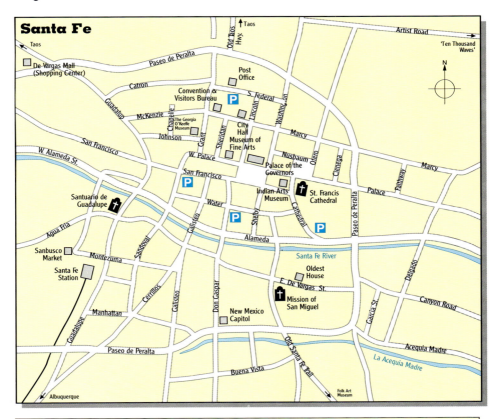

**Service & Tipps:** Lunchempfehlung in Santa Fe: <u>Sena Plaza</u>, lauschiger Innenhof, hervorragende neumexikanische Küche ($$); auf dem Weg nach Taos, nördlich von Velarde: <u>Embudo Station</u>, das einzige Restaurant unmittelbar am Rio Grande – traumhaft gelegen, gute

> Küche, drinnen und draußen; in Ranchos de Taos: <u>Trading Post Cafe</u>, 4179 Hwy. 25, Mo geschl., eins der besten Restaurants weit und breit, mit viel Geschmack dekoriert ($$); in Taos: <u>Apple Tree Restaurant</u>, 123 Bent St., Innenhof mit Tischen unterm Apfelbaum; Restaurants in Santa Fe finden Sie beim 6. Tag, S. 197.

Ein ganzer Tag in **Santa Fe**? Nichts schöner als das! Beginnen wir auf der **Plaza**. Gewöhnlich kommen die Dinge hier morgens recht gemächlich in Gang. Peu à peu belebt sich der Platz. Die Gärtner widmen sich den Rasenstücken, die ersten Touristen vertreten sich die Beine, und die Indianer der umliegenden Pueblos entfalten ihre Decken unter dem lang gezogenen Portal des **Palace of the Governors** und legen ihren Schmuck aus. In den spanischen Gouverneurspalast von 1610 sollte man kurz hineinsehen, denn er beherbergt eine aufschlussreiche kleine Ausstellung zur Stadt- und Besiedlungsgeschichte, einen Museumsladen und eine gut sortierte Buchabteilung für die voluminöse Literatur zur Kultur des Südwestens.

Nur wenige Schritte liegen zwischen der alles verbindenden Plaza und der **Sena Plaza**. Die ehemalige (1831) Hazienda ist heute ein hinreißender Baukomplex mit kleinen Kunstgewerbeläden, schattigen Bänken und blühendem Innenhof aus lila Flieder, gelbem Löwenzahn und rotem Klatschmohn.

Von der Plaza führt der **Old Santa Fe Trail** am La Fonda Hotel vorbei zum Santa Fe River (mit einem schattigen Wanderweg an seinem Ufer) und, bei der **San Miguel Church**, zum so genannten *barrio de Analco*, einem ehemals spanisch besiedelter Stadtteil mit sehenswerten alten Lehmziegelhäusern an der East de Vargas Street: das Roque Tudesqui House (Nr. 129) oder das Gregorio Crespin House (Nr. 132). Neben der schönen Adobekirche San Miguel, deren dicke Lehmwände trotz zahlreicher Umbauten und Restaurierungsarbeiten seit dem 17. Jahrhundert standhalten, steht noch das älteste Haus der USA, von indianischen Baumeistern vor mehr als 800 Jahren errichtet.

Die De Vargas Street mündet in die **Canyon Road**, die führende Kunst- und Modemeile von Santa Fe. Ihr dörflich-rustikaler Charme lässt kaum vermuten, wie apart die Preise sind, die hier bisweilen verlangt werden. Aber so ist das nun mal in Santa Fe: Geschäfte vollziehen sich in geschmackvollem Ambiente, unter plätschernden Brunnen, blühenden Büschen und summenden Bienen, in lieblichen Lehmburgen mit bunter Bleiverglasung. Canyon Road ist ein kommerzielles Paradiesgärtlein, in dem man sich nach Herzenslust ergehen kann.

Zurück zur Plaza, um eine Pause einzulegen. Ringsum in der Nähe gibt es allerlei Essbares und Getränke zum Mitnehmen nach draußen, auf eine der Bänke. Hier eine Stunde lang Siesta zu machen mag für ein Sandwich übertrieben lang erscheinen, nicht aber für die eigentliche Hauptsache: zu verfolgen, was sich hier abspielt.

Für den Nachmittag bietet sich eine Autowanderung zu ein paar abgelegenen Kulturschauplätzen der Stadt an. Da ist zunächst die Gegend um **Guadalupe Street**, das »neue« Santa Fe, obwohl es der Substanz nach gar nicht neu ist, sondern nur renoviert und ausgebaut: Restaurants, Galerien und Kunstgewerbeläden. Den Bezugspunkt der schicken Newcomer bildet ein durch und durch provinzieller Bahnhof, der aber mit seinem Namen fest ins Geschichtsbuch des Wilden Westens eingetragen ist: **Santa Fe Station**. Manchmal schnaubt eine Lok der gleichnamigen Eisenbahnlinie auf den einsamen Gleisen herum, aber mehr als vereinzelte Gütertransporte laufen hier nicht. Die interkontinentalen Passagierzüge halten ein paar Kilometer südlich von Santa Fe in einem Nest, in Lamy. Immer schon. Einige Westernklischees wollen es nicht wahrhaben, aber: Santa Fe hat nie am Rio Grande oder der Eisenbahnlinie gelegen.

# 7. Tag   APACHE TRAIL

*Herzstück der alten Hauptstadt: Santa Fe Plaza*

Am besten parkt man in einer der Seitenstraßen der Guadalupe Street oder auch am Bahnhof, und nach einem kleinen Orientierungsgang oder auch dem Besuch der Adobekirche **Santuario de Guadalupe** geht es weiter mit dem Auto zu einer der bedeutendsten Sammlungen der Stadt, der Volkskunst im **International Folk Art Museum**. (Alternativ dazu: das **Georgia O'Keeffe Museum**.)

Die **Alternative** heißt: Pueblo-Besuch in Taos und/oder Wanderung in Bandelier. Eine gute Stunde fährt man nach Taos, ab Velarde sogar für eine Weile unmittelbar am Rio Grande entlang. An der Plaza in **Taos** sollte man entweder auf der Hin- oder Rückfahrt zum Pueblo ebenso einen kurzen Stopp einlegen wie bei der hübschen Kirche **San Francisco of Assisi** in **Ranchos de Taos** (ein paar Kilometer südlich von Taos, einen Block östlich der S 68).

Architektonischer Höhepunkt ist der bis zu fünfstöckig aus Lehmziegeln gebaute **Taos Pueblo** (1000–1450), sicher das eindrucksvollste unter den bewohnten Indianerdörfern des gesamten Südwestens. Um die 150 Tewa-Taos-Indianer leben heute im Pueblo, knapp 2 000 ringsum auf dem Lande, das zum Reservat gehört. (Vgl. auch 4. Route Juwelen der Natur, 14. Tag, S. 229 f.)

Vorbei an den Atomlabors von Los Alamos gelangt man zum **Bandelier National Monument**, einer historischen Felsensiedlung und Kiva im Tuffstein, die über kleine Leitern zugänglich sind. Außerdem gibt es Bauten aus Steinschutt am Felsen bzw. Grundmauern von Tyuonyi, einem Anasazi-Pueblo aus dem 14./15. Jahrhundert zu sehen. Diese um eine Plaza mit mehreren Kivas gebaute Rundanlage hatte einmal drei Stockwerke und 400 Räume. Die empfohlene Wanderroute führt an den Ruinen des Pueblo auf dem Talgrund vorbei zu den Höhlenwohnungen und schließlich (über steile Leitern) zur Kiva am Hang. Wanderfreunde sollten am Ende des Rundgangs den schattigen Pfad am Bach entlang in den Bohnen Canyon weiterlaufen: unten Fichtelgebirge, oben Anasazi. (2–3 Stunden Zeit sollte man nach Bandelier mitbringen.)

APACHE TRAIL                                                    8. Tag

## 8. Tag: Santa Fe – Albuquerque (ca. 100 km)

**Route:**

**In Santa Fe über Cerrillos Rd., außerhalb der Stadt wird sie zur S 14 und zum Turquoise Trail. Diesen über Madrid (Lunchpause), Golden, San Antonio bis Cedar Crest. Dort über I-40 nach Westen und Albuquerque. Am Ostrand der Stadt über Abfahrt Central Ave. (historische Route 66), diese bis San Felipe oder Rio Grande Blvd., dort rechts abbiegen und den Schildern zur Old Town folgen (vgl. Karte).**

*Service & Tipps*: High Noon Restaurant & Saloon, 425 San Felipe St., Old Town Albuquerque: nettes Restaurant in Plaza-Nähe ($–$$).

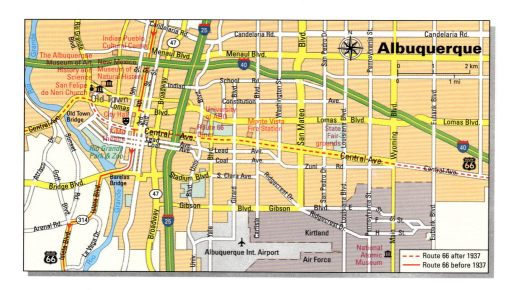

Die Ausfahrt über Cerrillos Road erleichtert den Abschied von Santa Fe, denn spätestens hier macht die Adobe-Romantik dem gewohnten Zeichensalat amerikanischer Ein- und Ausfallstraßen Platz. Außerhalb der Stadt geht sie in den Highway 14 über, den so genannten *Turquois Trail*, weil es sich hier um eine ehemalige Handelsstraße für Türkis-Edelsteine handelt. Im Gegensatz zur fast parallel verlaufenden Interstate ist der *Turquois Trail* so etwas wie die *back road* oder das verträumte Hintertürchen von Santa Fe.

Gerahmt von den Sangre de Cristo Mountains zur Linken und (später) von den Ausläufern der Sandia Mountains zur Rechten passiert der Highway einige alte Minenstädtchen, *ghost towns* für lange Zeit, aber seit Ende der 1970er Jahre attraktiv für bildende Künstler, Poeten und Individualisten aller Art.

»Nur für Bewohner« warnt ein selbstgebasteltes Schild an einem baufälligen Schuppen in **Madrid**. Leblos kann dieser Flecken also nicht sein. Und tatsächlich, die Übergänge zwischen den alten Geistern und den neuen Siedlern sind fließend in und um die meist hölzernen Hausruinen dieser ehemaligen Bergwerkssiedlung.

Vor der Mine Shaft Tavern beim Old Coal Mine Museum versammelt sich meist nachmittags ein munteres Völkchen zur Happy Hour. Bärtige Einzelgänger, Kinder und Hunde bevölkern die Straße zwischen bemalten Häusern, Boutiquen und Galerien. Ja, es gibt sogar ein MADRID PLAZA PARKING. Sonntags kommt außerdem die Musik zum Zuge.

Zwischen Mai und September klingen Kammermusik, Jazz und Bluegrass durch den Old Ballpark des Städtchens. Madrid ist eine Art kunstgewerbliche Sanyasin-Gemeinde, insbesondere für jene, die zur Alternative Santa Fe eine wirkliche Alternative suchen. Vielen jüngeren Künstlern ist der Galeriebetrieb in Santa Fe zu hektisch und zu teuer. Im Nachbartal, in Galisteo, leitet Chris Griscom, eine führende New-Wave-Dame, die auch in der Schweiz und Deutschland spirituelle Schulen unterhält, das »Light Institute«.

**Golden**, wie der Name ahnen lässt, verdankt sein Schicksal dem Gold, das hier 1825 gefunden wurde, übrigens das erste jenseits des Mississippi. Heute präsentiert sich der Ort als reizvolles Fotomotiv: mit einer schönen Adobekirche und einem alten Friedhof.

Das große **Albuquerque** wartet mit einem vielseitigen Besucherprogramm auf. Etwa mit dem **Indian Pueblo Cultural Center** (2401 12th St. N.W., zwischen Indian School Rd. & Menaul Blvd.), einem Zusammenschluss der 19 Pueblos am oberen Rio Grande, das kunsthandwerkliche Demonstrationen, Tanzvorführungen an Wochenenden (im Gegensatz zu den Pueblos ist Fotografieren hier erlaubt und sogar kostenlos) und eine permanente Ausstellung zeigt.

Route-66-Fans sollten sich zumindest den östlichen Teil von **Central Avenue** nicht entgehen lassen, wo noch einige Oldtimer in Form von betagten Motels, Imbissstationen und Tankstellen überlebt haben, etwa das **El Vado Motel** von 1937 oder die **Monte Vista Fire Station**, ein Esslokal von 1936 im Pueblo-Revival-Stil (Nr. 3201), oder auch das **KiMo Theatre** von 1927 (Nr. 423). Der **Route 66 Diner** (Nr. 1405) ist dagegen neueren Datums, aber das macht nichts.

Ein Stückchen weiter westlich folgen die Schilder nach **Old Town**, dem historischen Straßenkomplex rund um die Plaza, die mit ihren Innenhöfen, Arkaden und schattigen Durchgängen für hübsche Plätzchen zum Shopping und für mexikanische Leckerbissen sorgt. Gleich am Platz steht die Kirche **San Felipe de Neri** – ein Stilgemenge aus viktorianischer und Adobearchitektur als Ergebnis zahlreicher Umbauten seit der Entstehung 1706. Kommt man zufällig in der richtigen Woche im Oktober nach Albuquerque, dann erlebt man das berühmte internationale Heißluftballonfestival – ein jedes Jahr wieder imposanter Auftrieb von bunten Blasen am neumexikanischen Strahlehimmel.

## 9. Tag: Albuquerque – Acoma Pueblo – Gallup – Ganado – Chinle – Canyon de Chelly National Monument, AZ (ca. 520 km)

**Route:**

**In Albuquerque I-40 nach Westen, Abstecher nach Acoma über S 23; zurück zur Interstate Richtung Grants bis Gallup; dort US 666 nach Norden, S 264 über Window Rock bis Ganado, dort US 191 nach Norden bis Chinle.**

Mit Albuquerque im Rückspiegel zieht die Interstate zügig nach Westen. Bald taucht rechter Hand der weiße **Laguna Pueblo** auf, den man von einem *view point* gut überblicken kann.

Der Abzweiger nach **Acoma** führt zu einem besonders eindrucksvollen Pueblo, nach **Sky City**, so genannt wegen seiner Lage hoch oben auf einem monolithischen Felsen. Dieser karge Zauberberg trägt eine der ältesten Siedlungen des Landes; seit 1075 leben hier die Acoma-Indianer. In der Mehrzahl arbeiten sie heute als Farmer und Viehtreiber im Reservat, im Dorf selbst wohnen zurzeit nur 40 bis 60 Personen.

Man parkt unten am Visitor Center, einem Komplex aus Cafeteria, Museum und Souvenirladen, und meldet sich dort für eine Führung an. Oben findet man, ähnlich wie in Taos Pueblo, die mehrstöckigen Stein- und Lehmziegelbauten. Besonders fotogen wirken die Holzleitern, die zum zweiten oder dritten »Stock« der Häuser führen. Die *guided tour*, die geschäftstüchtig nicht nur an den Sehenswürdigkeiten, sondern auch an zahlreichen Verkaufsständen vorbeiführt, bewegt sich zuerst zur mächtigen **Mission San Esteban Rey**, deren mühseliger Bau 1629 begann und von deren vorgelagertem Friedhof aus man einen schönen Weitblick auf die von anderen Mesas bestückte Ebene hat, vor allem auf die gegenüberliegende **Enchanted Mesa**.

Die Interstate 40 führt weiter nach **Grants**, in dessen Nähe, in Ambrosia Lake, seit den 1940er Jahren große Uranvorkommen abgebaut werden, um deren Besitz- und Nutzungsrechte Indianer und auswärtige Erschließungsfirmen sich heftig zanken. Im Gegensatz zu den landschaftlichen Highlights entlang der Straße und trotz roter Sandsteinmesas und Lavafeldern präsentiert sich der Highway mehr und mehr als kommerzielle Schneise für Anzeigengeschäfte im Ost-West-Transit. Nebenher rollen die Güterzüge, geführt von den gelben Nasen der Loks der Santa-Fe-Eisenbahn.

Schließlich **Gallup**, das sich meilenweit parallel zur Bahnlinie hinzieht. Stolz nennt es sich »Welthauptstadt der Indianer«, weil es die einzige größere Stadt in Reichweite des weitläufigen Navajo- und des Hopi-Reservats ist. Die Nähe äußert sich in zahlreichen Kunstgewerbeläden, die unübersehbare Mengen indianischer Arbeiten anbieten, insbesondere Silber- und Türkisschmuck der Zuni.

An der US 666, außerhalb von Gallup, ist landwirtschaftliche Vorsorge Trumpf. Die meisten *supply shops* bieten Geräte und Futtermittel an. An einigen Gebäuden kann man *feed and pawn* lesen, was in Reservatsnähe bedeutet, dass man ein indianisches Schmuckstück gegen ein Bündel Heu tauschen kann. Hinter Window Rock, dem Verwaltungszentrum der Navajo-Nation, verläuft das Band der Straße durch Ponderosakiefern Richtung **Ganado**, zum Sitz des berühmtesten Handelspostens im Südwesten, dem **Hubbel Trading Post**. Hier sehen sich die Touristen nach indianischen Souvenirs um, während die Indianer ihre Lebensmittel einkaufen. In der Nähe steht ein alter *hogan*, die traditionelle Behausung der Navajo, und dann ist da noch ein Besucherzentrum, wo indianische Weberinnen und

Silberschmiede am Werk sind. Eine mittelgroße Decke zu weben erfordert vier bis sechs Monate mühsame Kleinarbeit; die stolzen Preise werden da verständlich.

Schnurstracks zieht die US 191 einen dünnen Asphaltstrich durch das weite Tal, dessen Felsränder in Pastellfarben leuchten. Im Autoradio mischt der indianische Sprecher unter die Country & Western-Töne englische Werbesprüche und Nachrichten in der Navajo-Sprache.

**Chinle** bietet neben anderem Nützlichen einen Supermarkt zum Eindecken fürs Picknick im nahen **Canyon de Chelly National Monument**. Im Visitor Center bekommt man, wie meistens, gute Karten und anderes Informationsmaterial. Dann aber hinauf zum Canyon, zum South Rim Drive. Hinauf? Ja, denn die Straße verläuft am oberen Rand der Steilwand, von der sich abgrundtiefe Blicke auftun. An den diversen Aussichtspunkten verkaufen die Navajo ihre Arbeiten: Silberschmuck, Ketten aus Türkis und Koralle. Eine Indianerin erklärt ihre Sandbilder, die Technik und die immer wieder auftauchenden Symbole der vier heiligen Pflanzen: *corn* (Mais), *squash* (Kürbisse), *tobacco* und *beans*.

Die Navajo leben etwa seit 1700 n. Chr. in dieser Region; der verzweigte, abgeschiedene Canyon de Chelly war ihre letzte Zuflucht im Krieg gegen die US-Armee. 1864 drang die Kavallerie unter der Führung von Kit Carson in diese natürliche Festung ein und zwang die Navajo zum Aufgeben. 8 000 Indianer wurden daraufhin in den Osten von New Mexico umgesiedelt, durften aber später wieder hierhin zurückkehren. Noch heute leben Navajo im Canyon, was man an den kleinen Farmen und Obstgärten tief unten am Flussufer erkennen kann.

Ein letzter Stopp auf dem Rim Drive: der **Spider Rock Overlook**. 300 Meter über der Canyonsohle sieht man sich hier einem Gewirr von tiefroten Felswänden und nackten Steilhängen gegenüber. Unbezwingbar ragt in der Mitte des engen Tals die graziöse Säule des Spider Rock 244 Meter hoch auf. Die Navajo erzählen ihren Kindern, dass auf der Spitze des Felsens die Spinnenfrau wohne, die ungehorsame Kinder in ihr Nest dort oben hole. Die helle Farbe der Felsen auf dem Spider Rock überzeugte die Sprösslinge der Navajo von der Wahrheit dieser Drohung, denn das konnten nur die ausgebleichten Gebeine der bösen Kinder sein.

## 10. Tag: Chinle – Monument Valley – Kayenta (ca. 260 km)

**Route:**

**Von Chinle US 191 nach Norden über Many Farms, Round Rock und Mexican Waters nach Utah bis Bluff, dort US 163 Richtung Mexican Hat, durchs Monument Valley nach Kayenta.**

> *Service & Tipps:* Ein Stopp im <u>Goosenecks State Park</u> (nordwestlich von Mexican Hat) in Utah, eine sehenswerte Haarnadelkurve des mäandernden San Juan River.

Vieh, Pick-ups, Satellitenschüsseln, Hogans: die US 191 geizt erst mal mit großen Attraktionen. Ab und zu gibt es vielleicht eine Art Sandhose zu sehen, Sand, den der Wind von den Feldern aufwärts zwirbelt. Die Indianer nennen diese windigen Sachen »Staubteufel«, weil sie darin böse Geister vermuteten. Kurz hinter **Many Farms** bekommt man angesichts der beiden markanten Round-Rock-Felsen einen optischen Vorgeschmack aufs Monument Valley. Der erste Fernblick auf dieses Tal der Täler südwestlich von Bluff stimmt in der Tat erwartungsvoll. Erhaben thronen die mächtigen Felssäulen im Gegenlicht.

Zunächst aber liegt ein Abstecher zu den **Goosenecks** nahe – zu den Gänsehälsen, wie diese erodierte Flusslandschaft genannt wird, die der San Juan River über lange Jahrtausende in den Fels geschnitten hat. Rund 300 Meter tief unten schlängelt er sich vorwärts. Kaum zu glauben, dass ein solches Rinnsal so viel ausgefressen hat.

Als bekanntes Markenzeichen des großen Tals grüßt der **Mexican Hat** linker Hand als steinerner Sombrero. Eine Stichstraße führt diejenigen, die genauer hinsehen möchten, zu dieser drolligen Steinmütze. Der Ort selbst ist fix beschrieben: zwei kleine Motels, Café, Bar und Laden.

Im Visitor Center des **Monument Valley** (dicht umstellt und besetzt von Verkaufstheken und Lattenverschlägen fliegender Navajo-Händler) erfährt man unter anderem, welche Bereiche man allein und welche man nur mit Führer erkunden kann. Empfehlenswert ist eine kurze *self-guided tour* mit dem eigenen Wagen. Fährt man mit einem allradgetriebenen Fahrzeug und indianischer Führung oder auf einer Jeep-Tour hinauf zur Hunt Mesa, um dort oben den Sonnenuntergang zu erleben, sieht man natürlich mehr.

Wer sich nach einem staubigen Tag auf die Happy Hour freut, dabei aber nicht auf eigene Bestände zurückgreifen kann, hat schlechte Karten. Kayenta und alle Hotels sind, da auf Indianerterritorium gelegen, *dry* – und das heißt: strikt alkoholfrei.

## 11. Tag: Kayenta – Page (ca. 190 km)

**Route:**

**In Kayenta kurz die US 163 nach Süden zur US 160, diese nach Westen; S 98 nach Page.**

> ***Service & Tipps:*** Wer eine weitere indianische Klippensiedlungen und einen spektakulären Canyon dem Baden und Bootfahren auf dem Lake Powell vorzieht, sollte das <u>Navajo National Monument</u> (45 km westlich von Page über S 564) ebenso wenig verpassen wie den <u>Antelope Canyon</u> (kurz vor Page, linker Hand von der S 98 ab; Nähe Kraftwerk; Eintrittskarten dort Mo–Fr 9–16 Uhr). In Page: <u>Ken's Old West</u>, 718 Vista Ave.: uriger Holzschuppen und Lounge mit deftigen Gerichten. Abends oft Live-Musik ($–$$).

Nur eine halbe Stunde braucht man von Kayenta zum **Navajo National Monument**, das Kurzbesuchern die Chance zu einem kleinen Morgenspaziergang zum Canyonrand bietet. Man kann dem kleinen Trampelpfad ein Stück über den geteerten Weg hinaus, der beim Visitor Center beginnt, folgen und vorn am Abhang über dem Canyon eine Weile sitzen bleiben. Die historische Klippensiedlung, der im Canyon de Chelly nicht unähnlich, ist schon mit bloßem Auge gut zu erkennen. Hier lebten im 13. Jahrhundert die Kayenta-Anasazi, aber ungewöhnlich kurz. Nur etwa 50 Jahre lang waren die Felsaushöhlungen bewohnt, obwohl sie sich, nach Süden hin offen, als Behausungen bestens eigneten, weil sie im Winter die Sonnenwärme nutzbar machten. Man vermutet, dass starke Erosionen das Flussbett und die angrenzenden landwirtschaftlich genutzten Landflächen plötzlich absenkten und schließlich zerstörten.

Bei den Piñonkiefern, unter denen man diesen Gedanken nachhängen kann, wachsen rundblättrige Büffelbeeren, Wacholder, Klippenrosenbüsche und natürlich die hartgesottenen Burschen, die Yuccas, aus denen die Navajo und Hopi Malpinsel und Sandalen herstellten und sogar Shampoo gewannen, indem sie die Wurzeln zerstampften.

Schafherden kreuzen den Highway: erst der Hund, dann die Lämmer, zuletzt der indianische Schäfer. Nach dem Abzweig in Richtung Page kommt stärkere Bewegung ins Landschaftbild, vielfarbige Gesteinsschichten, tolle *scenic views* und in der Ferne die roten Kamine und Felswände, die den Lake Powell einschließen.

Gleich hinter dem dampfenden Kraftwerk in Seenähe steht links auf einem Parkplatz am *wash* des **Antelope Canyon**: ANTELOPE CANYON. ACCESS INTO PREMISES WITH PERMIT ONLY. PERMIT CAN BE PURCHASED HERE. Gewöhnlich parkt hier ein Pickup mit Indianern, die den Besucher für eine Eintrittsgebühr zum Eingang des Antelope Canyon fahren, denn der liegt im Reservatsgebiet.

Unter den so genannten *slot canyons* der Gegend gilt der Antelope Canyon als einer der dekorativsten, besonders zur Mittagszeit, weil dann die Sonne senkrecht durch den Spalt einfällt und das Gestein zum Leuchten bringt. Man kann auch von der Straße zu Fuß zur Mündung gehen, aber gerade zu dieser heißen Tageszeit ist der Weg durch Sand und Geröll mitunter schweißtreibend.

Vorsicht ist bei dräuenden Gewittern geboten! Regenmengen können die leuchtende Schlucht im Nu in einen reißenden Wasserstrom verwandeln, der alles und alle mit sich reißt. Dass überhaupt in der Wüste mehr Menschen ertrinken als verdursten, gehört im Übrigen zu den Erkenntnissen, die viele nicht wahrhaben wollen.

**Page** liegt praktisch um die Ecke, und jedem wird sofort klar, dass dieses Örtchen nichts anderes als eine Versorgungsstation für den Freizeit- und Sportbetrieb an und auf **Lake Powell** ist. Unterkünfte, Kulinarisches und technische Ausrüstungen für die Bootsfreunde stehen an erster Stelle.

Den Anfang machte die Staumauer des Glen Canyon Dam, der sich zum Lauf des Colorado River quer stellt. Schon bei Baubeginn sah man das Wachstum der 1957 gegründeten Siedlung voraus und tauschte deshalb mit den Navajo-Indianern 17 Quadratmeilen des umliegenden Landes gegen einen Batzen gleicher Größe in Utah. Resultat: Page wurde zu einer Enklave innerhalb des Reservats. Und da die Indianer die Sommerzeitumstellung nicht mitmachen, geraten viele Anglos leicht in Zeitverwirrung. In Page muss jeder genau wissen, wo er sich gerade befindet und wohin er will.

Zu beiden Seiten des Staudamms erstrecken sich unterschiedliche Wassermengen: rechts das weite Blau des Lake Powell, links das grünliche dünne Rinnsal jenes Stroms, der seinem spanischen Namen »Roter Fluss« nicht mehr entspricht. Die rote Farbe rührte von den aufgewühlten Stein- und Schlammpartikeln her, die nun am Glen Dam hängenbleiben und auf die Dauer zur Versandung des Lake Powell führen werden. Auf absehbare Zeit aber wird er bleiben, wofür er beliebt ist: Quelle aquatischer Erholungsfreuden und elektrischer Energie, was die zahlreichen Haus- und Schnellboote ebenso beweisen wie die Eisenmasten und Verdrahtungen in Dammnähe.

An den Badestränden in Page kann man schön faulenzen, wenn man sich nicht von einer Schiffstour zum Besuch der unbestrittenen Schönheitskönigin in einem Seitencanyon des Sees verlocken lässt: der **Rainbow Bridge**, des »Stein gewordenen Regenbogens«, wie sie in der Sprache der Navajo heißt.

## 12. Tag: Page – Cameron – Grand Canyon (ca. 250 km)

**Route:**
**In Page US 89 nach Süden bis zum Cameron Trading Post, dort S 64 nach Westen zum Grand Canyon Village.**

*Service & Tipps:* Besuch der Lounge oder des Restaurants ($$–$$$) im feudalen El Tovar Hotel im Grand Canyon Village.

Der Lake Shore Drive führt rasch aus der Stadt heraus und präsentiert den Stausee als Vordergrund für eine spektakuläre Landschaftskulisse, die von den farblich abgestuften Felsen auf der Utah-Seite ebenso profitiert wie von dem am Horizont aufragenden, oft von weißen Wolken umhüllten Navajo Mountain. Lake Powell: noch ein Monument Valley, nur diesmal geflutet.

Südlich von Page bleiben die gewaltigen **Vermilion-Klippen** noch eine Weile in Sicht, bevor sie und jener Canyon entschwinden, der später im Nationalpark sein grandioses Comeback feiern wird. Steil stürzt der Highway am Antelope Pass vom Kaibito Plateau die Echo Cliffs hinab ins Tal des Little Colorado River. Bitter Springs hört sich zwar nicht gut an, aber die Aussichten ringsum sind umso schöner.

Es folgen Weideland und ab und zu typische versprengte Navajo-Gehöfte: ein buntes Allerlei aus Hogan, Fertighaus oder Wohnwagen mit Reifen auf dem Dach, *corral*, Zweit- und Drittautos plus Gerümpel. Und während die Konturen der schneebedeckten San Francisco Mountains allmählich immer klarer zu sehen sind, wird es in der Painted Desert ringsum steiniger und farbiger.

Die meisten Verkaufsstände der Navajo, Buden aus Pappmaché und Abfallholz mit schattenspendenden *ramadas*, nehmen inzwischen schon Kreditkarten. Ein Lattenverschlag gibt sich besonders exklusiv: AMERICAN EXPRESS ONLY, steht auf dem Schild. Handgeschrieben und gut vom Auto aus zu lesen.

Nach Passieren des **Cameron Trading Post** beginnt der Endspurt zum Grand Canyon, und die Straße steigt beträchtlich. Bald öffnet sich der Blick nach Osten über die Ebene und auf die ersten Ritzen eines kleinen Canyon in der Hochfläche: des **Little Colorado River**, eines Zulieferers zum großen Bruder. Der nächste *vista point* zeigt mehr von der Schlucht. Keine Frage, in ein paar Millionen Jahren wird aus dem »Little« sicher auch ein »Grand«.

Endlos zieht sich die Straße höher und höher durch das dichtbewaldete Plateau, bis gleich hinter dem Parkeingang die Wälle und Zinnen, Tempel und Schluchten auftauchen. Schon der erste Eindruck vom **Grand Canyon** am Desert View Point hat es in sich. Beim nächsten, dem Yavapai Point, auf dem Weg zum Visitor Center, stockt so manchem der Atem. (Weitere Informationen vgl. 2. Route Best of the West, 6. Tag, S. 176 f.)

Die Eindämmung des Colorado River durch den **Glen Canyon Dam**, der den uralten Fließrhythmus durcheinander bringt, zunehmend dickere Luft, die den Blick trübt, aber auch die Touristenmassen auf und über seinen Fluten sind Alarmzeichen, die inzwischen auch anderen Nationalparks Sorgen machen.

Seit langem überlegt man, wie die Zahl der Privatautos und Fluggeräte eingeschränkt werden kann: durch den Umstieg auf Massenverkehrsmittel, die Schließung der Hotels und Camps im Park und die Einrichtung so genannter »Gateway Villages« an seinen Rändern.

## 13. Tag: Grand Canyon – Flagstaff – Oak Creek Canyon – Sedona (ca. 175 km)

**Route:**

**Vom Grand Canyon Village US 180 nach Flagstaff, dort Hwy. 89A nach Süden durch den Oak Creek Canyon nach Sedona.**

> *Service & Tipps:* Sehenswert in Flagstaff ist das Museum of Northern Arizona, an der US 180 kurz vor Erreichen der Stadt, tägl. 9–17 Uhr.

Auf der Fahrt vom Grand Canyon nach Flagstaff begrenzen die meist schneebekrönten, konischen Vulkankegel der **San Francisco Mountains** den Horizont zur Linken. Die heiligen Berge der Navajo und Hopi sind die Heimat der Kachinas, jener geschmückten Gesellen aus mythischen Welten, die zu den zeremonialen Feiern in die Dörfer kommen, um für Regen, Fruchtbarkeit und Wohlstand zu tanzen oder, als Clowns, um den Spaßvogel zu spielen.

Der nahe **Humphreys Peak** ist mit 3 860 Metern der höchste Gipfel in Arizona. Kurz vor der Stadt sollte man noch einen Stopp einlegen, um das auf der Reise bisher Gesehene aufzufrischen: im **Museum of Northern Arizona.** Massiv gebaut aus braungrauem Stein, sitzt der weitläufige Bau geduckt im Wald – so unscheinbar, als wäre auch drinnen nicht viel zu erfahren. Falsch. Die wechselhafte geologische Geschichte des Colorado-Plateaus wird ebenso anschaulich erläutert wie die Knochen der Dinosaurier; daneben gibt es Lehrreiches über die prähistorischen und modernen Indianer zu sehen. Eine ganze Kiva wurde originalgetreu nachgebaut, und wem es die Webmuster der Navajos angetan haben, der kann hier Details finden.

**Flagstaff** – die wichtigste Stadt im Nordosten des Staates, Handelszentrum der Holzarbeiter und Indianer, der Schaf- und Viehzüchter. Südlich von ihr sorgt der lauschige rotfelsige **Oak Creek Canyon**, der praktisch vor der Haustür liegt, für einen lieblichen Landschaftswechsel. Im Sommer beherrscht die Beach-Party-Szene den **Slide Rock State Park**, weil er auf und zwischen den Steinen im Wasser Kühlung anbietet. Besonders im Herbst, wenn die Blätter Farbe bekennen, entfaltet der Canyon seine natürliche Schönheit.

Bei der Einfahrt nach **Sedona** wirbt ein »Treatment Center« für eine *Therapy on the Rocks:* Der Hang zum Höheren ist unverkennbar. Er ist dem Ort mindestens so eigen wie jene Einrichtungen, die jede *resort town* zieren, die eher den irdischen Wünschen nach einem guten Leben nachkommen möchte: mehr als drei Dutzend Galerien mit *Western art*, Shopping vom Feinsten und jede Menge Cafés und Gourmet-Restaurants. Und im Red Rock Country darf der alpine Touch natürlich nicht fehlen: Die »Matterhorn Motor Lodge« hat das begriffen.

Die Familie der Namenspatronin und Pionierin Sedona Schnebly baute hier 1902 Haus und Garten: ein »Sedona« *in nuce*. Längst ist daraus ein etabliertes Touristen-Mekka geworden, das Natur- und Kunstfreunde gleichermaßen erfreut, denn außer Fiestas (mit buntem *ballet folklórico*), Jazz- (September), Kammermusikfestivals (Juni) und Weihnachtsfeiern (mit leuchtenden *luminarias*) werden im *red rock outback* Wanderrouten, Heißlufttrips, Jeeptouren und Lamatrecks angeboten.

Neben einem guten Dutzend renommierter Restaurants bemühen sich eine Reihe erstklassiger Resorts darum, die Reisekassen der zahlungskräftigen Klientel zu erleichtern. Auch viele Rentner wissen das zu schätzen. Lediglich die Einheimischen meiden das teure Pflaster: Ein Großteil des Dienstleistungspersonals (und der Ranger) zieht es vor, außerhalb des Ortes zu wohnen.

Die lokale Kunstszene ist im Übrigen noch gar nicht so alt. Sie geht auf den Anfang der 1960er Jahre zurück, als das **Sedona Art Center** gegründet wurde – bis heute eine Kombo aus Galerie und Schule. Kurze Zeit später konstituierte sich die Gruppe der »Cowboy Artists of America«, die so einflussreich war, dass lange Zeit Kunst in Sedona gleichbedeutend mit *Western art* war. Heute nicht mehr. Neben den Cowboy im Gegenlicht des Sonnenuntergangs ist längst auch Expressionistisches und Abstraktes, ergänzt durch zeitgenössische Plastik, Keramik und Schmuck, getreten – alles in allem eine konservative Palette mit Idealem und bunter Romantik; von Irritierendem, Exzentrischem oder gar Provokantem fehlt jede Spur.

Auch als Film-Set hat Sedona Tradition. Sie begann in der Schwarz-Weiß-Ära mit heroischen Western; Jesse Lasky's Stummfilm-Adaption von Zane Grey's »Call of the Canyon« war einer der ersten Streifen, die hier gedreht wurden. Später folgten *sagebrush sagas*, denen gemeinsam war, dass Cowboys auf weißen Pferden gegen blutrünstige Indianer im Schatten großer Felsen kämpften. Inzwischen sind Western auf der Strecke geblieben, aber Film, TV-Produktionen und Werbesendungen nutzen nach wie vor das Terrain.

Der Kunst- und Filmszene steht die des »OM...« nicht nach. Seit Ende der 1880er Jahre zählt Sedona, ähnlich wie der Central Park in New York oder Waikiki, zu den amerikanischen New-Age-Hochburgen. Einige Gurus hatten den Ort als einen *power point* unseres Planeten ausgemacht, als einen Platz, an dem die Energie nur so aus der Erde strömt. Andere gingen wortspielerisch vor und fanden heraus, dass schon der Ortsname ein elektromagnetisches Omen sei, weil, wenn man ihn rückwärts läse, *anodes*, »Anoden« dabei herauskämen. Da war kein Halten mehr. Aus allen Teilen des Landes fühlten sie sich angezogen: Gesundbeter, Kräuterpriester und jede Menge Heiler und Ufomanen, Yoga-Jünger und Sanyasins. Ein regelrechter Supermarkt esoterischer und spiritueller Dienstleistungen machte sich breit.

Es gibt den »Golden World New Age Bookshop« und Bioläden, Kurse und Massagen, Beratungen ebenso wie aquarische Gruppen oder solche, die in gemeinsamen Schwitzbädern alten Zeremonien frönen, mit Wünschelruten herumlaufen oder sich an jene aus Steinen am Boden ausgelegten Medizinräder anschließen (*anodes!*), in denen sich nach Auffassung der Hopi-Indianer historische Energien aus früheren Kulthandlungen und Vibrationen der Erde bündeln. Den Hopis gehörte einst das Land des Red Rock Canyon.

Wer sich im Gelände ein bisschen umsehen möchte, sollte an der ersten und einzigen Ampel links über die Brücke zur Schnebly Hill Road fahren und dann wiederum links, bis sich die Straße in eine schöne (weil aussichtsreiche) *dirt road* verwandelt, die in felsiges Gebiet mit Wandermöglichkeiten führt. Die roten Brocken präsentieren sich hier auf besonders fotogene Weise.

Wer Bummeln und Shopping, Sitzen und Schauen dem Wandern vorzieht, bleibt am besten gleich im **Tlaquepaque**-Komplex, einem Open-Air-Shopping-Center, das so aussieht, als würde hier gleich ein mexikanischer Film gedreht: Neo-Pueblo mit Shops, Galleria, Brunnen und Innenhöfen und sogar einer Ersatz-Mission. Abe Miller, ein Entrepreneur der Hotel- und Gastronomiebranche aus Nevada, setzte hier sein Faible für die spanische Kolonialarchitektur praktisch um. Zum Teil trickreich: Die alten Ahornbäume *(sycamore)* wurden so umbaut, dass sie aussehen, als hätten ihre Stämme erst durch die Gebäude wachsen müssen – das Dorf sollte so wirken, als sei es noch älter als die Bäume.

## 14. Tag: Sedona – Tuzigoot National Monument – Jerome – Montezuma Castle National Monument – Phoenix/Tempe (ca. 260 km)

**Route:**

In Sedona S 89A weiter nach Süden und Cottonwood, dort Schilder zum **Tuzigoot National Monument** folgen (Rundgang). Zurück nach Cottonwood und US 89A weiter nach Süden bis Jerome (Lunchpause, Bummel). Zurück nach Cottonwood und S 260 nach rechts (Südosten) Richtung Camp Verde und I-17, diese kurz nach Norden (Richtung Flagstaff), Ausfahrt 289 zum **Montezuma Castle National Monument**. Zurück zur I-17 nach Süden bis Phoenix.

Südlich von Sedona öffnet sich der Canyon zu einem grünen weiten Tal, das auch prompt so heißt: **Valle Verde**. Anders als die kargen Hochebenen des Nordens und die öden Wüsten des Südens muss dieses Valle Verde den indianischen Siedlern einst wie das Paradies auf Erden vorgekommen sein. Jedenfalls erzählt es so die Geschichte der diversen Pueblos, die einst hier entstanden und die besonders anschaulich im **Tuzigoot National Monument** erzählt wird, in seinem hübschen kleinen Museum und in den restaurierten Ruinen des Pueblo aus dem 11.–15. Jahrhundert.

Die Sinagua-Indianer, Sammler und Jäger, die, wie der Name sagt (*sine agua* = ohne Wasser), (häufig) auf dem Trockenen saßen, während sie in der Gegend um Flagstaff siedelten, zogen von dort hierher und vermischten sich (zusammen mit den ebenfalls angereisten Anasazi) mit den Mogollon- und Hohokam-Kulturen. Diese waren bereits zuvor (nach 600) aus dem Gila Basin gekommen und sesshaft geworden; sie lebten in *pit houses* und von Bohnen, Mais, Squash und Baumwolle.

Die Sinagua übernahmen die Bewässerungstechniken der Hohokam-Indianer und begannen oberirdisch zu mauern und zu bauen, was möglicherweise auf das Vorbild der Anasazi zurückzuführen ist. Auch die Gegenwart T-förmiger Türen spricht für diesen Einfluss, obwohl es überhaupt nur wenige Türen gab, weil der Einstieg durch Luken im Dach erfolgte – Wohnen auf dem Dach-Penthouse.

Sie blieben für rund 400 Jahre (1000 bis 1425), dann verschwanden sie; warum und wohin, weiß man hier ebenso wenig genau wie bei anderen prähistorischen Indianersiedlungen des Südwestens. Tuzigoot (gesprochen: TUU-si-guut) ist ein Apachen-Wort für *crooked water* (gekrümmtes Wasser), was sich auf den nahen Pecks Lake bezieht. Die Spanier, die zuerst 1583 durch das grüne Tal zogen, hielt es nicht lange, weil auch hier nichts von dem zu finden war, was sie im Sinn hatten: Gold.

Die Siedlung auf der Kuppe des Hügels öffnet einen imponierenden Rundblick über das Tal, auf die nahen Berghänge der **Black Hills** und auf die offenen apfelsinengelben Drainagen, in die die Abwässer und Schlämme der Kupfergewinnung im nahen Jerome und Clarkdale gepumpt wurden. Um Staubverwehungen zu verhindern, werden die Flächen von Zeit zu Zeit geflutet.

Das alte **Cottonwood**, durch das man auf dem Weg zu den Ruinen kommt, enthüllt sich vor allem an Main Street als anmutige Westernstadt. Ein paar aufgeregte Wachteln huschen über die Straße, die sich nach **Jerome** hinaufschiebt, zu einem Bergnest, das einst vom Kupfer seiner Minen und heute von den Dollars seiner Touristen lebt. In der Hauptsaison erstickt Jerome am Wochenende förmlich an der ungleichen Mischung aus Senioren-Hell's-Angels und Familientrossen. Dann zieren Warteschlangen die Snackbuden und Restaurants, die *Artsy-craftsy*-Läden quellen über, und die Girls im Cafés im spitzen Eckhaus an Main Street verkaufen Quiche und Cappuccino.

Keine Spur mehr von den harten Männern im täglichen Kampf mit dem harten Berg, von der Geschichte der »Männer, Minen und Moneten«, von den einschlägigen Saloons und *bordellos*, die genau 70 Jahre lang die Geschichte der Minenstadt in der Region des Mingus Mountain geprägt haben – von 1883, dem Gründungsjahr der federführenden United Verde Copper Company, bis 1953, dem Jahr, in dem der Abbau eingestellt und Jerome zur *ghost town* wurde.

Ein finanzkräftiger New Yorker, Eugene Jerome, hatte zunächst in die Erschließungsfirma investiert, aber der große Wurf gelang erst, als United Verde den Besitzer wechselte, ein Eisenbahnanschluss und eine leistungsstarke Schmelze im nahen Clarkdale gebaut wurden. Dennoch: die Stadt musste nach Jerome benannt werden, obwohl er sie nie zu Gesicht bekam. Etwa 15 000 Leute hatten während der Boom-Jahre hier gelebt und gearbeitet, als die Mine zu den ergiebigsten der Welt zählte – bis 1929 der Kupferpreis in den Keller und die ganze Nation in tiefe wirtschaftliche Depression verfiel.

Der Abwärtstrend des großen Crash kam sogar ganz konkret: Als unterirdische Sprengungen die Erde nachgiebig machten, rutschte Jerome förmlich den Hang des Cleopatra Hill hinunter. Zuvor war man gerade stolz darauf, so dicht und eng am Hügel beieinander zu wohnen, dass jeder nicht nur einen freien Blick hatte, sondern sich nur aus dem Fenster zu legen brauchte, um sich am Kamin des Nachbarn ein Streichholz anzuzünden. Der Zweite Weltkrieg läutete zwar noch einmal eine kurze Erholungsphase ein, aber bald danach zogen die Arbeiter in die Minen von Ajo und Bisbee, die den gleichen Eignern gehörten.

Rund tausend Jahre zuvor hatten die Sinagua-Indianer bereits im vielfarbigen Gestein der Black Hills herumgestochert und blaue Azurite, Obsidiane und Malachite für Schmuck, Handel und Pigmente zur Einfärbung ihrer Körper und Keramiken zutage gefördert.

Wo einst die Sinagua-Indianer wohnlich an der Felswand klebten, da nisten heute die Bienen und bauen die Schwalben und Raben ihre Nester: im Montezuma Castle, einer erhaltenen Felsensiedlung aus dem 13. Jahrhundert *(cliff-dwelling)*. Wie anderswo – ob in Mesa Verde oder im Canyon de Chelly – waren die Felsbauten in erster Linie Nutzanwendungen der klimatischen Verhältnisse und nicht für Verteidigungszwecke vorgesehen. Jeder ernsthafte Feind hätte leichtes Spiel mit den Bewohnern in der Felsenburg gehabt, wenn er unten am Beaver Creek bloß lange genug gewartet hätte, um den Zugang zum Wasser zu blockieren. Übrigens: Wie schon bei den Aztec Ruins im Norden von New Mexico verrät der Name auch hier, dass die Entdecker die Siedlung irrtümlich mit den Azteken Montezumas in Verbindung brachten.

Auf der Weiterfahrt nach Süden steigen die Temperaturen spürbar, und mit der Wärme setzt sich die Flora des südlichen Arizona vollends durch: Zaghaft kommen die ersten *prickly pears* in Sicht, werden dann aber, wie andere Kakteen, frecher und frecher und verdrängen die Gräser und Kräuter; der Bewuchs der Bergrücken nimmt ab. Kurz hinter dem Sunset Point tauchen sie dann endlich auf, die Vorboten auf die Sonora-Wüste, die Saguaros. In jedem Westernfilm stehen sie herum, als Prototyp der Kaktee überhaupt, so als wäre der gesamte Wüsten-Westen voll davon.

Tatsächlich aber gedeihen sie nur auf einem relativ begrenzten Terrain: nämlich hier, im Südwestzipfel von Arizona. Mit jeder Meile wachsen sie dichter zusammen, zu ganzen Wäldern, durchsetzt mit gelb blühenden Paloverde-Büschen und Ocotillo-Sträuchern, aus deren staksigen Armen feuerrote Blütenflammen züngeln.

Ja, und dann, am Ende des Reise-Trails, **Phoenix.**

# 4. Juwelen der Natur
## Rocky Mountains

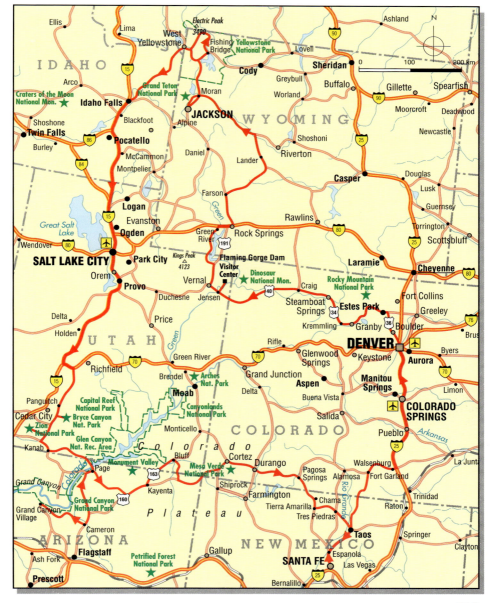

Diese Reise durch den mittleren Teil der Rocky Mountains setzt praktisch den südwestlich orientierten »Apache Trail« nach Norden fort: von Denver aus durch den Rocky Mountain National Park zum Yellowstone Park und zurück durchs Land der Mormonen, nach Salt Lake City und in die Nationalparks Bryce und Zion. Lake Powell, Grand Canyon und das Monument Valley folgen, und im Südostzipfel der Route liegen die historischen und zeitgenössischen Indianerkulturen am Weg: die historische Klippensiedlung von Mesa Verde und der malerische Taos Pueblo.

**Gesamtlänge:** 4 470 km

**Reisedauer vor Ort:** 15 Tage

**Reisezeit:** ganzjährig, am schönsten sind Frühjahr und Herbst

**Routenvorschlag:** Denver, CO (Ankunftstag); Denver – Steamboat Springs; Steamboat Springs – Rock Springs, WY; Rock Springs – Jackson; Jackson – West Yellowstone, MT; Yellowstone – Salt Lake City, UT; Salt Lake City – Bryce Canyon; Bryce Canyon – Zion; Zion – Page, AZ; Page – Grand Canyon – Page; Page – Cortez, CO; Cortez – Durango; Durango – Taos, NM; Taos – Santa Fe – Taos; Taos – Denver, CO (Rückflugtag)

**Informationen:**

**Rocky Mountains International**
c/o Wiechmann Tourism Services
Scheidswaldstr. 73
60385 Frankfurt
✆ (069) 25 53 82 30, Fax (069) 25 53 81 00
www.wiechmann.de
info@wiechmann.de

**COLORADO – International Marketing Organization**
c/o Get it Across
Neumarkt 33
50667 Köln
✆ (02 21) 233 64 07, Fax (02 21) 233 64 50
colorado@getitacross.de
www.colorado.com

**Arizona Office of Tourism**
Vgl. 3. Route S. 188.

## 1. Tag: Ankunft in Denver

***Service & Tipps:*** Adressen in Denver u. a.: Corner Bakery, 500 16th St., besonders gutes Frühstücks- und Lunchcafé (tägl. ab 7 Uhr): Herzhaftes und Süßes in appetitlicher Auswahl ($$); Paramount Cafe, 519 16th St., lebhaftes Restaurant mit Rock'n'Roll-Thema. Snacks, Burgers, Salate, Sandwichs und Burritos. Gut zum Lunch. In der Fußgängerzone ($$); Rock Bottom Brewery, 1001 16th St., Mikrobrauerei. Selbstgebraute Biere und dazu herzhaftes Essen ($–$$); Josephina's Ristorante, 1433 Larimer Sq., italienische Fleisch- und Nudelgerichte. Bar mit abendlicher Live-Musik ($$); The Denver ChopHouse & Brewery, 1735 19th St., *Brew Pub* aus den 1930er Jahren mit Bar, gutem Restaurant und ebensolcher Atmosphäre bei selbstgebrautem Bier ($$); El Chapultepec, 1962 Market St.: der unbestrittene König der Jazzclubs in Denver ($$–$$$).

# 1./2. Tag

Die Aufgabe von **Denver**, schrieb einmal ein prominenter amerikanischer Journalist, sei es, nicht nur dem Staat Colorado zu dienen, sondern der gesamten Region der Rocky Mountains, »als Arzt, Rechtsanwalt, Händler, politischer Führer ebenso wie als Banker, Metzger, Lehrer und Dienstleister für Verkehr, Handel, Entertainment, Kultur und die Versorgung für Durchreisende.«

Tatsächlich haben sich Bedeutung und Einfluss der knapp 600 000-Einwohner-Stadt in den letzten Jahren erheblich ausgeweitet. Die Gouverneure der westlichen Bundesstaaten koordinieren ihre Politik durch ein gemeinsames Büro in Denver; die amerikanische Bauerngewerkschaft hat ihren Hauptsitz hier; Geologen und Energieexperten aus Kanada, Mexiko oder Brasilien treffen sich in Denver zum Informationsaustausch und Geschäftemachen. Keine Frage, Denver, geboren im *gold rush* von 1859, steht gut da. Nicht so sehr die Schafe tragen allerdings zu seiner Spitzenstellung bei (Denver ist größter Schafmarkt der USA), sondern vor allem seine High-Tech-Produkte.

Die wegen ihrer Höhenlage auf rund 1 600 Metern so genannte »Mile High City« bietet dem Besucher eine Reihe attraktiver Plätze und Sehenswürdigkeiten. Der historische **Larimer Square** ist fotogen, das prunkvolle Atrium des altgedienten **Brown Palace Hotel** (1892) ist ein Juwel, das, 1892 errichtet, so aussieht, als hätten die Architekten der Hyatt-Hotels hier ein wenig abgeguckt.

Auch der alte Bahnhof kann sich sehen lassen, und das Museum of Western Art sowie das Denver Art Museum mit seiner außergewöhnlichen Sammlung indianischer Kunst zählen zu den besten Instituten ihrer Art im amerikanischen Westen.

## 2. Tag: Denver – Steamboat Springs (ca. 260 km)

**Route:**

**Von Denver über die US 36 in und auf US 34 durch den Rocky Mountain National Park, bei Granby US 40 nach Westen über Kremmling nach Steamboat Springs.**

> *Service & Tipps:* Mineral- und Wasserfreunden bieten sich in Steamboat Springs zwei Adressen: die Strawberry Park Hot Springs, einige Kilometer nördlich des Orts am Hot Springs Creek: bis Mitternacht geöffneter Pool. Und: Old Town Hot Springs mit großem Schwimmbecken, kleineren Becken mit heißem Wasser, Sauna, Water Slide usw., bis spät abends geöffnet.

Die Rockies rufen, wer könnte da widerstehen! Der Highway 36 macht ihn möglich: den Einstieg ins »Toblerone Country«, in die hinreißende Bergwelt der Rocky Mountains.

Schöner kann eine Universität kaum liegen als in **Boulder**, einem Städtchen am Fuße der Berge. Die Hochschule mit heute fast 30 000 Studenten war die erste in den USA, die einen eigenen Satelliten in einer Umlaufbahn um die Erde hatte. Das vom prominenten japanischen Architekten I. M. Pei entworfene **National Center for Atmospheric Research** steht auch Besuchern offen. Wo heute Wissenschaft und Technik florieren, beherrschten einst Gold-, Silber- und Ölfunde die Szene. Spuren dieses Reichtums finden sich unter anderem in den ansehnlichen viktorianischen Bauten, die es hier zu sehen gibt. In Downtown ist die **Pearl Street Mall** mit Blumen, Brunnen und Skulpturen geschmückt – ein idealer Platz zum Shopping und *people watching*. An den Sommerwochenenden gesellen sich noch jede Menge Straßenkünstler dazu.

Eine Art landschaftliches Vorspiel zum Nationalpark liefert **Estes Park**, ein beschaulich gelegenes Erholungsgebiet, das in seinen Anfängen zu den bevorzugten Jagdgründen der Indianer zählte und später dann vom Pionier Joe Estes besiedelt wurde. Der Maler Albert Bierstadt weilte hier einst als Gast und lobte die Naturszenerie über alle Maßen und wie geschaffen für die Malerei. Heute können sich die Besucher an den Shops und Restaurants entlang der Elkhorn Avenue erfreuen oder die Aussichten vom nahen **Prospect Mountain** (2 652 Meter) genießen, zu dessen Gipfel man mit einer Seilbahn hinauffahren kann. Im Winter wärmen sich die Skilangläufer gern im eleganten **Stanley Hotel** (333 Wonderview Ave.) auf, einer puderzuckerweißen, alten Dame der Hotellerie, in der schon Theodore Roosevelt übernachtete.

Der Prachtbau von 1909, der Schauplatz in Stephen Kings Film »The Shining« war, stammt von F. O. Stanley, der zu dieser Zeit den so genannten *Stanley Steamer*, ein dampfmaschinenbetriebenes Auto, baute, von dem ein Prototyp in der Lobby zu sehen ist. (Das Original befindet sich im Estes Park Area Historical Museum.) Die Hotelveranda gewährt lohnende Ausblicke. Ganz in der Nähe (180 MacGregor Lane, die von der Devil's Gulch Rd. abgeht) liegt die MacGregor Ranch, eine *cattle ranch*, die Rinderzucht betreibt und Heu macht ohne Hilfe von Benzin- und Dieselmotoren – so wie es zur Zeit des *homesteading* in Colorado zuging. Auch das alte Wohnhaus von 1873 steht noch, hier ist heute das **MacGregor Ranch Museum** untergebracht.

Von Estes Park führt die **Trail Ridge Road** – ein geradezu himmlischer Highway, der einem alten Indianerpfad folgt – an Ponderosa-Kiefern vorbei in den **Rocky Mountain National Park** und weit über die Baumgrenze hinaus. Der Park, 1915 gegründet, führt eins der (im wahrsten Sinn des Wortes!) atemberaubendsten Hochgebirgspanoramen der gesamten Rocky Mountains vor Augen. Nach Osten hin zu den Plains fällt das Gestein steil in die Tiefe, während die westlichen Ränder milder abfallen – alpine Tundren, die Dickhornschafen und Elchen Nahrung und Auslauf bieten. Über den gletschergeformten Canyons türmen sich die schneebedeckten Spitzen, die es bis auf 4 700 Meter bringen (Longs Peak). Die malerischen Bergseen verdoppeln die steinreichen Highlights, während wechselnde Perspektiven und *vistas* vorbeiziehen: von Gletschern ausgehobelte Täler, Schneefelder und Almwiesen voller Wildblumen und Wasserfälle, Espen und Nadelhölzer.

Am **Forest Canyon Overlook** führt ein Pfad zu einer Aussichtsplattform fast 800 Meter über der Talsohle, die besonders eindrucksvolle Aussichten auf die von Gletschern geformte Gneis- und Granitwelt gewährt. Das **Alpine Visitor Center** nahe der Passhöhe hat auch ihren *vista point*, von dem aus man oft Hirsche beobachten kann. Drinnen informiert eine Ausstellung darüber, wie Tiere und Pflanzen in der alpinen Tundra überleben.

Der **Milner Pass** überquert die *Continental Divide*, die amerikanische Wasserscheide oder oft auch als »Dach der Nation« bezeichnete Höhenlinie (hier: 3 713 Meter), die alle Flüsse, die nach Osten rinnen, von denen trennt, die nach Westen fließen. Die einen streben durch den Golf von Mexiko in den Atlantik, die anderen in den Pazifik. Jenseits des Passes kommt der Highway dicht an den (hier noch) kindlichen **Colorado River**, der ganz in der Nähe entspringt.

Das rustikale Städtchen **Grand Lake** war einer der ersten Bergerholungsorte in Colorado, sein Jachtclub gilt als der weltweit am höchsten gelegene. Weil der Tee-Mogul Thomas Lipton hier einst sein Ferienhäuschen stehen hatte, wird auf dem See alljährlich der Lipton Cup ausgetragen. Kurz hinter dem **Lake Granby** folgt die gleichnamige Stadt, die früher von der Eisenbahn, heute von *dude ranches* lebt, denn Ferien auf dem Bauernhof sind beliebt in den USA. Angler, Jäger und Rodeofreunde kommen hier ringsum auf ihre Kosten.

In Granby knickt die Route in Richtung Westen ab und folgt auf einer schönen Strecke dem Colorado durch **Hot Sulphur Springs** nach **Kremmling**. Aber auch ohne den Colorado als Begleiter hält der Highway sein Niveau, überwindet noch einige Pässe im Routt National Forest und erreicht schließlich **Steamboat Springs** im idyllischen Yampa Valley.

Hier hörten einst die ersten Trapper das Gebläse eines Geysirs, das in rhythmischen Abständen aus der Erde stieß und Geräusche machte wie ein Dampfschiff. Der Ort hatte seinen Namen weg: Steamboat Springs. Heute wirkt er wie ein einziger Gesundbrunnen: Über 150 mineralhaltige Quellen zischen und fließen hier, die medizinisch oder zur Erholung genutzt werden und auch vielen Pools und dem öffentlichen Schwimmbad zugute kommen. Schon früh im 20. Jahrhundert zog es die Kranken und Angeschlagenen hierher, mit extra dafür angelegten Eisenbahnverbindungen.

Auch für den kurzfristigen Besucher lohnt sich der Weg zu den Quellen. Zwei befinden sich gegenüber der Bücherei, drei weitere am südlichen Ufer des Yampa River (*Yampa* heißt in der Indianersprache »große Medizin«), zugänglich über die Brücke vom Park aus. Neben den thermalen Freuden hat sich Steamboat Springs vor allem aber als ein hochklassiges Wintersportparadies etabliert. Im Sommer tummeln sich hier Wanderer, Mountainbiker, Jogger und Reiter. Ganzjährig von Interesse ist das Tread of Pioneers Historical Commission Museum (8th & Oak Sts.), in dem unter anderem zu sehen ist, mit welchen Skiern die örtlichen Postboten gegen Ende des 19. Jahrhunderts die Post austrugen.

## 3. Tag: Steamboat Springs, CO – Rock Springs, WY (ca. 440 km)

**Route:**

**Von Steamboat Springs US 40 nach Westen bis Jensen, über S 149 zum Dinosaur Quarry Visitor Center, UT; zurück zur US 40 und diese bis Vernal, dort US 191 nach Norden zum Flaming Gorge Dam; anschließend zurück über US 191 bis S 44, diese bis Manila, dort S 530 nach Green River, dort I-80 nach Osten und Rock Springs.**

Ungefähr bis Craig bleibt der Yampas River dem Highway treu, dann verdrückt er sich nach Süden und kehrt nur noch einmal kurz (vor Maybell) zurück.

In der äußersten Nordwestecke des Staates, grenzüberschreitend zu Utah, erstreckt sich das **Dinosaur National Monument**, das seinen Namen von den Dino-Fossilien ableitet, jenen Überbleibseln prähistorischer Allo-, Stego-, Apatosaurier und fliegender Reptilien, die hier zum Vorschein gekommen sind. Die Region gilt als eine der reichsten Fossilienfundstätten der Welt. Im **Dinosaur Quarry Visitor Center** auf der Utah-Seite kann man Paläontologen beim Herausarbeiten von Dinosaurierknochen aus dem Sandstein zusehen. Das Besucherzentrum wurde direkt über einer Sandsteinplatte errichtet, in der partielle Skelette von etwa zehn Dinosauriern zu sehen sind.

Besonders eindrucksvoll sind die Canyons des **Yampa** und **Green River**. Wo beide sich treffen, ragt der **Steamboat Rock** in die Höhe, ein markanter Felsklotz, der dem Bug eines Dampfschiffs ähnlich sieht. Wer sich hier umsehen möchte, fährt vom Headquarters Visitor Center in Dinosaur in Colorado nach Norden (rund 50 Kilometer).

Als nächstes Highlight auf der Strecke folgt die **Flaming Gorge National Recreation Area**, die sich die Staaten Utah und Wyoming teilen. Einen ersten schönen Überblick vom Stausee gewinnt man vom Flaming Gorge Dam. Das dortige Besucherbüro bietet geführte Touren des Damms und Kraftwerks an.

Später sollte man vom Highway 44 den Abzweiger zum **Red Canyon Visitor Center and Overlook** wählen, denn vom Pfad am Rande des Canyon präsentiert sich die spektakuläre Landschaft äußerst vorteilhaft: der 400 Meter tiefer liegende Stausee des Green River.

Auch der **Sheep Creek Canyon** lohnt den kleinen Abstecher (über Forest Road 218), besonders wegen der eigenartigen Felsskulpturen, die erst durch Erdhebungen aufgeworfen und dann durch Erosion verformt wurden. Häufig sieht man hier auch Dickhornschafe.

Der **Flaming Gorge Overlook** schließlich zeigt die ganze Farbskala des Gesteins – rote, gelbe und grüne Felsen. Sie brachten einst John Wesley Powell, den berühmten Vermesser und Erforscher des Green und Colorado River, auf den Namen: »Leuchtende Schlucht«. Powell startete 1871 in Green River, am Nordende des Reservoirs seine Flussexpeditionen. Zwei Jahre zuvor war er bereits einmal aufgebrochen, um den letzten unentdeckten Teil der USA zu erschließen.

Der Ort war ebenso eine Station auf dem historischen Overland Trail wie das benachbarte **Rock Springs**, eine Kohlebergbaustadt, die noch einige attraktive historische Bauten aufzuweisen hat, darunter die City Hall mit dem Rock Springs Museum. Das Rock Springs Stage Station Museum erinnert an die Pioniere, die auf dem Overland-Postkutschen-Highway unterwegs waren und die ihre Namen auf einer Felswand hinterließen.

## 4. Tag: Rock Springs – Jackson (ca. 310 km)

**Route:**

**Von Rock Springs US 191 nach Norden bis Farson, dort S 28 nach Nordosten zur US 287, diese nach Norden über Lander und weiter bis zur S 26/287 bis Moran Junction, dort US 191 nach Süden und Jackson.**

Bis **Farson** strebt der Highway zügig nach Norden, dann knickt er in westlicher Richtung ab in Richtung auf die **Antelope Hills**, die er am South Pass in zweieinhalbtausend Meter Höhe überwindet.

Am South Pass, dieser grasbewachsenen Rampe, überquert der historische Oregon Trail die kontinentale Wasserscheide; vereinzelt kann man noch Wagenspuren der Prärieschoner erkennen. Man schätzt, dass zwischen 1840 und 1868 etwa 350 000 bis 400 000 Einwanderer hier vorbeigekommen sind. Ein kleines Stück vom Weg ab liegt die **South Pass City State Historic Site**, eine *Ghost Town* aus der Goldgräberzeit um 1860.

Die rund zwei Dutzend restaurierten Gebäude (verlassene Goldminen und ein Gefängnis inklusive) machen einen surrealen Eindruck – so, als wären die Bewohner gestern davongelaufen und hätten alles stehen- und liegenlassen. Immerhin waren es einmal 4 000. Die meisten von ihnen waren auf dem Rückweg von Kalifornien und suchten die Rockies nach Gold ab. Hier, in der Sweetwater-Region, wurden sie fündig, und in South Pass City ging die Post ab – in Bordellen und Biergärten, Saloons und Glücksspiel-Spelunken.

Nur die Damen hatten ein Problem: Kaum waren die begehrten neuesten Pariser Hüte hier draußen angekommen, waren sie

## 4./5. Tag JUWELEN DER NATUR

schon wieder aus der Mode. Das benachbarte Atlantic City durchlebte eine ähnliche Auf-und-Ab-Geschichte, nur eine Nummer kleiner.

Praktisch bei South Pass beginnt die Route ihre landschaftlichen Schokoladenseiten zu entfalten, und das fast den ganzen weiteren Tag über. **Lander** versorgte immer schon die in der Region tätigen Rancher, Bergarbeiter, Ölbohrer und Ausrüster mit Waren und Entertainment. Downtown steht das Fremont County Pioneer Museum (630 Lincoln St.), in dem der gesamte Werkzeugkasten der Pionierzeit aufbewahrt ist.

Nördlich von Lander geht es eine Weile lang durch das Reservat der Wind-River-Indianer, bis dann kurz vor **Dubois** rechter Hand die farbigen **Dubois Badlands** aus rotem Sandstein auftauchen. Im **National Bighorn Sheep Interpretive Center** werden interessante Informationen über diese Wildschafe geboten. Nebenan steht das **Wind River Historical Center** (Dubois Museum)

mit aufschlussreichen Displays über Geografie, Besiedlung und Geschichte der Region, ein Holzfällercamp mit deutschen Kriegsgefangenen aus dem Zweiten Weltkrieg einschlossen.

Von Dubois geht es auf dem Centennial Scenic Byway den Wind River entlang in die Wind River Range. Vor Jackson überquert man den **Togwotee Pass**, der vom Teton Range Overlook großartige Ausblicke auf die Tetons gewährt.

Schließlich **Jackson**. Von Bergen eingekesselt, hat sich der Ort im Touristengeschäft gleich doppelt eingerichtet: als eine zünftige Westernstadt, die die Atmosphäre verflossener rauer Tage lebendig zu halten versucht (vom Shootout über die Million Dollar Bar bis zur historischen Postkutschenfahrt) und als ein sportorientiertes Versorgungszentrum für die Umgebung, die mit Wanderungen am Jenny Lake, Wildwassertrips auf dem Snake River und im Winter auf die Pisten des Rendezvous Mountain lockt.

## 5. Tag: Jackson – Yellowstone National Park (ca. 130 km)

**Route:**

**US 191 nach Norden bis Moose Junction, von dort Teton National Park Road bis Jackson Lake, von dort wieder US 191 in Richtung Norden nach West Thumb, dort US 14/16/20 über Fishing Bridge, Canyon, Tower Junction nach Mammoth Hot Springs. Hier nach Süden zurück über US 89, Norris, Madison nach West Yellowstone, MT.**

Dass die Naturszenerie von Wyoming nicht von Yellowstone allein lebt, zeigte sich schon gestern. Denn da lockte der malerische **Grand Teton National Park** mit seiner herzerfrischenden Melange aus blumenbestückten Almwiesen, imposanten Gletschern und perlenden Gebirgsbächen. Vielleicht war es die große Einsamkeit ringsum, die dazu führte, dass sich die französischen Trapper angesichts der üppigen Bergkuppen auf Anhieb an weibliche Brüste erinnert fühlten. Jedenfalls hatten die Dreitausender damit ihren Namen weg: Tetons. Der größte Granitberg unter ihnen bringt es sogar auf über 4 000 Meter.

Praktisch im Anschluss nach Norden geht die Fahrt in den hochgelegenen **Yellowstone National Park** über, für viele die Nummer eins in den USA. 1872 gegründet, ist er zumindest der älteste unter seinen Artgenos-

219

sen. Mit zahlreichen Seen, Märchenwäldern und Canyons erweist er sich insgesamt als ein wahres Wunderland des Vulkanismus, das mehr oder weniger deutlich zu erkennen gibt, welche Kräfte in der Erde brodeln. Geysire, kochend heiße Quellen und Schlammtöpfe deuten an, dass hier geothermisch einiges los ist und dass es mit den Eruptionen der Vergangenheit durchaus noch weitergehen könnte.

Trotz des schlimmen Brands im Jahre 1988 blieben die charakteristischen Parkschönheiten unangetastet, Landschaften ebenso wie Bisonherden, Grizzlybären (die allerdings zum eigenen Schutz von den Rangern in den Norden des Parks abgedrängt wurden), Berglöwen und Hirsche. Seit einigen Jahren gibt es auch wieder Grauwölfe im Park.

Die wachsende Popularität (ca. drei Millionen Besucher pro Jahr) bereitet Umweltschützern und Verwaltung gleichermaßen Sorgen – wie in anderen Nationalparks auch. »Die Amerikaner lieben ihre Nationalparks zu Tode«, hat ein Ranger in Kalifornien jüngst geäußert. Auch hier, am Dreiländereck von Wyoming, Montana und Idaho könnte das zutreffen.

Zu den Höhepunkten jedes Besuchs von Yellowstone zählt ohne Frage der **Old Faithful**, das gute, alte, treue Sprudelwasser, das etwa alle 35–120 Minuten als eindrucksvolle Fontäne aus der Erde zischt, bis zu 40 Meter hoch. Er ist nicht der einzige unter den Geysiren. Yellowstone zählt über 300 Springbrunnen dieser Art. Die meisten von ihnen spucken Wasser, einige Gas.

Warum brodelt es? Nun, man muss sich das Parkgelände als eine gewaltige Vulkansenke vorstellen, unter der glühendes Magma für enorme Hitze sorgt. Wasser, das von der an dieser Stelle auch noch besonders dünnhäutigen Erdoberfläche durchsickert, wird zum Kochen gebracht und damit unter enormen Druck gesetzt, der sich unterirdisch nicht entladen kann, sondern nach Ausbruchstellen in der Erdkruste sucht – im Grunde wie ein Teekessel, der kräftig unter Dampf steht. Manche Fontänen kochenden Wassers verlaufen sich fotogen über Sinterterrassen, am schönsten in **Mammoth Hot Springs** am Nordrand des Parks.

## 6. Tag: Yellowstone, ID – Salt Lake City, UT (ca. 560 km)

**Route:**

**In West Yellowstone MT US 20 nach Westen und hinter dem Targhee Pass nach Süden und Idaho Falls, ID, dort I-15 nach Süden bis Salt Lake City.**

**Idaho Falls**, 1864 als Fährstation über dem Snake River gegründet, hieß ursprünglich Eagle Rock. Um Siedler anzulocken, wurde das Örtchen kurzerhand umbenannt, obwohl weit und breit keine Wasserfälle zu sehen waren und sind. Am River Parkway gibt es allerdings seit dem Bau eines Damms sechs Meter hohe Kaskaden, die aus Ermangelung von Besserem als »Fälle« vorgezeigt werden. In **Blackfoot** zeigt die Idaho World Potato Expo (in einem Bahnhofsgebäude von 1913) u.a. einen Film zum Wirtschaftssektor Kartoffel, der in Idaho groß geschrieben wird, und den größten Kartoffel-Chip der Welt. Ja, es gibt sogar Kartoffel-Eis!

Zwischen Fort Hall und Pocatello präsentiert das **Shoshone-Bannock Tribal Museum** die Geschichte der beiden Indianerstämme. **Pocatello** selbst ist nach dem Shoshone-Häuptling Pocataro benannt, der einst die Wegerechtsverträge mit der Union Pacific Railroad unterzeichnete. Die knapp 55 000-Einwohner-Stadt hat eine bemerkenswert hübsche Altstadt aufzuweisen – zwölf Häuserblocks am Portneuf River, zusammengesetzt aus einem Potpourri von Stilen, die von so genanntem *Gothic revival* bis Art déco reichen, kurz, allen Bauformen, die im auslaufenden 19. Jahrhundert in einer amerikanischen Kleinstadt beliebt waren. Sehenswert sind hier insbesondere das Oregon Short Line Depot, das Yellowstone Hotel und die Stanrod Mansion. Im Ross Park steht die Nachbildung des alten Fort Hall, das einst einen wichtigen Stopover auf dem Oregon Trail bildete.

Südlich von **Brigham City** kommt der Highway dem **Great Salt Lake** ziemlich nahe, einer Salzpfanne von beträchtlichen Ausmaßen, über 100 Kilometer lang, bis zu 50 Kilometer breit und gerade mal um die sechs Meter tief. Dieses Binnenmeer ist das Überbleibsel eines zur Eiszeit noch weit größeren Sees, der durch Verdunstung und Versalzung auf sein heutiges Ausmaß schrumpfte. Nur noch das Tote Meer ist salziger. Landwirtschaftliche Erfolge trotz unfruchtbarem, salzverseuchtem Land verweisen auf die traditionellen Fähigkeiten der Mormonen. Sie waren die ersten Anglos, die ein Bewässerungssystem in Nordamerika einführten, um sich ihre Unabhängigkeit zu sichern.

**Ogden**, das der Highway als nächstes passiert, hat ausnahmsweise wenig mit den Mormonen zu tun, sondern von Anfang an mit den Eisenbahnern. Das Museum von Union Station zeichnet die Geschichte der Eisenbahn und ihre Bedeutung für den Personen- und Warenverkehr anschaulich nach. Nicht allzuweit von hier trafen sich ja 1869 die Eisenbahnbauer aus dem Osten und dem Westen, Union Pacific und Central Pacific Railroad, um durch den Einschlag des letzten Nagels die erste transkontinentale Schienenverbindung zu schaffen.

Südlich von Ogden liegt, über einen Damm erreichbar, **Antelope Island** im Salzsee, dessen State Park allerlei zu bieten hat: Hier kann man baden (das Wasser trägt hervorragend – kein Wunder bei einem Salzgehalt, der das Sechsfache der Ozeane erreicht) oder Bisons und Vögel beobachten. (Westlich des Sees liegen übrigens die flotten Salzpisten des Bonneville Speedway, der immer wieder mutige Autofahrer zu Geschwindigkeitsrekorden herausfordert.)

Schließlich **Salt Lake City**! Die Stadt am großen Salzsee, 1847 von den Mormonen unter ihrem charismatischen Führer Brigham Young gegründet und mit heute ca. 180 000 Einwohnern, zieht sich von den imposanten Wasatch Mountains bis weit in die Wüste. Erst war sie Hauptstadt der religiösen Gründung, dann des Staates Utah. Die Hälfte der Einwohner sind tatsächlich Mormonen. Das Herz der Stadt bildet der von einer meterhohen Mauer umschlossene **Temple Square** in der Innenstadt mit dem Tempel, zwei Visitor Centers mit Ausstellungen über Geschichte und Inhalt der Mormonen-Religion und dem Tabernacle.

Der Salt Lake Temple ist nur für Mormonen zugänglich, die meisten anderen Gebäude können aber auf Führungen besichtigt werden, zum Beispiel das Tabernacle mit Kuppeldach, 11 000-Pfeifen-Orgel, 6 500 Sitzplätzen und einer ausgezeichneten Akustik, die man vor allem bei Orgelkonzerten genießen kann.

Das **Beehive House** war 1854–77 der Wohnsitz von Brigham Young und fungiert heute als Museum, das einen guten Eindruck vom Lebensstil der Mormonen vermittelt. Von den Stufen des State Capitol hat man einen beeindruckenden Blick über die Stadt und die Wasatch Mountains. Im **Pioneer Memorial Museum** werden Gegenstände aus dem täglichen Leben der ersten Pioniere gezeigt.

Im Pioneer Trail State Park am Eingang des Emigration Canyon steht das This Is The Place Monument, das an die Ankunft der ersten Mormonen erinnert, und **Old Deseret**, ein Open-Air-Museum, das eine typische Pioniersiedlung in Utah darstellt, in der das Parkpersonal die »Einwohner« von einst mimt und dabei historisch korrekte Kleidung trägt. Hier steht auch das Farmhaus von Brigham Young mit Einrichtungen aus seiner Zeit.

## 7. Tag: Salt Lake City – Bryce Canyon National Park (ca. 400 km)

**Route:**

In Salt Lake City I-15 nach Süden, I-70 nach Osten, US 89 nach Süden und S 12 nach Osten.

Am Fuß diverser Bergketten zieht sich der Highway von den salzigen Seen nach Süden. Bei Cove Fort zweigt die Interstate 70 nach Osten ab, windet sich durch den gebirgigen Fishlake Forest hinunter zum Sevier River, dem die US 89 nach Süden folgt. Je länger man auf ihr fährt, umso schöner wird es ringsum. **Panguitch** ist gewissermaßen die Notaufnahmestation für Besucher des Bryce National Park und gut gerüstet, falls Tisch und Bett ansonsten schwer zu bekommen sind. Panguitch selbst? Na ja. Etwas Viehzucht, etwas Holzwirtschaft. Doch meist liegt der »big fish«, wie die Paiute-Indianer den Ort nannten, ziemlich ausgestorben da.

Geduld! Schon beim Anstieg des Highway, gleich nach der Überquerung des Sevier River, übernimmt der **Red Canyon** die Rolle der landschaftlichen Ouvertüre zu den roten Farben der ebenso märchenhaften wie kariösen Zahnsteinhälse, der so genannten *hoodoos*, die für den **Bryce Canyon National Park** genauso charakteristisch sind wie seine Wälder und kühlen Weiden. Und am **Sunset Point** ist es dann so weit: Der erste Rundblick kann ungehemmt über das bizarre Amphitheater dieser grandiosen Felslandschaft schweifen. In der Ferne, in immerhin 130 Kilometer Abstand, erkennt man den **Navajo Mountain**, den heiligen Berg der Navajo. Überhaupt, wegen seiner Höhenlage von ca. 2500 Meter am Canyonrand ist die Fernsicht in Bryce überdurchschnittlich gut (besonders im Winter), und die Temperaturen sind auch im Sommer angenehm.

Wenn die Zeit zu mehr reicht als zur Besichtigung des Felsentheaters, dann sollte man sich am Sunset Point zu der einen oder anderen kurzen Wanderung entschließen und entweder dem bequemen Queen's Garden Trail oder dem etwas anstrengenderen Navajo Trail folgen. Von unten wirken die bizarren Zinnen noch beeindruckender als aus der Panoramasicht vom Canyonrand. Sie sind das Ergebnis einer inzwischen mehr als 60 Millionen Jahre dauernden Erosion, als Seen und Flüsse mit ihren Ablagerungen begannen, die Erde sich anhob, um das riesige Colorado Plateau zu bilden, zu dem die meisten Nationalparks in Utah, Colorado, New Mexico und Arizona gehören.

Enormer Druck brach das Plateau in fragmentarische Klumpen auseinander, deren Ränder und Enden durch Wind und Wetter, Regen, Eis und Schnee ebenso malträtiert und ausgefressen wurden wie durch die Flüsse: hier in erster Linie durch die Nebenarme des Paria River. Die Bezeichnung »Canyon« stimmt ja für Bryce eigentlich gar nicht; im Grunde besteht er aus einer an ihren Rändern heftig ausgefransten, hufeisenförmigen Schüssel.

Anders als die Erdgeschichte ist die der menschlichen Besiedelung auf ein Puzzle dürftiger Spuren angewiesen. Es gibt so gut wie kaum Hinweise auf die Anasazi und auch nur wenige auf die Paiute-Indianer. Erst als die Mormonen-Pioniere sich an die Stelle der indianischen Bevölkerung setzten, gewann die neuere Landesgeschichte Profil. Anfangs durch einen gewissen Ebenezer Bryce, der 1875 als schottischer Emigrant und Siedlungsführer ins Paria-Tal kam, so dass der Caynon hinter seiner Hütte bald seinen Namen weghatte: Bryce's Canyon.

Seit die Schluchten von Bryce als Nationalpark firmieren (1928), ist der Apostroph verschwunden; dafür hat man das halbe Abendland bemüht, um die Erhabenheit der Naturwunder sprachlich in den Griff zu bekommen – von »Thors Hammer« über den »Garten der Königin« bis zum »Tempel des Osiris«.

## 8. Tag: Bryce Canyon – Zion National Park (ca. 80 km)

**Route:**
**Über die S 12 nach Westen, US 89 Richtung Süden und S 9 Richtung Westen zum Zion Park. Rundfahrt durch den Park auf dem Zion Canyon Scenic Drive.**

Nicht ohne Grund schmückt sich die US 89 mit dem Zusatz *scenic byway*, denn sie hält, was sie verspricht. Der Virgin River (East Fork) sorgt für sattes Ranchland voller Schafe, Kühe und Pferde. Grünes überwiegt, und nur in der Ferne leuchten rötliche Kahlköpfe über den schwarzen Hängen des mit Piñonkiefern besetzten Hochtals.

Kurz vor der Abfahrt in den Zion Canyon begegnet uns ein unübersehbarer Felsen, der alle Erosionsfreunde ins Schwärmen bringt: die **Checkerboard Mesa**. Der geriffelte Felsklops entstand aus Sanddünen, die versteinerten und nun ein Schachbrettmuster aufweisen. Die senkrechten Linien stammen von der Erosion durch Regen, die waagerechten sind die Sandschichten der Dünen, die im Lauf der Zeit übereinander geschoben wurden.

Der Einstieg in den **Zion National Park** läuft erst mal durch einen Tunnel, dessen dunkle Röhre 1930 von den Ingenieuren so durchbrochen wurde, dass die gegenüber liegende Canyonwand hin und wieder wie ein kurzer Filmclip aufleuchtet. Dann windet sich die Straße den Canyon hinunter.

Das üppige Grün der prächtigen Bäume auf dem Grund der Schlucht zählt zu den wohl tuenden Eindrücken im Park. Den Canyon hat der Nordarm des Virgin River in 200 Millionen Jahren ausgewaschen. Das Gebiet war, wie Petroglyphen und Fundamente von Lehm- und Steinhäusern belegen, zwischen 500 und 1200 n. Chr. von den Anasazi bewohnt, in der Folgezeit von den nomadischen Paiute-Indianern, bis dann in den 1860er Jahren die ersten frommen Mormonensiedler dort auftauchten. Sie hielten die grandios aufgeschichteten Steinterrassen gleich für »natürliche Tempel Gottes«, für die Himmelsstadt Zion. (Selbst nüchterne Geologen gerieten ins Schwärmen und bewunderten die Bergwelt als »das große Treppenhaus der Zeit«.) Folgerichtig tragen die hohen Highlights, die den Canyongrund flankieren, hehre Namen: »The West Temple« etwa (linker Hand, gleich bei der Einfahrt) oder »The Great White Throne« (rechter Hand, hinter der Lodge).

Vor den Mormonen zeigten andere Pioniere oder Trapper offenbar wenig Interesse an der Erforschung des Canyon, oder sie verpassten ihn schlicht: die ersten europäischen Entdecker, die katholischen Emissionäre und Padres Dominguez und Escalante 1776 ebenso wie eine Gruppe von Pelzhändlern unter der Führung des berühmten Pfadfinders Jedediah S. Smith 50 Jahre später.

Erst die Große Depression überführte das himmlische Jerusalem in einen brauchbaren Park für die Nation. 1919 gegründet, beauftragte Franklin D. Roosevelt 1933 das von ihm eingesetzte »Civilian Conservation Corps« mit der Anlage der ersten entscheidenden Befestigungen und Trails. Das kommt den jährlich rund zweieinhalb Millionen Besuchern noch heute zugute.

Am Fuß des **Temple of Sinawava**, eines der markanten Massive des Canyon, beginnt der bequemste aller Wanderwege, der *Gateway to the Narrows Trail*. Das letzte und eigentlich spannende Wegstück führt allerdings durch den spektakulären Engpass des Virgin River, flussaufwärts durch gurgelndes und meist eisiges Wasser. Nichts für Zimperliche oder Wasserscheue! Viele laufen in Sandalen und kurzen Hosen, Abgehärtetere gehen einfach barfuß. Die Felswände tröpfeln und rieseln; Farne und anderlei Grünzeug wachsen wild zwischen den unzähligen Rinnsalen am Rande des Flussbetts, ja, es gibt sogar völlig unerwartet einen *desert swamp* – ein Feuchtgebiet mitten in der Wüste.

Die Nachbarschaft von Moos und Fels, Frosch und *lizard*, macht auch den Reiz des Trails zu den **Emerald Pools** aus, an dessen steilen hängenden Gärten es überall rauscht und rinnt, sickert und gurgelt. Die von Algen grünlich eingefärbten Pools werden von Wasserfällen gespeist. Die Abhänge sind übersät mit Wildblumen und Käfern, während auf dem Trail muntere Hörnchen herumturnen.

Wie in anderen Nationalparks überlegt man auch in Zion, wie man die wachsende Belastung des automobilen Naturtourismus reduzieren kann: den Krach und Abfall, die Umweltschäden und Zerstörung der Vegetation in Straßennähe. Am Eingang, außerhalb des Parks in Springdale, vermittelt ein IMAX-Kino schon einmal Naturerlebnisse aus zweiter Hand. Um die individuellen Autofahrten zu reduzieren, wurde von März bis Oktober ein Shuttle-Service für Besucher eingerichtet (außer im Ostteil des Parks).

*Von Fall zu Fall rauscht das Wasser an den Canyonwänden im Zion National Park*

## 9. Tag: Zion Park, UT – Page, AZ (ca. 190 km)

**Route:**

**S 9 nach Osten zur Mt. Carmel Junction, dort US 89 Richtung Süden nach Kanab, dort scharf links weiter nach Page.**

Die heutige Route zieht sich dicht an der Südgrenze Utahs hin, überquert den Paria River und strebt wie dieser dem gestauten Colorado River zu, dem Lake Powell und Page. (Vgl. 3. Route Apache Trail, 11. Tag, S. 206 ff.)

## 10. Tag: Page – Grand Canyon – Page (ca. 495 km)

**Route:**

**In Page US 89 nach Süden bis zum Cameron Trading Post, dort S 64 nach Westen zum Grand Canyon Village.**

Vgl. 3. Route Apache Trail, 12. Tag, S. 208.

## 11. Tag: Page, AZ – Cortez, CO (ca. 450 km)

**Route:**

In Page S 98 nach Osten, an US 160 links weiter in östlicher Richtung, vor Kayenta links über US 163 durch das Monument Valley, UT, und weiter über Mexican Hat, an der US 191 rechts nach Süden zurück zur US 160, diese und die US 666 nach Cortez.

> *Service & Tipps:* Abends in Cortez bekommt man in der zum knuffigen Futterbunker umfunktionierten Scheune der <u>Homesteaders</u>, 45 E. Main St., gute Steaks und Rippchen zu zivilen Preisen. Vgl. 3. Route Apache Trail, 10. Tag, S. 205 f.

Schöne Landschaftsbilder begleiten die Fahrt über den Highway 98 durch das weitläufige Reservat der Navajo-Indianer, das flächen- und bevölkerungsmäßig größte in den USA. Vielfarbige Gesteinsschichten und tolle *scenic views* ziehen auf der Hochebene des Colorado-Plateaus vorbei: Arizona im Cinemascope-Format.

Bei Kayenta geht es zum **Monument Valley** ab, zu jenem Tal, dessen bizarre Felskamine inzwischen weltbekannt sind. Von »Easy Rider« bis »Marlboro«, jeder hat sie als Postkarte, Filmausschnitt oder Reklamebild bereits im Kopf. Und doch ist, vor allem bei entsprechender Beleuchtung, die Wirklichkeit oft irrealer, als man denkt.

Im Visitor Center gibt es Informationen zu Touren und Programmen. Wir verlassen das große Tal in nördlicher Richtung, also gewissermaßen durch den Hinterausgang. Bei **Mexican Hat** grüßt rechter Hand der **Mexican Hat Rock** mit einem Sombrero. Eine Stichstraße führt diejenigen, die genauer hinsehen möchten, zu dieser drolligen Steinmütze. Bald danach wartet eine besondere Ablenkung, die man sich nicht entgehen lassen sollte: ein kleiner Abstecher zu den **Goosenecks** (linker Hand und ausgeschildert). Erodierte Flussschleifen, die der San Juan River über lange Jahrtausende hier ausgefressen hat, bilden diese »Gänsehälse«.

Etwa bei **Mexican Water** kehren wir zur US 160 zurück. Meist bläst heftiger Wind über die Hochebene und treibt torkelnde Tumbleweed-Büsche quer über den Highway, der die graugrüne Sagebrush-Landschaft durchschneidet und nur noch selten von roten Sandstein-Mesas unterbrochen wird. Auf den vereinzelten Navajo-Gehöften erkennt man Wohnwagen, *corrals* und hin und wieder ein traditionelles Navajo-Haus. Dazwischen trotten Ziegen, weiße Schafe mit schwarzen Köpfen, Pferde und Vieh. Auch der Name *Teec Nos Pos* belegt, dass wir immer noch im Reservat sind.

Von hier aus geht es dicht an die Four Corners heran, an das Vierländereck, wo sich die Grenzen der Bundesstaaten Utah, Colorado, New Mexico und Arizona berühren. Noch ein kurzer Hüpfer, dann kommt **Cortez**, und damit die erste Stadt nach langer Fahrzeit.

*Monument Valley*

JUWELEN DER NATUR

12. Tag

## 12. Tag: Cortez – Mesa Verde National Park – Durango (ca. 80 km)

**Route:**

In Cortez US 160 nach Osten zum Eingang des Mesa Verde National Park, anschließend US 160 weiter nach Osten über Mancos nach Durango.

> *Service & Tipps:* Abends in Durango braucht man nicht zu verhungern oder zu verdursten, zahlreiche gute Restaurants und Bars bieten ihren Service an, z. B. Seasons Grill, 764 Main Ave.: angenehmes Lokal mit italienisch angehauchter neu-amerikanischer Küche; auch zum Draußensitzen ($$); Palace Grill, 505 Main Ave. (Bahnhof): bewährte Adresse für Steak- und Fischliebhaber, aber auch Vegetarier haben eine Chance, am Wochenende gibt's in der Bar Live-Entertainment ($$–$$$); oder Old Tymers Cafe, 1000 Main Ave.: Szene-Kneipe im Wildwest-Look mit riesigen Hamburgern, guten Salaten und anderen Kleinigkeiten; beliebte Treffs sind außerdem (auch schon zum Frühstück) gleich nebenan das Carver's Bakery and Brew Pub ($); oder Strater Hotel, 699 Main Ave. & 7th St.: seit 1887 am Platz, ein viktorianischer Prachtbau mit zünftigem Diamond Belle Saloon (Ragtime von *Honky-tonk*-Männern am Klavier), gediegenem Restaurant (Mahogany Grille) und kleinem Vaudeville-Theater ($$).

Der Eingang zum **Mesa Verde National Park** liegt bei Cortez praktisch vor der Haustür, doch erst nach etwa einer Stunde Autofahrt auf der kurvigen Hochstraße mit eindrucksvollen Aus-, Rund- und Rückblicken auf die umliegenden grün-schwarzen Bergketten gelangt man zu dessen Highlights, den vergleichsweise gut erhaltenen Ruinen von Klippensiedlungen der Anasazi, die während ihrer so genannten klassischen Periode zwischen 1100 und 1300 hier lebten. Danach zogen sie nach Süden ab. Wegen einer Dürreperiode Ende des 13. Jahrhunderts, wegen feindlicher Attacken? – Auch hier weiß man nichts Genaues.

Verlassen und still blieben die pastorale Landschaft der Canyons, die Pueblos auf der Mesa und die Ruinenstädte in den Felsnischen und Grotten, die Klippensiedlungen, die längst zum Markenzeichen des Parks geworden sind. Neben Chaco Canyon im nördlichen New Mexico (und gar nicht weit von hier) zählt Mesa Verde zu den bedeutendsten Dokumenten indianischer Baukunst im amerikanischen Westen.

An einem verschneiten Dezembertag des Jahres 1888 trauten zwei Cowboys plötzlich ihren Augen nicht. Was sie unterhalb einer Canyonwand entdeckten, mussten sie für eine Fata Morgana halten: ein Bauensemble mit einem erkennbaren Layout aus Wegen, Türmen, Plätzen und Häusern, deren Stockwerke durch Leitern verbunden waren. Wiederentdeckung, Restaurierung und touristische Aufbereitung nahmen fortan ihren Lauf.

Inzwischen ist das kunstvolle Mauerwerk des so genannten »grünen Tafelbergs« – wegen seiner dichten Bewaldung mit robusten Piñonkiefern und Wacholdersträuchern (Juniper) – zum Haus der offenen Tür geworden. Allerdings dürfen nur einige mit Rangerführungen betreten werden, denn besonders im Sommer wird es hier oben ganz schön wuselig. Die Hitze drückt, die vielen Menschen ebenfalls, es gibt keine Parkplätze, stattdessen babylonisches Sprachengewirr und entsprechenden Lärm in den Ruinen.

Dennoch, trotz seiner jährlich mehr als 700 000 Besucher schneidet Mesa Verde, was die Luftverschmutzung angeht, unter den Nationalparks der USA noch am besten ab. Jüngste Messungen haben sogar einen

Rückgang der Schwefeldioxydbelastung der Luft bescheinigt.

Nach Passieren des **Far View Visitor Center** folgen die Pueblo-Ruinen der **Far View Ruins**, die schöne Weitblicke ins Land erlauben. Etwas später, auf der **Chapin Mesa** in der Nähe von Cedar Tree Tower and Kiva, sind noch Reste der alten Bewässerungssysteme zu finden, terrassierte historische Felder, die ebenso wie Wasserauffangbecken und Gräben bezeugen, wie fortgeschritten die Landwirtschaft auf den Mesas war.

Im weiter südlich gelegenen **Archäologischen Museum** gibt es eindrucksvolle Dioramen zu sehen, die die Epochen der Anasazi-Kultur im Mesa-Verde-Gebiet anschaulich rekonstruieren: Die *Basket Makers* oder »Korbmacher«, die um 750 ihre *Grubenhäuser (pit houses)* durch oberirdische Pueblo-Bauten ersetzten und diese dann später von der Mesa hinab in die Felshöhlungen verlegten. Sie wirken heute landschaftlich und klimatisch besonders angepasst. Abgesehen von ihrer verteidigungsstrategisch günstigen Position, bot die apsisartig in den Fels verlegte Wohnanlage im Sommer Sonnenschutz und im Winter Wärme, die tagsüber in den Steinwänden gespeichert wurde und den extremen Temperaturabfall zur Nacht milderte.

Das **Spruce Tree House**, nur ein paar Schritte unterhalb des Museums, zeigt das auf einen Blick. Die Siedlung gilt als die am besten konservierte, mit mehreren *kivas*,

*Spruce Tree House im Mesa Verde Park*

unterirdischen Zeremonialräumen, und über hundert kleinen Räumen. Wer dem Mesarand weiter folgt, erreicht den Sun Temple, von dem aus man auf den gegenüberliegenden **Cliff Palace** herunterblickt, die mit mehr als 200 Zimmern stattlichste und größte erhaltene Anlage im Park.

Auf einem zusätzlichen zweiten Rundkurs südlich vom Museum kann man sich das **Square Tower House**, diverse Grubenhäuser und das **House of Many Windows** ansehen. Auch die (abgelegenere) **Wetherill Mesa** hat bedeutende *cliff-dwellings* für alle, die sich noch einen Extratag Zeit nehmen, zum Beispiel für das Long House und das mehrstufige Step House, die beide aber auch nur geführt zu besichtigen sind.

Grüne Täler und Berge mit grünem Pelz begleiten den Highway 160 nach Durango und ins **Mancos Valley**. Seine lieblichen Matten und glücklichen Kühe wirken wie ein Oberbayern-Transplantat.

**Mancos**, klein und still, genießt den Ruf eines alternativen Künstlerdörfchens. Die hübsche Hauptstraße von **Durango** wimmelt von kleinen Geschäften, Bars, Cafés und Restaurants — und Wandmalereien, die die mehr oder weniger goldene Vergangenheit der Bergbaustadt in Erinnerung rufen, die im Gold- und Silberrausch der 80er Jahre des 19. Jahrhunderts gegründet wurde.

HAVE A GNEISS DAY trägt man auf T-Shirts in Durango — ein Wortspiel mit den lokalen Mineralien der Bergbaugeschichte des Städtchens. Seine sicher größte Attraktion wartet heute am Bahnhof, wo die nostalgische **Durango-Silverton-Eisenbahn** zu ihren Lustfahrten aufbricht, was gewöhnlich mit viel Rummel verbunden ist. Man muss schon einen Tag zulegen und (auch noch) rechtzeitig vorbestellt haben, um bei der als romantisch gepriesenen Dampftour durch die Berge nach Silverton dabeisein zu können.

Das war einmal anders. Ursprünglich transportierte die 1882 gebaute Schmalspurbahn Minenarbeiter, Gerät und Erze von und zu den nahen San-Juan-Bergen, die wegen ihrer Gold- und Silberschätze ausgebeutet wurden.

## 13. Tag: Durango, CO – Taos, NM (ca. 320 km)

**Route:**

In Durango US 160 nach Osten bis Pagosa Springs, dort US 84 nach Süden, US 64 nach Chama, US 84 nach Tierra Amarilla, US 64 über Tres Piedras nach Taos.

*Service & Tipps:* Taos bietet eine Reihe guter Restaurants, z.B. Lambert's, 309 Paseo del Pueblo Sur: schlichte Räume, überdurchschnittliche Küche ($$); im Taos Inn empfiehlt sich das gepflegte Restaurant Doc Martin's ($$$); vgl. auch 3. Route Apache Trail, 7. Tag, S. 200 f.

Wenn sich heute der Highway südlich von Pagosa Springs in die Berge Richtung New Mexico aufmacht, beginnt mehr und mehr ein Milka-Country: Almwiesen, schlafende Pferde, grasende Kühe, Flüsse und schneebedeckte Bergpanoramen im Hintergrund. Am abseits gelegenen alten Eisenbahnstädtchen **Chama** vorbei windet, steigt und fällt er zumeist einsam durch den waldigen und hügeligen Norden von New Mexico.

Nördlich von Taos überquert er jene Erdfurche, in der sich der **Rio Grande** mehr versteckt als zeigt. Von Grande also keine Spur, im Gegenteil. Ganz unten erkennt man von der Brücke ein eher mageres Rinnsal, das nur bei starken Regenfällen und Schneeschmelzen anschwillt. Dann ist die Zeit der Schlauchboot-Cracks gekommen, denn die Gegend hier am oberen Flusslauf gilt als besonders beliebt – to *shoot the box* heißt es dann.

Was in **Taos** als erstes überrascht ist der gefällige Lehmziegel-Look, die traditionelle Adobebauweise, die es in dieser Geschlossenheit außer im nördlichen New Mexico sonst in den USA kaum mehr gibt. Ockergelb, braunrot und beige leuchten die Lehmhäuser, gerahmt vom Grün der Bäume, im Kontrast zum Himmelsblau. Das struppige Sagebrush duftet, die putzigen Präriehunde stellen die Ohren auf: Taos, der magische Ort auf der Hochebene, wurde häufig gemalt und fotografiert, poetisch verklärt von D. H. Lawrence, der hier lebte.

Schon um die Wende zum 20. Jahrhundert machte der Ort der trockenen Luft wegen von sich reden: als eine Art Davos und Zauberberg für gesundheitlich (vor allem im Lungenbereich) Angeschlagene. Später dann, in den 1920er und 1930er Jahren, kam der Ruf des Ästhetischen hinzu. Zahlreiche Künstler besuchten Taos, denen es die Zeitlosigkeit der Hochebene und die Anziehungskraft der Sangre de Cristo Mountains angetan hatten. Außer D. H. Lawrence war auch die Malerin Georgia O'Keeffe unter ihnen.

Taos ist heute ein beschauliches Westernstädtchen, eine Künstlerkolonie mit rund fünftausend Einwohnern, Nachbar eines berühmten Indianer-Pueblos und Skidorf im Winter. Am besten bummelt man nach der Ankunft noch ein bisschen zur Plaza, vorbei an der historischen Bent Street. Hier wie dort gibt es ein paar nette kunstgewerbliche Shops und Lokale, und die bunt bemalten Eisenbänke laden zu einer abendlichen Siesta.

*Georgia O'Keeffe: Ranchos Church-Taos, 1930*

## 14. Tag: Taos – Santa Fe – Taos (ca. 260 km)

**Route/Programm:**

**Vormittags Besuch des Taos Pueblo; dann über S 68/US 285 über Espanola nach Santa Fe: Stadtrundgang und Rückfahrt am späten Nachmittag.**

*Service & Tipps:* Vgl. 3. Route Apache Trail, 6. Tag, S. 197, 199.

Wie und wo man hier den Tag in **Taos** beginnen soll, ist keine Frage, denn die herzhaften Frühstücksangebote in »Michael's Kitchen« an der Hauptstraße sind unwiderstehlich. Hier treffen sich alle: gepflegte Little Old Ladies, raue Burschen mit grob karierten Hemden, Touristen, Feingeister und Leute in Skistiefeln.

Anschließend: **Taos Pueblo**, sicher einer der Höhepunkte der Reise. Bei der Einfahrt kauft man sein Ticket und, wer möchte, eine Fotoerlaubnis. Sie gilt für die Häuser und den Hauptplatz, aber die Bewohner wollen sich nicht so gern fotografieren lassen, und das sollte man respektieren. Der Pueblo der Tewa-Taos-Indianer, der nördlichste der insgesamt 19 Pueblos am Oberlauf des Rio Grande, zählt zu den ältesten Siedlungen in den USA überhaupt.

Er bestand bereits Jahrhunderte bevor die Spanier 1540 anrückten – ein Regiment von Konquistadoren aus der groß angelegten Coronado-Expedition, das auf der Suche nach den sagenhaften goldenen Städten Angst und Schrecken verbreitete. Wahrscheinlich erweckte die Abendsonne, die Hochebene und Pueblo beleuchtete, den Anschein, dass die verheißenen Goldberge zum Greifen nahe lägen. Später, im Jahre 1680, war Taos Pueblo Keimzelle des Indianeraufstands gegen die Spanier, an dem sich schließlich alle Pueblo-Stämme beteiligten. Aber ihr Sieg hielt die Spanier nur knapp zwanzig Jahre fern; dann schlugen sie zurück.

Rund 150 Personen leben heute in den beiden Wohnblöcken an der Plaza, die der gurgelnde Rio Pueblo de Taos in zwei Hälften teilt, aber etwa 2 000 auf dem Land, das zum Reservat der Taos-Indianer gehört. Das klare Flusswasser kommt aus dem **Blue Lake**, dem umstrittenen See in den nahen Bergen, der letztendlich immer noch die Hauptquelle für Trinkwasser und Feldbewässerung ist. Die US-Regierung hatte sich 1906 den als heilig geltenden See und das ihn umgebende Bergland zu eigen gemacht. Erst 1970 und nach langem Streit bekamen die Indianer das Gebiet zurück. Seither zählt der Blue Lake wieder zu den bevorzugten Refugien religiöser Feiern. Dass Katholizismus und indianische Glaubenstradition friedlich nebeneinander existieren, beweist die gleichzeitige Präsenz von Kirche und Kiva im Dorf.

In einigen Adobehäusern verkaufen die Indianer ihre kunstgewerblichen Produkte, und draußen unter den schattigen *ramadas* wird selbst gebackenes frisches Brot angeboten. Das sind im Wesentlichen die wirtschaftlichen Grundlagen der Pueblo-Bewohner. Elektrizität und fließendes Wasser gibt es hier nicht. Auch kein Fernsehen. TV, so sagen die konservativen Indianer, ruiniere das Geschichtenerzählen und die mündliche Tradition. Viele Stammesmitglieder ziehen es daher vor, mit allem Neuzeitkomfort außerhalb des traditionellen Pueblos zu leben und nur bei religiösen Feierlichkeiten in ihr Dorf zurückzukehren.

Bis heute bestimmt die terrassierte Wohnanlage, die seit 1965 unter Denkmalschutz steht, die Bauweise in der gesamten Region – architektonisch ebenso wie ökologisch. Es ist sicher kein Zufall, dass gerade rund um Taos seit einiger Zeit mit alternativen Baustoffen (z.T. mit Abfallmaterialien) gebaut wird, die Energie sparen. Und darüber hinaus werden alternative Enegiequellen wie die Sonne ausgenutzt. Nur ein paar Autominuten sind sie also voneinander entfernt: die Indianer und die Weißen, die jahrhundertealte Bautechnik mit luftgetrockneten Lehmziegeln im Pueblo und das konstruktive Recycling moderner Prägung.

Vor dem Abschied von Taos sollte man noch einen Blick in die schöne Adobekirche **San Francisco of Assisi** werfen. Sie liegt rund sechs Kilometer südlich, in **Ranchos de Taos**. Wie eine Riesenkatze aus Lehm thront der mächtige Bau mitten auf der hübschen Placita. Georgia O'Keeffe hat sie in einem berühmten Bild festgehalten. Nahezu alles in dieser Kirche ist, steht oder hängt schief: die Decke, die Kerzenhalter, die Bilder, das Kreuz.

Der Highway nach Süden bringt bald ein Wiedersehen mit dem Rio Grande, zuerst mit dessen tiefer Erdspalte, dann mit seinem Flusslauf selbst, dem die Straße bis nach **Velarde** folgt, dann verbreitert sich das Tal, und der Fluss verzieht sich.

Bald danach geht es durch das durch und durch hispanisch geprägte **Espanola**, dessen hektische Hauptstraße so gar nicht zum *Land of Enchantment*, dem Land der Verzauberung, passen will. Eher tut das schon ein Riesenkamel, das sich plötzlich rechter Hand zu erkennen gibt; kein lebendiges natürlich, sondern Felsbrocken, die so aussehen und deshalb auch so heißen: **Camel Rock**.

Schließlich folgt Santa Fe (vgl. 3. Route Apache Trail 6. Tag, S. 198 ff.).

## 15. Tag: Taos, NM – Denver, CO (ca. 500 km)

**Route:**

**In Taos S 522 nach Norden über Questa und Costilla, weiter über S 159 bis Fort Garland, dort US 160 nach Osten bis Walsenburg, von hier aus I-25 über Pueblo und Colorado Springs nach Denver.**

*Service & Tipps:* In Fort Garland bietet sich die Möglichkeit, einen kurzen Abstecher zu den Great Sand Dunes zu machen (US 160 ein kleines Stück nach Westen, dann über S 150 in die Wüste). Adressen in Denver vgl. 1. Tag, S. 214.

Der Abschied von **Taos** fällt jedem schwer, keine Frage. Aber die heutige Route hält die Erinnerung an seine Vorzüge wach, weil sie auch weiterhin durch liebliche Gefilde zieht. Fürs erste zumindest: Bis zur Grenze von Colorado bleibt der Highway landschaftlich sehr eindrucksvoll. Die **Sangre de Cristo Mountains** begleiten den Weg auf der rechten Seite bis **Fort Garland**, danach geht es über sie hinweg und – hinunter in die **Great Plains** nach **Walsenburg**, und von hier aus stracks nach Norden.

Wie **Pueblo** um die Wende zum 20. Jahrhundert einmal ausgesehen hat, davon vermitteln die viktorianischen Häuser im Union Avenue Historic District ebenso einen Eindruck wie der prunkvoll verzierte Bahnhof (Union Pacific Depot). Damals erwarb sich Pueblo den (heute längst geschwundenen) Ruf eines »Pittsburgh des Westens«. Das **Rosemount Museum** hat sich in einem mit seiner Originaleinrichtung erhaltenen dreistöckigen Herrenhaus von 1893 mit 37 Zimmern eingerichtet und gibt damit den eleganten Lebensstil eines wohlhabenden Bankers dieser Zeit hervorragend wieder.

Ein Leckerbissen für Luftfahrt-Interessierte wartet in der Nähe des Flughafens: das **Fred Weisbrod International B-24 Museum**. Hier stehen ein B-29 Bomber, ein Boeing Stratojet und diverse alte Düsenjäger und Militärmaschinen. Ganz im Gegensatz zum nördlichen Colorado Springs hat Pueblo einen hohen Bevölkerungsanteil an Hispanics, Amerikanern mexikanischer Abstammung.

**Colorado Springs** ufert weit in die Prärie aus und liegt zu Füßen des 4 300 Meter hohen **Pikes Peak**. Die Stadt, von einem Eisenbahnmagnaten 1871 gegründet, startete einmal als exklusiver Kurort, der aufgrund seiner vornehmen Gäste, der Cricket- und Polospiele, Herrenclubs und Architektur im Tudor-Stil wie ein »Little London« wirkte. Heute ist es hier weniger britisch angehaucht und vornehm, doch seine Anziehungskraft als Ferienziel hat Colorado Springs nicht verloren. Kein Wunder, bei so guter Luft, herrlicher Lage, viel Sonne und guten Freizeiteinrichtungen.

Vom über eine Mautstraße oder mit einer Zahnradbahn erreichbaren Gipfel des Pikes Peak hat man einen großartigen Blick auf die Prärie und die Rocky Mountains. Cowboy-Fans kommen auch im **Pro Rodeo Hall of Fame and American Cowboy Museum** auf ihre Kosten, wo die Geschichte des Rodeos, von seinem Beginn als Unterhaltung der Cowboys bis zu seinem heutigen Stand als populärer Zuschauersport, präsentiert wird. Sehr beliebt ist auch die Tour durch den **U.S. Olympic Complex**, in dem sich die Athleten der USA auf die Olympiade vorbereiten. Die Höhenlage der Stadt (2 000 Meter) ist dazu besonders gut geeignet. Und von hier bis zum Wiedersehen mit **Denver** sind es nur noch wenige Meilen.

*Boomtown und Tor zu den Rockies: Denver, Colorado*

# 5 Serviceteil

**Reiseland amerikanischer Westen** ... 232

An- und Einreise ..................... 233
Ärztliche Vorsorge/Versorgung ........ 233
Auskunft ............................ 233
Automiete/Autofahren ................ 234
Essen und Trinken .................... 234
Feiertage/Feste ..................... 235
Geld/Devisen ........................ 235
Hinweise für Behinderte .............. 235

Kinder .............................. 236
Maße und Gewichte .................. 236
Post ................................ 236
Sicherheitshinweise .................. 236
Telefonieren ........................ 236
Trinkgeld ........................... 237
Unterkunft .......................... 237
Verkehrsmittel ...................... 237
Zoll ................................ 238
**Sprachhilfen** ..................... 238

## Reiseland amerikanischer Westen

Siebenmeilenstiefel müsste man haben, um in alle Winkel des amerikanischen Westens vorzudringen und dessen Vielfalt kennenzulernen: so enorm sind die Dimensionen des Landes. Dabei haben der Straßenbau und die Verkehrsmittel beträchtliche Fortschritte gemacht. Erst holperte der Pony Express durch die Prärie, dann ratterte die Eisenbahn durch die Schluchten der Rocky Mountains, doch erst die Route 66 sorgte für den Reisehimmel auf Erden. Der durch sie beförderte Mythos der amerikanischen Landstraße brachte plötzlich Metropolen und verträumte Nester, Hochburgen der Musik und Gletscherspalten, Kunst und Kakteen in bequeme Reichweiten. Seit dem Zweiten Weltkrieg hat sich daraus eine immer perfektere Infrastruktur entwickelt.

Ohne die für europäische Verhältnisse gewaltigen Distanzen des Landes wäre diese beispiellose Bewegungsfreiheit nie entstanden, die heute die Mobilität der amerikanischen Gesellschaft auszeichnet. In keiner anderen Nation scheint das On-the-road-Gefühl so in Fleisch und Blut übergegangen zu sein wie in den USA. Das gilt für die Kids in ihren verrückten Kisten und Kult-Harleys (Devise: senil, aber mobil) ebenso wie für Mom und Dad im Mittelklassewagen oder die grauen Panther in ihren Wohnmobilen auf der Suche nach der ewigen Sonne. Und was schon im Alltag auf Achse ist, macht im Urlaub erst recht mobil. Nicht einmal im Jahr, sondern alle Nase lang, während der *breakations* – eine neuenglische Wortschöpfung aus *break* und *vacation*, sprich: Kurzurlaub. Da viele amerikanische Feiertage oft auf einen Montag fallen, bilden sich lange Wochenenden wie von selbst.

Vor allem die Nationalparks bekommen dies zu spüren. Diese Refugien natürlicher Schönheit zählen längst zum festen Fundus des amerikanischen Freizeitdrangs. Nationalparks der USA sind Magneten für Millionen. Erst sehr viel später entdeckte man den Unterhaltungswert der Städte: anfangs nach zaghafter Denkmalpflege, zuletzt aber vehement durch aufwendige Neubauten in Gestalt aufwendiger Konsumtempel, Vergnügungsparks und hypermoderner Aquarien sowie hochkarätiger Kunstsammlungen.

USA – ein Füllhorn für den Tourismus? Durchaus. Aber Zweifel sind ebenso angesagt. Das touristische Imperium der unbegrenzten Reisemöglichkeiten schlägt von Saison zu Saison spürbarer auf seine Nutznießer zurück. Immer offensichtlicher wird: Dort, wo alle hinwollen, steht man sich schnell auf den Füßen, zumindest aber in langen Warteschlangen. »Die Amerikaner lieben ihre Naturparks zu Tode«, klagte jüngst ein Ranger im kalifornischen Yosemite National Park. An vielen Pazifikstränden sieht es nicht anders aus, wenn dort an Wochenenden Millionen freizeithungriger Beach Boys ebenso einfallen wie kinderreiche Familien oder ganze Schulklassen. Sogar die stillen Wüsten sind nicht mehr still: *Dune buggies* pflügen lustvoll durch karges Terrain.

Auch in den Städten mehren sich die Engpässe. Kongresse, Fiestas und Rodeos oder andere populäre Sportereignisse und Events können im Nu die gesamte Hotelszene blockieren. Wer die Highlights des amerikanischen Festkalenders nicht im Kopf hat und nicht weiß, was »Memorial Weekend« oder »Labor Day« praktisch bedeutet, wer das rechtzeitige Reservierungsgebot außer Acht lässt oder den Unterschied zwischen einem Sonntag in Downtown und einem am Strandbad nicht kennt, der kann leicht sein blaues Wunder erleben.

Kurz: in einer hochmobilen und freizeitorientierten Gesellschaft hat die Reiselust nach und nach eine Topografie der Fettnäpfchen geschaffen, auf die sich auch europäische Gäste möglichst frühzeitig einstellen sollten – selbst wenn das bedeutet, so manches lieb gewonnene Klischee zu vergessen. Z. B. das vom »typischen« Amerikaner, dem man gern zupackende Direktheit, kaugummikauende Lässigkeit und Improvisationstalent unterstellt, um daraus zu folgern, die USA seien eine jederzeit jedermann zugängliche *drop-in culture*, eine Gesellschaft, in die man mir nichts, dir nichts hereinplatzen kann, weil doch alle so nett sind und es folglich ja schon irgendwie klappt.

Nein, eher ist Planung dringend gefragt. Ob Campingplatz oder Nobelrestaurant, Kanu-Tour oder Opernabend, Fähre oder Ferien auf der Ranch: ohne Reservierung läuft selten etwas. Das gehört ganz einfach zu den amerikanischen Spielregeln. Sinn macht auch, gegen den Strich zu reisen. D. h., die Rush Hour (morgens und abends) ebenso zu meiden wie die Superhighways und stattdessen die verkehrsarmen Tageszeiten und die stilleren Landstraßen, die *blue highways*, zu bevorzugen. Denn auf dem Land, in vielen Kleinstädten der Provinz ist die amerikanische Welt vielfach in beschaulicher Ordnung. Dieses von uns Europäern noch weitgehend unentdeckte *rural America* ist geprägt von bescheidenen Ansprüchen und bodenständigen Werten, die sich sogar viele Amerikaner inzwischen wieder herbeisehnen, weil sie das Chaos des Zeitgenössischen zu sehr nervt.

In den USA auf Entdeckungstour zu gehen, das könnte heißen, nach den kleinen, anmutenden Regionen im provinziellen Abseits zu suchen, wo Haus und Auto immer noch nicht abgeschlossen und Steppdecken in alter Manier geknüpft werden und wo es keine Alarmanlagen gibt. Wo Geschichtenerzähler Stories zum Besten geben und der nächste Schnapsladen meilenweit entfernt liegt.

## Anreise/Einreise

Nonstopflüge verschiedener Fluggesellschaften erreichen aus Europa meist am Nachmittag die amerikanischen Metropolen des Westens, also in erster Linie Los Angeles und San Francisco, aber auch Las Vegas, Phoenix. Über Sondertarife und Charterflüge informieren die Reisebüros. Ab Januar 2009 müssen USA-Reisende mindestens 72 Stunden vor Reiseantritt online eine **ESTA-Genehmigung** (Electronic System for Travel Authorization) beantragen, das gilt auch für Kinder. Dazu ist ein Formular mit persönlichen und anderen Daten auszufüllen, das bisher während des Fluges ausgeteilt wurde. Die Genehmigung ist bis zu zwei Jahre oder bis zum Ablauf des Passes gültig für mehrere Einreisen gültig. Zur Einreise in die USA benötigen Besucher aus Deutschland, Österreich und der Schweiz (auch Babys und Kinder) einen **maschinenlesbaren Pass**, der mindestens bis zum Ende der geplanten Reise gültig sein muss. Für deutsche Staatsangehörige ist nur der rote Europapass zulässig. Vorläufige Reisepässe, Kinderausweise oder Einträge in den Reisepässen der Eltern werden nicht mehr akzeptiert. **Reisepässe, die nach dem 25. Okt. 2006 ausgestellt wurden, müssen zusätzlich über biometrische Daten in Chipform verfügen.** Das gilt jedoch nicht für Reisende, die ein US-Visum besitzen.

Der Beamte der Einwanderungsbehörde *(immigration officer)* nimmt einen Fingerabdruck ab und ein digitales Passfoto auf. Er erkundigt sich nach Zweck *(holiday)* und Dauer der Reise und setzt die Aufenthaltsdauer fest. Manchmal wird auch nach dem Rückflugticket oder der finanziellen Ausstattung gefragt.

**Visa-Informationen erhält man unter**
✆ (01 90) 85 00 55
http://germany.usembassy.gov/germany/visa

Angesichts der strengeren Sicherheitsbestimmungen seit dem 11.09.2001 in den USA sollten Sie Ihr **Gepäck bei der Aufgabe am Flughafen nicht verschließen**, da es sonst mit großer Wahrscheinlichkeit von den Behörden gewaltsam geöffnet wird.

Am Flughafenausgang bringen Sie die Pendelbusse der Autovermieter sofort und kostenlos zum Mietbüro.

## Ärztliche Vorsorge/Versorgung

In den USA ist man automatisch Privatpatient, und die Arzt- bzw. Krankenhauskosten sind happig. Man sollte also tunlichst vorsorgen und sich bei seiner Krankenkasse nach einer Kostenerstattung erkundigen. Falls nicht alle in den USA erbrachten Leistungen übernommen werden, ist unbedingt eine **Auslandskrankenversicherung** anzuraten, die für Urlaubsreisen äußerst preiswert zu haben ist. Allerdings, auch wenn Sie versichert sind, in den USA muss beim Arzt oder im Krankenhaus sofort bezahlt werden, meist im Voraus. Dafür erweist sich wiederum eine Kreditkarte als sehr nützlich. Erkundigen Sie sich deshalb auch, welche Leistungen Ihre (oder eine) Kreditkarte im Krankheitsfall im Ausland einschließt.

**Apotheken** *(pharmacy)* sind meist in *drugstores* zu finden, die auch Toilettenartikel und Kosmetika führen. Ständig benötigte Medikamente sollte man selbst mitbringen (und sich möglichst vorher ein Attest ausstellen lassen für den Fall, dass der Zoll Fragen stellt). Viele Medikamente, die in Europa rezeptfrei zu haben sind, können in den USA nur vom Arzt verschrieben werden.

## Auskunft

Die Deutschlandvertretungen einzelner Städte und/oder Bundesstaaten stellen meist auf Anfrage Prospektunterlagen zur Verfügung. Da diese Vertretungen oft wechseln oder nur für die Reiseindustrie zuständig sind, ist es schwierig geworden, schon hierzulande Informationen über das Zielgebiet zu bekommen. Die Informationen vor Ort sind dagegen erheblich leichter zugänglich und ergiebiger. Informationsstellen vor Ort sind die **Welcome Centers**, die regionalen **Chambers of Commerce** bzw. die **Convention & Visitors Bureaus**. Ihre Rufnummern und Adressen stehen im örtlichen Telefonbuch. Diese Stellen, die oft gut ausgeschildert sind, geben ebenfalls Tipps für Unternehmungen und Veranstal-

# Serviceteil 5

tungshinweise. Man muss dort nicht hinfahren, man kann sich auch telefonisch erkundigen.

Mitglieder des ADAC, des schweizerischen oder österreichischen Automobilklubs sollten sich die TourBooks der **American Automobile Association** (AAA) besorgen, die es bei Vorlage des eigenen Mitgliedsausweises ebenso kostenlos gibt wie exzellente Straßenkarten. AAA-Büros findet man in allen Großstädten, die Adressen im örtlichen Telefonverzeichnis; die AAA-Büros haben gewöhnlich von Mo–Fr 8.30–17.30 Uhr geöffnet.

## Automiete/Autofahren

Bei der Übernahme des Fahrzeugs vor Ort legt man neben seinem Voucher den Führerschein (der internationale zählt nicht) und eine Kreditkarte vor. **Achtung bei verdeckten Kosten!** Die Autovermieter jubeln dem Besucher (über die angebotene Vollkaskoversicherung, CDW, hinaus) gern weitere Versicherungen unter. Prüfen Sie daher vorher, ob die damit verbundenen Leistungen nicht anderweitig (Haftpflicht, Kreditkarten) oder bereits mit dem Gutschein für die Automiete abgedeckt sind. Den Wagen sollte man bei Übernahme genau überprüfen (Reserverad, Automatikschaltung) und ggf. genau erklären lassen.

Europäische Autofahrer können sich auf den US-Highways erst mal entspannt zurücklehnen. Man fährt dort vergleichsweise erheblich rücksichtsvoller und vor allem – langsamer. Meistens jedenfalls. Landkarten und Stadtpläne bekommt man an vielen Tankstellen sowie in *drugstores* und Buchhandlungen.

Einige **Verkehrsregeln** und Verhaltensweisen unterscheiden sich von den europäischen:

– Die **Höchstgeschwindigkeit** ist ausgeschildert: auf Interstate Highways 55 und 65 m.p.h (Meilen pro Stunde; d. h. 88 bzw. 105 km/h), manchmal sogar 70 und 75 m.p.h., in Ortschaften 25–30 m.p.h. (40–48 km/h).
– **Schulbusse mit blinkender Warnanlage**, die Kinder ein- und aussteigen lassen, dürfen nicht passiert werden. Das gilt auch für Fahrzeuge aus der Gegenrichtung!
– **Rechtsabbiegen an roten Ampeln** ist in den westlichen US-Staaten erlaubt, aber erst nach vollständigem Stopp und Vergewisserung, dass kein Fußgänger oder ein anderer Wagen behindert werden.
– Außerhalb von Ortschaften muss man zum **Parken** oder Anhalten mit dem Fahrzeug vollständig von der Straße runter.
– **Fußgänger**, besonders Kinder, haben immer Vorfahrt!

Die **Farben** an den Bordsteinkanten markieren die Parkgesetze:
**Rot:** Halteverbot
**Gelb:** Ladezone für Lieferwagen
**Gelb und Schwarz:** LKW-Ladezone
**Blau:** Parkplatz für Behinderte
**Grün:** Parkzeit 10–20 Minuten
**Weiß:** 5 Minuten Parken in den Geschäftszeiten.
Wenn keine Farbe aufgemalt ist, darf man ungestraft und unbegrenzt parken, aber bitte nie an Bushaltestellen und vor Hydranten! An **Tankstellen** muss man manchmal im Voraus bezahlen (PAY FIRST) bzw. eine Kreditkarte hinterlegen. Die Preise variieren: gegen Barzahlung und/oder bei Selbstbedienung (SELF SERVE) gibt es mehr Sprit als auf Kreditkarte und/ oder beim Tankwart (FULL SERVE).

Bei **Pannen** sollte man sich als erstes mit seiner Mietfirma in Verbindung setzen, um die weiteren Schritte abzusprechen. In Notfällen wendet man sich an die Highway Patrol. Diese informiert dann Abschleppdienste, Notarzt etc. Auch der AAA unterhält einen eigenen Pannendienst, den man als Mitglied des ADAC beanspruchen kann. In nahezu allen US-Staaten herrscht Gurtpflicht für jeden im Auto.

## Essen und Trinken

Ihre kulinarische Vielfalt verdanken die USA zum größten Teil ihren ethnischen Töpfen und Küchen. Die großen Städte sind Probierstuben einer neuen **Kaffeekultur**, denn die Amerikaner haben tatsächlich damit begonnen, guten Kaffee zu brühen und zu trinken. Die lange Zeit der Plörre scheint abzulaufen, die der *endless cup*, die unendliche *refills* von Labberkaffee ermöglichte. Vor allem in Kalifornien (eingeleitet durch die in Seattle, Oregon, ansässige Kaffeerösterei »Starbucks«) sind in den letzten Jahren zahlreiche duftende Kaffee-Boutiquen entstanden, wo Espresso, Cappuccino, *caffè latte* etc. im Verbund mit frischen Backwaren und Sandwiches angeboten werden. Die neue amerikanische Kaffeehausszene und ihre süßen Theken präsentiert sich oft in Kombination mit Buchhandlungen oder Zeitungsständen. Diese Läden sind meist gemütlich, bunt und anheimelnd eingerichtet, ganz im Gegensatz zum Sanitärdekor vieler neudeutscher Bäckerei-Ketten.

Leider hat dieses Geschmacksniveau noch nicht die Landstraßen erreicht. Ob Essen oder Trinken: **die amerikanische Provinz ist wahrlich kein Schlemmertopf.** Im Gegenteil, sie ist standardisierter als man erwarten würde; das zeigt schon die Menge der Kettenrestaurants. Für Kleinigkeiten und Zwischenmahlzeiten sind amerikanische Supermärkte dagegen oft wahre Fundgruben, weil sie Gemüse, Obst, Sandwiches, Gebäck etc. frisch, lecker und preiswert anbieten, und oft zu jeder Tages- und Nachtzeit. Auch die Shops der Tankstellen sind nicht zu verachten. Selbstversorger sollten überdies wissen, dass man in den Restaurants grundsätzlich alles, was man einmal bestellt hat, zum Mitnehmen gerne eingepackt bekommt.

Im Vergleich zu Europa essen die meisten Amerikaner früh zu Abend; in kleineren Städten heißt das bis 21 Uhr. Selbst in den Großstädten fällt es mitunter schwer, nach 22 Uhr noch ein offenes Restaurant zu finden.

Die **Preiskategorien** bei den empfohlenen Restaurants gelten für ein Hauptgericht (ohne Vor- und Nachspeise bzw. Getränke):

$ – bis 15 Dollar
$$ – 15 bis 25 Dollar
$$$ – über 25 Dollar

Thema: **Rauchen**. Die USA sind inzwischen zu einem gnadenlos raucherfeindlichen Land geworden. Besonders rigoros zeigt sich das in Kalifornien, wo nur noch an der frischen Luft, in Parkhäusern und zu Hause geraucht werden darf. Jedenfalls nicht mehr in Büros, öffentlichen Gebäuden, Restaurants und Shopping Malls. Die Missachtung des Nichtrauchergebots wird keineswegs als Kavaliersdelikt betrachtet.

## Feiertage/Feste

An den offiziellen Feiertagen quellen viele Ausflugsziele über – besonders im Sommer. Da viele *holidays* auf Montage fallen, entstehen lange Wochenenden und währenddessen oft touristische Staus. Das »Superbowl Weekend« im Januar z. B. ist stets besonders fest in amerikanischer Hand: Das gilt erst recht für das Wochenende von »Memorial Day« (Beginn der Reisesaison) und »Labor Day« (Ende der Reisezeit). Banken, öffentliche Gebäude und viele Sehenswürdigkeiten und Museen sind feiertags geschlossen.

**Offizielle Feiertage:**

**Neujahrstag** (1. Januar)
**Martin Luther King Day** (3. Montag im Januar)
**President's Birthday** (3. Montag im Februar)
**Memorial Day** (letzter Montag im Mai, Beginn der Hauptsaison)
**Unabhängigkeitstag** (4. Juli)
**Labor Day** (1. Montag im September)
**Columbus Day** (2. Montag im Oktober)
**Veterans Day** (11. November)
**Thanksgiving** (4. Donnerstag im November)
**Weihnachten** (25. Dezember)

Für den Zaungast sind die inoffiziellen, lokalen (und ethnischen) Feiern und Feste meist viel interessanter, denn da geht es bunt her. Es gibt immer was zu essen und trinken, viel zu sehen und oft gute Musik zu hören und jeder findet schnell Anschluss, weil Kind und Kegel anwesend sind.

## Geld/Devisen

Die Reisekasse verteilt man am besten auf drei Zahlungsmittel: US-Dollar-Bargeld, Reiseschecks (*traveler's checks*), die auf US-Dollar ausgestellt sind, und eine Kreditkarte (Visa, Eurocard, American Express u. a.). Bis zu 10 000 $ in bar oder anderen Zahlungsmitteln dürfen Sie in die USA mitbringen. Reiseschecks einzulösen ist unproblematisch. Man zahlt damit im Restaurant, an der Tankstelle oder im Hotel und bekommt den Restbetrag bar zurück. Euro-Reiseschecks und Bargeld in Euro werden selbst in den Großstädten nur am Flughafen oder zu normalen Banköffnungszeiten in einigen wenigen Wechselstuben umgetauscht.

Der US-Dollar ist in 100 Cent unterteilt. Es gibt Münzen zu 1 Cent (*penny*), 5 Cent (*nickel*), 10 Cent (*dime*), 25 Cent (*quarter*), 50 Cent (*half dollar*) und 1 Dollar. Vorsicht: Die Dollar-Scheine (*bills, notes*), die im Wert von 1, 2, 5, 10, 20, 50, 100 Dollar kursieren, sind fast alle gleich groß und grün – erst neuerdings sind auch andersfarbige Scheine im Umlauf.

100-$-Noten werden ungern gesehen und in manchen Läden und Tankstellen (vor allem nachts) nicht akzeptiert. Deshalb sollte man überhaupt nur Banknoten/Reiseschecks in 20-$- und 50-$-Stückelung mitnehmen. Wenn man sie aber dennoch dabei hat, sollte man sie am besten an der Hotelrezeption wechseln lassen. In Großstädten geben die Banken Bargeld gegen Vorlage von Kreditkarte und Reisepass ab.

In den USA muss man nicht nur bei der Automiete auf verdeckte Kosten achten. Es ist üblich, Preise grundsätzlich ohne Umsatzsteuer anzugeben, d. h. man bezahlt grundsätzlich mehr, als ausgewiesen ist. Auf alle ausgezeichneten Beträge kommen, je nach Region und Kommune, mindestens 6 % (*sales tax*) hinzu!

Bei den Hotels in den Städten wird meist zusätzlich eine Parkgebühr erhoben, die leicht bis zu 20 $ pro Übernachtung betragen kann. Im US-Durchschnitt beträgt die Restaurantsteuer zzt. 7,25 %, die auf den Betrag, der auf der Speisekarte ausgedruckt ist, hinzuzurechnen sind. Trinkgeld kommt noch hinzu.

## Hinweise für Behinderte

In den USA gibt es erheblich mehr Einrichtungen für Rollstuhlfahrer, die zudem meist besser ausgestattet sind als z. B. in Deutschland. Allgemein kann man sich darauf verlassen, dass alle öffentlichen Gebäude (z. B. Rathäuser, Postämter, Besucherzentren) mit Rampen versehen sind. Dies gilt auch für die meisten Supermärkte, Museen, Sehenswürdigkeiten und Vergnügungsparks. Durchweg sind Bordsteine an den Fußgängerüberwegen abgeflacht. In vielen Hotels und Hotelketten (z. B. Motel 6) gibt es Rollstuhlzimmer. Die Firma AVIS vermietet Autos mit Handbedienung.

# Serviceteil 5

## Kinder

Die Amerikaner sind durchweg kinderfreundlich. Kindermenüs, eigene Sitzkissen und Kindertische in den Restaurants, billige, wenn nicht gar kostenlose Unterbringung in Hotels und Motels sind selbstverständlich. Visitors Bureaus und Hotels in den Städten vermitteln Babysitter.

## Maße und Gewichte

Vor einigen Jahren schien die Umstellung der USA auf das metrische System schon in Sicht, doch heute ist wieder alles beim Alten, d. h. bei *inch* und *mile*, *gallon* und *pound*. Man muss sich also wohl oder übel umstellen. Die folgende kurze Anleitung soll dabei helfen:

| **Längenmaße:** | 1 *inch (in)* | = 2,54 cm |
| --- | --- | --- |
| | 1 *foot (ft)* | = 30,48 cm |
| | 1 *yard (yd)* | = 0,9 m |
| | 1 *mile* | = 1,6 km |
| **Flächenmaße:** | 1 *square foot* | = 930 cm² |
| | 1 *acre* | = 0,4 ha |
| | | = (4 047 m²) |
| | 1 *square mile* | = 259 ha |
| | | = (2,59 km²) |
| **Hohlmaße:** | 1 *pint* | = 0,47 l |
| | 1 *quart* | = 0,95 l |
| | 1 *gallon* | = 3,79 l |
| **Gewichte:** | 1 *ounce (oz)* | = 28,35 g |
| | 1 *pound (lb)* | = 453,6 g |
| | 1 *ton* | = 907 kg |

## Post

Postämter gibt es sogar in den winzigsten Orten. Je kleiner das Nest, umso kürzer sind die Wartezeiten, für den, der ein Päckchen aufgeben oder Briefmarken kaufen will. Die Beförderung einer Postkarte in die Heimat dauert inzwischen oft länger als eine Woche. Man kann sich postlagernde Sendungen nachschicken lassen, wie folgt adressiert:

(Name)
c/o General Delivery
Main Post Office
Los Angeles, CA.......
USA

In den USA hat das Telefonsystem mit dem Postwesen nichts zu tun, daher findet man in den Postämtern auch keine Telefonzellen. Telegramme können bei der **Western Union Telegraph Company** aufgegeben werden (auch telefonisch).

## Sicherheitshinweise

Zu beurteilen, wie sicher ein Ort ist, fällt umso schwerer, je weiter dieser vom eigenen Lebenskreis entfernt liegt. Trotz der deprimierenden Kriminalstatistik mancher US-Metropolen sind die USA insgesamt ein sicheres Reiseland. Tagsüber auf jeden Fall. Ethnische Wohnviertel mit aktiven Straßengangs bergen die meisten Gefahren – für den Fußgänger, aber auch für den Autofahrer kann es dort böse Überraschungen geben. Nach dem Abendessen oder Barbesuch muss man nicht unbedingt noch einmal »um den Block« spazieren oder zum Hotel zu Fuß zurücklaufen. Nehmen Sie ein Taxi!

Auch die so genannte freie Natur birgt Risiken, die viele der an Parks und Stadtwälder gewöhnten Mitteleuropäer unterschätzen. Die Wildnisregionen in den USA eignen sich nur bedingt zur Kaffeefahrt oder zum unbekümmerten Spaziergang! Skorpione, Klapperschlangen, schwarze Witwen oder Moskitos können den Urlaub ebenso verhageln wie plötzliche Regengüsse und die in den Wüsten gefürchteten *washes* – plötzlich durch Niederschläge verursachte Sturzbäche, die alles mit sich reißen. Wussten Sie beispielsweise, dass in der Wüste mehr Menschen ertrinken als verdursten? Informieren Sie sich bei den Rangern der Nationalparks über die potentiellen Gefahren und wie man ihnen vorbeugt! Achten Sie auch darauf, dass Sie im heißen Südwesten der USA stets genügend Trinkwasser mit sich führen. Auch festes Schuhwerk ist unumgänglich.

## Telefonieren

An öffentlichen Telefonen herrscht in den USA kein Mangel. Benutzen Sie sie! Für Auskünfte, Reservierungen, Termine bei Führungen etc. Das spart Zeit. Hilfreich ist zu allen Zeiten der Operator (»0«), der/die Rufnummern vermittelt, Vorwahlnummern *(area codes)* und die Preiseinheiten für Ferngespräche angibt. Um eine Nummer herauszufinden, ruft man die *directory assistance*, die man im eigenen Vorwahlbezirk unter der Nummer 411 erreicht; für andere Bezirke wählt man die jeweilige Vorwahl (...) und dann 555-1212. Auskünfte über die gebührenfreien

1-800er-, 866er- oder 877er-Nummern gibt es unter der Rufnummer 1-800-555-1212.

Das Telefonieren aus der Telefonzelle, dem *payphone*, erfordert etwas Übung. Ortsgespräche *(local calls)* sind einfach. Man wirft 25 Cent ein und wählt die siebenstellige Nummer. Wie man Ferngespräche *(long distance calls)* führt, wird meist in der Aufschrift am Telefon erläutert. Oft wählt man die dreistellige Vorwahl und die Nummer, manchmal ist jedoch eine 1 oder andere Zahl als Vorwahl erforderlich. Danach meldet sich der Operator oder eine Computerstimme und verlangt die Gesprächsgebühr für die ersten drei Minuten. Es empfiehlt sich also, 25-Cent-Stücke zu horten, um allzeit telefonbereit zu sein.

Vom Hotel/Motel aus kann man entweder über den Hotel-Operator oder direkt innerhalb der USA und auch nach Europa telefonieren. Falls man über einen Code (auf dem Apparat angegeben, meist 7 oder 8) eine Amtsleitung bekommt, wird meist nach der Zimmernummer gefragt, damit das Gespräch abgerechnet werden kann.

Bei »**Direkt**«-**Gesprächen** nach Hause wird man auf deutsch vermittelt und der Empfänger bezahlt die Gebühr. Sie sind so günstig, weil man keine Münzen braucht.

**Deutschland Direkt:** 1-800-292-0049 und Nummer
**Austria Direkt:** 1-800-624-0043 und Nummer
**Schweiz Direkt:** 1-800-745-0041 und Nummer

Die **Calling Cards** der diversen Telefongesellschaften bringen Vorteile. Man kann damit praktisch von jeder Straßenecke aus den Rest der Welt erreichen, ohne pfundweise Kleingeld bei sich tragen zu müssen. Außerdem spart man die Zuschläge der Hotels auf die Gebühren. Die Handhabung ist denkbar simpel, und man bekommt über alle geführten Gespräche eine detaillierte Rechnungsaufstellung mit angerufener Nummer, Datum, Ort, Zeit und Gebühr.

Eine **Pre Paid Phone Card** kann man für ca. 10 bis 20 $ in jedem Supermarkt kaufen. Über eine Servicenummer und den *Authorization Code* (beide auf der Karte angegeben) wählt man sich ein und danach wie üblich weiter.

## Trinkgeld

*Tipping* ist Wasser auf die Mühlen des Tourismusbetriebs: bei den *bellboys*, den Kofferträgern, je nach Hotelklasse ca. 50 Cent bis 1 $ pro großem Gepäckstück, Taxifahrern und Frisören etwa 15–20 % vom Rechnungsbetrag, in den Bars etwa 50 Cent je Drink und dem Zimmermädchen bei mehrtägigem Aufenthalt 1 $ pro Nacht. In Restaurants lässt man rund 15 % des Rechnungsbetrages als *tip* auf dem Tisch liegen. Dies ist allerdings nicht als hohes Trinkgeld aufzufassen, da das Bedienungsgeld in den USA nicht im Preis enthalten ist und die Bedienung im Wesentlichen von den Trinkgeldern und nicht vom Gehalt lebt.

## Unterkunft

Hotels und Motels in den USA sind durchweg einwandfrei, zuverlässig und stimmig, was das Preis-Leistungs-Verhältnis angeht. Die meisten Hotels oder Motels können von Europa aus reserviert werden. In den USA selbst sollten Sie dazu die stets gebührenfreien 1-800er-Nummern nutzen. Anzuraten ist das in der Hauptreisezeit Juni/Juli/August und/oder an Wochenenden und Feiertagen, besonders für ländliche Erholungsgebiete. Zumindest aber sollte man zu Zeiten des so genannten *tourist frenzy* einige Tage zuvor Zimmer bestellen. Reservierungen über die 1-800er-Nummern kosten bei Hotelketten oft weniger als beim Einchecken vor Ort.

Bei der Hotelreservierung gilt: ohne eine Kreditkartennummer läuft nichts mehr. Haben Sie eine, wird das Zimmer garantiert. Wird eine Reservierung ohne Kreditkarte akzeptiert, muss man bis spätestens 18 Uhr einchecken. Bei der kurzfristigen Zimmersuche sind die örtlichen Visitors Bureaus behilflich.

Preiskategorien gelten jeweils für einen *double room*. Einzelzimmer sind nur unwesentlich billiger, während man für ein zusätzliches Bett etwa 5–10 $ zuzahlen muss. Für Kinder, die im Zimmer der Eltern schlafen, wird meist kein Aufpreis berechnet. Inzwischen sind die meisten Zimmer in Hotels/Motels *non smoking rooms*.

*Bed & Breakfast* ist das angelsächsische Pendant zum Hotel garni: Zimmer mit Frühstück also, und zwar meist in historischem Rahmen. Bei den Amerikanern stehen sie seit langem hoch im Kurs. Offenbar wissen viele das gemütliche Frühstück mit hausgemachter Marmelade zu schätzen und ziehen das Flair nostalgischer Räumlichkeiten den stereotypen Motelräumen vor. Außerdem wirkt das im Preis eingeschlossene Frühstück (so mager es sein mag), als spare man Kosten. Der derzeitige US-Durchschnitt bei Hotelsteuern liegt bei 12 % (2008). Die am stärksten ausgelasteten Hotels im Westen der USA stehen zurzeit in Waikiki (85 %), Salt Lake City und San Francisco (beide 79 %).

## Verkehrsmittel

Die USA sind bekanntlich nicht das Land der öffentlichen Verkehrsmittel. Der westliche Landesteil schon gar nicht. Ausnahme: San Francisco. Hier und da gibt es rührende Ansätze: ein Stückchen Straßenbahn in Dallas oder San Diego, ein Quentchen U-Bahn in St. Louis oder Los Angeles, ein paar funktionierende Busse in Santa Monica und so weiter. Einzig und allein das private Automobil beherrscht den Personenverkehr; und natürlich die exzellenten Flugverbindungen und eine sich langsam verbessernde Infrastruktur von AMTRAK, dem privaten Eisenbahnunternehmen, das vor allem an der Westküste zwischen San Diego und Seattle an Effizienz zugelegt hat.

# Serviceteil 5

## Zoll

Zollfrei in die USA mitbringen darf man außer der persönlichen Reiseausrüstung:
- 200 Zigaretten oder 100 Zigarren (möglichst nicht aus Kuba) oder 3 Pfund Tabak
- 1 Liter Alkohol
- Geschenke im Wert von bis zu 100 $.

Tierische und pflanzliche Frischprodukte (Obst, Wurst, Gemüse) dürfen nicht eingeführt werden. Die Zollbeamten sind da unerbittlich; Wurststulle und Orange werden konfisziert. Gebäck, Käse und Süßigkeiten (keine Schnapspralinen!) sind erlaubt.

Den eigenen Wagen darf man (bis zu einem Jahr) mitbringen, was sich aber nur ab einer Aufenthaltsdauer von mindestens zwei Monaten lohnt. Bleibt man länger als zwölf Monate, muss das Fahrzeug nach den amerikanischen Sicherheitsbestimmungen umgerüstet werden. Wenn man seinen Wagen nach einer Reise in den USA verkaufen möchte, heißt es ebenfalls umrüsten und zusätzlich Zoll bezahlen.

Bei speziellen Fragen zu den amerikanischen Zollbestimmungen setzt man sich am besten mit dem nächsten US-Konsulat in Verbindung.

## Sprachhilfen

Mit britischem Schulenglisch kommt man in den USA gut zurecht. Es kann jedoch nicht schaden, die eine oder andere amerikanische Redensart zu kennen und zu wissen, wann und wo sie gebraucht wird.

Dem Erstling in den USA fallen die vielen Floskeln auf, die man bei jeder Gelegenheit hört und auf die normalerweise eine entsprechende Antwort erwartet wird.

Ob am Schalter, im Aufzug oder bei sonstiger Annäherung – überall sind Sprachpuffer eingebaut: *hi, how are you, how do you do, hello, thank you, my pleasure, you're welcome* (bitte, gern geschehen), *bye, see you* (bis später), *excuse me, I'm sorry, have a nice day* (schönen Tag noch). Die »Neue Herzlichkeit«, die inzwischen ja auch Europa erwärmt, ist in den USA schon lange im Schwange.

### How would you like your eggs?
### Im Labyrinth der Speisekarten

Bevor es im Restaurant etwas zu essen gibt, muss sich der Gast in der Regel einer kleinen sprachlichen Aufnahmeprüfung unterziehen.

Meist steht am Eingang zum Speiseraum schon ein Schild: WAIT TO BE SEATED. Das heißt, man sollte nicht geradewegs auf den nächsten leeren Tisch zustürzen, sondern auf die Empfangsdame warten, die einem dann einen Tisch zuweist. Warten bereits andere Gäste, tritt eins der auffälligsten angelsächsischen Rituale in Kraft: das geduldige Anstehen, das *standing in line*. Wer's nicht tut, wird schon mal sanft angemahnt: *You have to stand in line*. So etwas kann besonders Europäern (Briten ausgenommen) leicht passieren, denn nicht immer ist sofort klar, dass es sich bei einer kleinen Ansammlung von Leuten schon um eine *line* handelt. Also fragt man im Zweifelsfall lieber: *Excuse me, is this a line?* Amerikaner lieben *lines* – im Gasthaus, bei der Post, an Bankschaltern, Kinokassen, an der Hotelrezeption. Sie verachten Drängelei und Klumpenbildung. Mit gutem Grund: *Lines* schonen Nerven und ersparen unnötige Reibereien.

*Two for breakfast?* wird z. B. beim Empfang gefragt, wenn man morgens zu zweit das Lokal betritt. Da kommt man noch mit einem schlichten *yes* über die Runden. Dann wird man zum Tisch geleitet: *This way please.* In den meisten Coffee Shops kann man auch an der Theke *(counter)* sitzen, da geht's schneller.

Während man die Speisekarte *(menu)* studiert, wird meist schon Kaffee angeboten: *You care for some coffee?* oder *What about some coffee? – Yes, please.* Klappt das nicht sofort, heißt es schon mal tröstend: *I'll be with you in a minute.* Schließlich: *Have you decided?* Oder: *Can I take your orders, please?* Dann, spätestens, ist es so weit! Wie bekommt man das gewünschte Frühstück? Das einfache Vorlesen der Dinge auf der Karte ist zwar schon ein Anfang – etwa beim unverfänglichen *French toast* (eine US-Version unseres alten »Armen Ritters«). Aber bei nahezu allen anderen Frühstückssorten wird mindestens an zwei Punkten unerbittlich nachgehakt: *How would you like your eggs?* und *What kind of bread?* Da hilft es nicht, so zu tun, als hätte man nichts verstanden. Da muss, auch wenn es noch früh am Morgen ist, linguistisch Farbe bekannt werden (siehe Kasten S. 239).

Man sollte auch den Unterschied zwischen *American* und *continental breakfast* kennen. Das erstere wird morgens landesweit verdrückt, das zweite bedeutet karge Kost am Morgen: ein Croissant, etwas Marmelade, Kaffee.

Kaffee wird meist unaufgefordert nachgeschenkt: *Some more coffee?* Ansonsten ruft man die Bedienung: *Miss!* oder ein vernehmliches *Excuse me, please!* Sonntags, beim *brunch* – spätes Frühstück und frühes Mittagessen in einem –, läuft alles gemächlicher.

Abends fragt man Sie am Eingang als erstes nach der Reservierung: *Did you make a reservation?* Wenn ja, nennt man seinen Namen und die Anzahl der Personen: also z. B. »Müller, *party of four*«. Hat man nicht reserviert, kann man sich meist noch auf die Liste setzen lassen: *It'll be twenty minutes. You want me to put your name down?* wird gefragt. Also Zeit für einen Drink an der Bar.

Am Tisch lautet die erste Frage meist: *Would you care for anything from the bar?* Bei Wein unterscheidet man zumindest zwischen *dry* (oder *on the dry side*) und *sweet*. Härtere Drinks werden *with ice* oder *with no ice* serviert. Eis gibt es als *on the rocks* (Würfel) oder – bei Cocktails – *blended* (schaumig geschlagen). Man kann die Getränke sofort *(right away)* oder später *with our meal* haben. Nachbestellungen sind *another drink* oder *another round*.

Als Nächstes geht es um die Vorspeise: *Would you care for an appetizer?* Das Hauptgericht heißt *entree*. Angesichts der meist üppig bemessenen Portionen ist es kein Problem, sich Gerichte zu teilen *(to share)*. Um die Treffsicherheit bei der Auswahl zu erhöhen, hier eine kurze Liste der geläufigen **Nahrungsmittel:**

| | |
|---|---|
| *seafood* | – Meeresfrüchte |
| *sole* | – Scholle |
| *salmon* | – Lachs |
| *snapper* | – Barsch bzw. Zackenbarsch |
| *cod* | – Kabeljau |
| *lox* | – geräucherter Lachs |
| *swordfish* | – Schwertfisch |
| *halibut* | – Heilbutt |
| *bass* | – Barsch |
| *tuna* | – Thunfisch |
| *trout* | – Forelle |
| *abalone* | – Abalone-Muschel |
| *mackerel* | – Makrele |
| *shellfish* | – Schalentiere allgemein |
| *clams* | – Muscheln |
| *clam chowder* | – (gebundene) Muschelsuppe |
| *crabs* | – Krebse |
| *crab cake* | – Frikadelle aus Krebsfleisch |
| *lobster* | – Hummer |
| *prawns* | – Steingarnelen |
| *shark* | – Hai |
| *shrimps* | – Garnelen |
| *scallops* | – Kammmuscheln |
| *oyster* | – Auster |
| *lamb* | – Lamm |
| *veal* | – Kalb |
| *pork* | – Schweinefleisch |
| *beef* | – Rindfleisch |
| *ham* | – gekochter Schinken |
| *bacon* | – Schinkenspeck |
| *chicken* | – Hühnchen |
| *turkey* | – Puter |
| *duck* | – Ente |
| *prime rib* | – Hochrippe |
| *prime rib steak* | – Hochrippe als Steak gebraten |
| *yam* | – süße Kartoffel |

Bei **Fisch** und **Fleisch** sollte man die **Zubereitungsarten** kennen:

| | |
|---|---|
| *boiled* | – gekocht |
| *broiled* | – gebraten |
| *fried* | – fritiert, meist paniert |

**eggs**
- *scrambled* (Rührei)
- *over easy* (gewendet in der Pfanne, von beiden Seiten gebraten)
- *poached* (pochiert)
- *sunny side up* (Spiegelei)
- *boiled* (gekocht)

**bread**
- *onion roll* (Zwiebelweckchen)
- *coffee cake* (festes Küchlein, etwas süß)
- *English muffin* ( eigentlich nicht übersetzbar: ein flaches, meist halbiertes Brötchen)
- *biscuit* (zwieback- oder keksartiges Gebilde)
- *bagel* (festes Brötchen mit Loch in der Mitte)
- *Danish* (Kleingebäck)
- *toast*
  - *wheat* (Weizen)
  - *rye* (Roggen)
  - *raisin* (Rosinenbrot)
  - *sourdough* (Sauerteigbrot)

| | |
|---|---|
| *sauteed* | – gedünstet |
| *grilled* | – gegrillt |
| *coated* | – im Schlafrock |

Bei Steaks lautet die Standardfrage: *How would you like your steak cooked – rare, medium rare, medium, well done?*

Bei der Bestellung eines Hauptgerichts hat man in der Regel die Wahl zwischen *soup* (Nachfrage: *What is your soup today?*) und *salad*, bei den Beilagen zwischen *potatoes*, *rice* oder *grits*. Wer mit Soßen so seine Probleme hat, dem sei geraten hinzuzufügen, dass die *sauce* (etwa bei *shrimps*) bzw. die Salatsoße *(dressing)* extra, d. h. *on the side*, serviert werden soll.

Bei der Machart von **Kartoffeln** unterscheidet man:

| | |
|---|---|
| *baked potatoes* | – in der Schale gebacken und meist mit saurer Sahne (*sour cream*) und Schnittlauch (*chives*) serviert |
| *French fries* | – Pommes frites |
| *hash browns* | – angebratene, geriebene Kartoffeln, eine Art Reibekuchen |
| *mashed potatoes* | – Kartoffelbrei |
| *potato salad* | – Kartoffelsalat |
| *potato skins* | – Kartoffelschalen, gefüllt mit Käse und/oder saurer Sahne oder nur so |

239

# Serviceteil

| | | |
|---|---|---|
| potatoes au gratin | – | gratiniert |
| home fried potatoes | – | entsprechen unseren Bratkartoffeln |
| boiled potatoes | – | normale Salzkartoffeln |
| potato pancakes | – | Kartoffelpuffer |

Nach einer Weile erkundigt sich häufig die Bedienung noch einmal nach dem Stand der Dinge: *How are we all doing?* Antworten: *Fine, thank you.* Oder: *Could we have some more bread, please?* Steakfreunde werden gefragt: *How is your steak?* Nun, es sollte *delicious, great, fabulous, excellent* sein. *Good* sollte man möglichst nicht sagen, denn das heißt so viel, als dass man's gerade noch essen kann.

Nächste Hürde: der Nachtisch. *Is there anything else you want tonight? What about one of our desserts? We got ...* (dann folgt das Sortiment vom Tage). Ist was Leckeres dabei: *Yes, I'll try ... the chocolate cake.* In chinesischen Restaurants gibt's mit der Rechnung ein *fortune cookie,* ein kleines Gebäck, in dem sich auf einem Zettelchen ein sinniger Spruch versteckt.

Wen es zur Toilette drängt, der muss vielleicht fragen: *Where are (is) the restrooms (ladies room), please?* Schließlich, wenn's ans Bezahlen geht: *Could we have the check, please.* Sitzen mehrere Personen am Tisch, will die Bedienung meist wissen, ob alles zusammen oder auf getrennten Rechnungen erscheinen soll: *You want this on one check or on separate checks?* Das Trinkgeld *(tip)* lässt man auf dem Tisch liegen, die Rechnung wird meist an der Kasse am Ausgang, aber auch am Tisch bezahlt. In beiden Fällen kann man sich erkundigen: *Do you take credit cards (or traveler's checks)?*

Wer im Restaurant nur etwas zu essen holen möchte, für den sind die FOOD TO GO-Schilder in den Fenstern interessant. Bei der Bestellung – auch bei einem Kaffee oder einem *soft drink* an der Verkaufstheke – sagt man: *One coffee to go, please.*

## No U-Turn – Autofahren

Bei den Verleihfirmen zückt man meist den im Voraus bezahlten Gutschein *(voucher),* die Kreditkarte, deren Nummer auf die Vertragspapiere kopiert wird, und den Führerschein *(driver's licence).* Einige Wörter rund ums Auto:

| | | |
|---|---|---|
| AAA (sprich: triple-A) | – | Amerikanischer Automobilklub |
| air pressure | – | Luftdruck |
| to accelerate | – | beschleunigen |
| brake | – | Bremse |
| Denver shoe | – | Radkralle |
| engine | – | Motor |
| fender | – | Kotflügel |
| gear | – | Gang |
| headlight | – | Scheinwerfer |
| hood | – | Motorhaube |
| licence plate | – | Nummernschild |
| muffler | – | Auspuff |
| steering wheel | – | Lenkrad |
| tire | – | Reifen |
| transmission | – | Antrieb |
| trunk | – | Kofferraum |
| windshield | – | Windschutzscheibe |
| wiper | – | Scheibenwischer |

Tankstellen *(gas stations)* haben oft zwei Zapfreihen, eine für *self serve* und eine (teurere) für *full serve,* wo u. a. auch das Öl nachgesehen wird *(to check the oil)* und die Fenster gesäubert werden.

Hier lautet die Anweisung an den Tankwart normalerweise: *Fill it up, please.* Sprit *(gas* oder *fuel)* gibt es als unverbleites *(unleaded)* und verbleites Normalbenzin *(regular)* bzw. als Super *(premium).* Nahezu alle Mietwagen laufen mit unverbleitem Benzin. PAY FIRST steht angeschlagen, wenn man vor dem Zapfen erst mal bezahlen bzw. eine Kreditkarte hinterlegen muss. Unterwegs gibt es einiges auf Schildern zu lesen:

| | | |
|---|---|---|
| DEAD END oder NO THROUGH STREET | – | Sackgasse |
| YIELD | – | Vorfahrt beachten |
| RIGHT OF WAY | – | Vorfahrt |
| WATCH FOR PEDESTRIANS | – | auf Fußgänger achten |
| SLIPPERY WHEN WET | – | Rutschgefahr bei Nässe |
| DIP | – | Bodensenke |
| MPH | – | Meilen pro Stunde |
| SPEED LIMIT | – | Tempolimit |
| MAXIMUM SPEED | – | Höchstgeschwindigkeit |
| MERGE | – | einfädeln |
| U-TURN | – | wenden |
| NO PASSING | – | Überholverbot |
| ROAD CONSTRUCTION AHEAD | – | Baustelle |
| FLAGMAN AHEAD | – | Baustelle (Straßenarbeiter mit roter Warnflagge) |
| MEN WORKING | – | Straßenarbeiten |
| DETOUR | – | Umleitung |
| R.V. | – | *recreational vehicle* (Camper) |
| ADOPT A HIGHWAY PROGRAM | – | diese Schilder zeigen (oder suchen) Schulen, Firmen etc., die sich freiwillig dazu bereit erklären, ein Stück der Straße sauber zu halten |
| TURNPIKE | – | gebührenpflichtige Schnellstraße |

| PARKWAY | – | meist in den 1930er Jahren gebaute Autobahnen |
|---|---|---|
| TOLL PLAZA | – | Mautstation |

Geparkt wird meist am Straßenrand (*curb*), dessen Bordsteinkante verschiedene Farben haben kann:
LOADING ZONE (gelb) – Ladezone
PASSENGER LOADING ZONE (weiß) – nur Ein- und Aussteigen
HANDICAPPED PARKING – nur für Behindertenfahrzeuge
RESTRICTED PARKING ZONE – zeitlich begrenztes Parken; bei Hydranten herrscht ein ebenso striktes Park-Tabu wie in den *tow away zones*, wo man nicht nur einen Strafzettel (*ticket*) bekommt, sondern abgeschleppt wird. Tickets sind auch fällig, sobald die Parkuhr (*parking meter*) abgelaufen ist (*expired*), und bei zu schnellem Fahren (*speeding*).

In den Städten findet man häufig den Hinweis auf *public parking*, d. h. auf öffentliche und/oder gebührenpflichtige Parkplätze; oder es heißt schlicht PARK IN REAR (Parken im Hinterhof). Wenn dies was kostet, übernehmen die Firmen oft die Gebühr ganz oder teilweise (*they validate parking*). Steht am Parkplatz VALET PARKING, dann parkt das Personal Ihren Wagen – gegen Gebühr und Trinkgeld, versteht sich.

## *May I help you?* – Einkaufen

Gefragt wird etwa: *Hi, can I help you?* Antworten: *No, thank you, I'm just looking.* Oder: *Yes, please, I'm looking for/I would need...* Häufige Fragen des Kunden lauten z. B.: *How much is.../Is this my size? May I try it on?* An der Kasse wird man gefragt: *Will it be cash or credit card?* ON SALE heißt, hier handelt es sich um Sonderangebote, was in den USA aber eigentlich ständig der Fall ist.

## *Checking in?*
## Hotels/Motels/Campgrounds

Zwischen Juni und September sollte man Zimmer und Campingplätze, so oft es geht, vorher reservieren. Telefonisch zum Beispiel: *I'd like to reserve a room* (bei Campingplätzen: *space*) *for next Tuesday, July 15. Two people, two beds, if possible. We'll be arriving ...*

Ist man spät dran und muss befürchten, dass man nach 18 Uhr beim Hotel eintrifft, sollte man die Reservierung sicherheitshalber telefonisch bestätigen: *I'd like to confirm my reservation for tonight... We are running late and will be there around 8 p.m.* Muss man absagen: *I'm sorry, I have to cancel my reservation for tonight.*

Im Motel/Hotel geht man durch die *lobby* zur *reception (front desk)*: *I've got a reservation for tonight. My name is... I'd like to check in now.* Hat man nicht reserviert, muss man sehen, was frei ist und was das kostet. Z. B.: *I'm looking for a room for tonight/for two nights.*

*What are your rates?* Die üblichen Rückfragen beziehen sich meist auf die Bettenform und die Anzahl der Gäste:

| double | – | Doppelbett |
|---|---|---|
| twin | – | zwei getrennte Betten |
| Queen | – | überdurchschnittlich großes Doppelbett |
| King | – | überhaupt das Größte, was es gibt |

Entscheiden Sie sich! *Well, I'll take ...* – Bezahlt wird meist im Voraus (*to pay in advance; now*), oder man hinterlässt die Spuren seiner Kreditwürdigkeit durch den Abdruck der *credit card* auf der offenen Rechnung, in die dann außer dem Übernachtungspreis alle Nebenkosten (*incidentals*) wie Frühstück, Bedienung auf dem Zimmer (*room service*), Telefon etc. eingetragen werden. Abreise und Schlüsselrückgabe bedeuten: *I'm checking out.*

Wer, wie auf dieser Reise, fast jede Nacht in einem anderen Bett schläft, verwechselt bald links und rechts, die Zimmernummern oder wo diesmal die Eismaschine steht. Halb so schlimm – so lange man weiß, dass der Aufzug nicht *lift*, sondern *elevator* heißt und dass der *second floor* die erste Etage bezeichnet: *Room No 471* liegt also im dritten Stock.

## *Hold on!* – Telefonieren

Anders als bei uns, meldet man sich in den USA privat nicht mit seinem Namen, sondern mit einem *hello* oder *yes, please*. Der Anrufer hat sich zuerst zu identifizieren. Bei Hotels und Restaurants allerdings hört man selbstverständlich zuerst den Namen des Etablissements. Danach sind Sie am Zuge – etwa: *Hello, this is Fritz Schulz speaking...*

Für Ferngespräche nach Europa bedarf es manchmal noch des *Operators*. Werden Sie aus den Aufdrucken auf dem Telefonapparat im Hotelzimmer nicht klug und auch nicht aus dem *telephone directory*, das meist daneben liegt, rufen Sie die Rezeption an:

*Hello, front desk.*
*Yes, how would I get the overseas operator, please?*
*Dial 800.*
*Thank you.*
*You're welcome.*

Dann wählen Sie diese Nummer – manchmal wird auch eine andere angegeben –, und die Vermittlung meldet sich:
*Overseas operator, may I help you?*
*Yes, I'd like to make a long distance call to Germany, please.*
*Which area code and number?*
*Well, the country code is 49, the area code is ... and the number is ...*
*Thank you, and how do you want this billed?*

# Serviceteil 5

*To my room. The number is ...* (Oder: *To my calling card. The number is ...*)
*Thank you. Please, hold.*

Kommt keine Vermittlung zustande, meldet sich die Stimme wieder:
*Sorry, there is no answer.*
*Well, thank you, I'll try again later.*

Schließlich noch ein paar nützliche Wendungen:

| | |
|---|---|
| Can I leave a message? | – Kann ich eine Nachricht hinterlassen? |
| *dial* | – wählen |
| *please hold* | – bitte warten/bleiben Sie dran |
| *to answer the phone* | – ans Telefon gehen |
| *to pick up the phone* | – zum Hörer greifen |
| *area code* | – Vorwahlnummer |
| *I can't hear you.* | – Ich kann Sie nicht verstehen. |
| *Could you speak up, please?* | – Könnten Sie etwas lauter sprechen? |
| *local call* | – Ortsgespräch |
| *collect call* | – R-Gespräch; Gebühr bezahlt Empfänger |

## Geläufige Abkürzungen

Amerikaner lieben Abkürzungen; hier eine Blütenlese:

| | |
|---|---|
| BLT | – *bacon, lettuce and tomatoe* (Schinken, Salat und Tomaten: populäres Sandwich) |
| BBQ | – *Barbecue* |
| BYO | – *bring your own* (Gepflogenheit in Lokalen, die keine Schankerlaubnis haben: Man muss sich selbst etwas zu trinken mitbringen.) |
| DAR | – *Daughters of the American Revolution* (patriotischer Frauenverein). Frauen spielen in den USA eine große Rolle bei der Erhaltung historischer Gedenkstätten (der Männer). |
| Dept. | – *department* (Abteilung) |
| DINK | – *double income, no kids* (kinderlose Doppelverdiener) |
| DJ | – *discjockey* |
| gym | – *gymnasium* (Sporthalle, Trainingsräume) |
| HBO | – *home box office*. Größter Kabelsender in den USA für Spielfilme |
| ID | – *identification* (Ausweis) |
| limo | – *Limousine* (nicht: Limonade) |
| P.O. Box | – *Post Office Box* (Postfach) |
| WASP | – *White Anglo Saxon Protestant* (weiße Bevölkerungsgruppe; herrschende Kaste) |
| X-mas | – *Christmas* (Weihnachten) |
| X-ing | – etwas kreuzt die Straße: Fußgänger, Enten, Schildkröten |

## Typisches im Südwesten

| | |
|---|---|
| *adobe* | – spanisch für luftgetrocknete Ziegel aus Lehm, Wasser und Stroh |
| *arroyo* | – (spanisch) Wasserlauf |
| *basin* | – Tal |
| *barrio* | – spanisch für Stadtteil; Distrikt mit überwiegend spanisch sprechender Bevölkerung |
| *bonanza* | – reiche Erzader, Glücksquelle, Goldgrube, glücklicher Griff |
| *butte* | – Tafelberg (spanisch: *mesa*) |
| *chaparral* | – (spanisch: *chaparro*) dickes Gestrüpp aus niedrigen Eichen; heute Bezeichnung für alle *shrubs*, die die Hügel undurchdringlich bewachsen |
| *chile* | – (manchmal auch *chili*) scharfe Schote, die in keiner Soße der Südwestküche fehlt. Grüner und roter Chile sind übrigens ein und dieselbe Frucht – nur mit unterschiedlichem Reifegrad. |
| *dim sum* | – chinesische Appetizer |
| *dope* | – jede Form von Rauschmittel |
| *first floor* | – Erdgeschoss |
| *flash flood* | – plötzliche Wassermassen, die nach starken Regenfällen aus den Bergen abfallen und mit unvorstellbarer Gewalt über die Wüstenpisten zischen können (*wash*) |
| *foodie* | – eine/r, die/der gern viel isst |
| *gazebo* | – Gartenlaube, kleiner Pavillon |
| *hangout* | – beliebter Treffpunkt, Bar etc. |
| *happy hour* | – Dämmerschoppen, blaue Stunde |
| *hoodoo* | – durch Erosion geformte Steinhälse (z.B. Bryce Canyon); manchmal auch *fins*, *pinnacles* oder *spires* genannt |
| *junk food* | – Essen ohne Nährwert |
| *mesa* | – (spanisch) für Tafelberg, (englisch: *butte*) |
| *pico de gallo* | – scharfe Soße aus kleingeschnittenen Zwiebeln, *chile* und Tomaten, die gerade so groß sind, dass die Hühner sie aufpicken können |
| *pick up place* | – wer Anschluss sucht: in Bars, Discos etc. auch: *singles bar* |
| *realty* | – Immobilien, Maklerbüro |
| *urban sprawl* | – Ausufern der Städte, Zersiedlung des Landes |
| *zip code* | – Postleitzahl |

# Register

## Orts- und Sachregister

Die *kursiv* gesetzten Begriffe bzw. Seitenzahlen beziehen sich auf Angaben im Serviceteil oder unter Service & Tipps, **fette** Ziffern verweisen auf ausführliche Erwähnungen.

Alaska – AK
Arizona – AZ
Arkansas – AR
Colorado – CO
Hawai'i – HI
Idaho – ID
Iowa – IA
Kalifornien – CA
Kansas – KS
Missouri – MO
Montana – MT
Nebraska – NE
Nevada – NV
New Mexico – NM
North Dakota – ND
Oklahoma – OK
Oregon – OR
South Dakota – SD
Texas – TX
Utah – UT
Washington – WA
Wyoming – WY

**A**coma 78, 204
Agate Fossil Beds National Monument, NE 45
Alamogordo, NM 71, 196
Alaska, Staat 13, 15, 24, **119 ff.**
Albion, CA 146
**Albuquerque, NM** 14, 16, 22, 198, *202*, **203**
– Central Avenue 203
– El Vado Motel 203
– Indian Pueblo Cultural Center 203
– KiMo Theatre 203
– Monte Vista Fire Station 203
– Old Town 203
– Route 66 Diner 203
– San Felipe de Neri 203
Altamont, CA 101
Amana Colonies, IA 39
Amarillo, TX 52

– Cadillac Ranch 52
American River 17, 18
Anchorage, AK 119
Animas River 57
*Anreise/Einreise 233*
Antelope (Rajneeshpuram), OR 30
Antelope Canyon *206*, 207
Antelope Hills, WY 218
Apache, AZ 193
Apache Trail, AZ/NM 188 ff.
Appalachian Mountains 37
Arcosanti, AZ 175
Artesia, NM 196
Arizona, AZ 13, 19, 23, 25, 28, 74, **78**, 95
Arkansas River 15, 44
Arkansas, AR 27, 37, **39 f.**
*Ärztliche Vorsorge/Versorgung 233*
Ash Fork, AZ 177
Aspen, CO 58
*Auskunft 233 f.*
Austin, TX 83, 85, 87
*Automiete/Autofahren 234*

**B**adlands National Park, SD 46
Bakersfield, CA 105 f., 182
Bandelier National Monument, NM 201
Bandon, OR 113
Barstow, CA 101, 160
Belle Fourche River 64 f.
Bend, OR 115
Big Bend National Park, TX 68, 86
Big Lagoon State Park, CA 144
Big Sur, CA 102, 103, 155
Big Wood River, ID 66
Biosphere 2 Center, AZ 190 f.
Bisbee, AZ *192*, 193
– Copper Queen Hotel 193
Bismarck, ND 48, 49
Black Canyon of the Gunnison National Monument, CO 57
Black Hills, AZ 211
Black Hills, SD 6, 21, 46 f.
– Mount Rushmore 6, 46 f.
Blackfoot, ID 220
Blue Lake, NM 229
Blythe, CA 171
Bodega, CA *146*, 147
Boise, ID 66

Boulder, CO 215 f.
– National Center for Atmospheric Research 215
– Pearl Street Mall 216
Boulder, NV 24
Branson, MO 38
Brigham City, UT 221
Bryce Canyon National Park, UT 222 f.
– Sunset Point 222
Buffalo National River 40

**C**abazon, CA 170
Cajon Pass 160, 164
Calico, CA 160 f.
Calistoga, CA *153*
Canyon, TX 52
– Panhandle Plains Historical Museum 52
Canyon de Chelly National Monument, AZ 205
– Spider Rock Overlook 205
Cape Flattery, WA 114, 116
Carlsbad, NM 195
Carlsbad Caverns National Park, NM 188, **195 f.**
Carmel, CA 89, *153*, 154
– Carmel Mission 154
Carson City, NV 67
Casa Grande Ruins National Monument, AZ 190
Cave Fort, UT 222
Cedar Rapids, IA 39
Central Valley, CA 182
Checkerboard Mesa, UT 223
Chama, NM 228
Chicago, IL 14, 20
Chihuahua, Mexiko 12, 16
Chilkoot-Pass, AK 121
Chimney Rock Historic Site, NE 45
Chinese Camp, CA 183
Chinle, AZ 205
City of Rocks Natural Reserve, ID 66
Ciudad Juárez, Mexiko 194
Cloudcroft, NM 196
Coachella Valley, CA 101, 170
Coahuila, Mexiko 16
Colorado, Staat 22, **53 ff.**, 74
Colorado National Monument, CO 55 f.

243

# Register

Colorado-Plateau 19, 67, 78
Colorado River 20, 24, 26, 93, 106, 171, 207
Colorado Springs, CO 231
– Pro Rodeo Hall of Fame and American Cowboy Museum 231
– U.S. Olympic Complex 231
Columbia River 15, 113, 115
Coolidge, AZ *190*
Coos Bay, OR 142
Cortez, CO 225
Cottonwood, AZ 211
Council Bluffs, IA 20
Crater Lake National Park, OR 113, 115, **142**
– Cleetwood Trail 142
– Mount Mazama 142
– Phantom Ship 142
– Wizard Island 142
Crater of Diamonds State Park, AR 40
Craters of the Moon National Monument, ID 66
Crescent City, CA 143

Dallas, TX 85, 86
Dawson, AK 121
Deadwood, SD 47
Death Valley, CA 95, 102, 177 f.
– Devil's Cornfield 180
Deming, NM 22
Denali National Park, AK 121
Denver, CO **53**, **214** f.
– Brown Palace Hotel 53, 215
– Denver Art Museum 53, 215
– Larimer Square 53, 215
– Museum of Western Art 53, 215
Des Moines River 39
Des Moines, IA 38, 39
Deschutes River 114
Dinosaur National Monument, UT 54, 217
Dogde City, KS 44
Donner Memorial State Park, CA 94 f.
Douglas, AZ 193
– Gadsden Hotel 193
Dubois, WY 219
– Dubois Badlands, WY 219
– National Bighorn Sheep Interpretive Center 219
– Wind River Historical Center (Dubois Museum) 219
Durango, CO 57, *226*, 227
Duwamish River 26

Effigy Mounds National Monument, IA 39
Elk Prairie, CA 143
El Paso, TX 19, 22, 53, 86 f., **194**
– San Elizario Presidio 194
– Socorro Mission 194
– Ysleta Mission 194
Ely, NV 24
Enchanted Mesa, NM 204
Escondido, CA 164
Espagnola, NM 230
*Essen und Trinken 234 f.*
Estes Park, CO 216
– Estes Park Area Historical Museum 216
– McGregor Ranch Museum 216
– Prospect Mountain 216
– Stanley Hotel 216
Eureka, CA 144
– Old Town 144

Fairbanks, AK 121
Farson, WY 218
*Feiertage/Feste 235*
Ferndale, CA 144
Flagstaff, AZ 175 f., 209
– Museum of Northern Arizona 209
Flaming Gorge National Recreation Area, UT/WY 218
– Flaming Gorge Dam, UT 218
– Flaming Gorge Overlook, WY 218
Florence, OR 114
Fort Bragg, CA 145
Fort Garland, CO *230*
Fort Laramie, WY 65
Fort Ross, CA *146*, 147
Fort Smith, AR 19, 40
Fort Sumner, NM 19
Fort Union, ND 49
Fort Worth, TX 85, 86
– Kimbell Art Museum 86
Fossil Butte National Monument, WY 64
Franklin, MO 34
Fredericksburg, TX 85
Fremdenverkehrsämter *130, 167, 188, 214*
Fresno, CA 108, 183

Galisteo, NM 203
Gallup, NM 204
Ganado, NM 204
– Hubbel Trading Post 204
Garberville, CA 145
*Geld/Devisen 235*
Glacier National Park, MT 65
– Going-to-the-Sun Road 65
Glen Canyon Dam, AZ 24, 207, 208
Glen Ellen, CA 153
Goessel, KS 44

Gold Beach, OR 116
Golden, NM 203
Goldfield, NV 24
Golf von Mexiko 11
Gooseneck State Park, UT *205*, 206, 225
Grand Canyon, AZ 20, 26, 68, 163, 176 f., **208 f.**
– Rim Nature Trail 176
Grand Canyon Village 176, 177, *208*
Grand Lake, CO 216
Grand Teton National Park, WY 64, 219
Grants, NM 204
Grants Pass, OR 113
Great Salt Lake, UT 18, 221
– Antelope Island 221
Great Sand Dunes National Monument, CO 58, 230
Green River 20, 55, 78
Gruene, TX 85
Guadalupe, CA 156
Guadalupe Mountains, NM 194, 195
Guadalupe Mountains National Park, NM 194, 195
– El Capitan 195
Guadalupe Peak, TX 195
Gualala, CA 146
Gunnison River 57

Haines, AK 124
Hannibal, MO 37
Hart Mountain 115
Hawai'i, Staat 6, 10, 14, **125 ff.**
Hawai'i (Big Island), HI 126 f.
– Kilauea-Vulkan 126
– Mauna Kea 126
Headlands State Park, CA 145
Helena, MT 65
Hell's Canyon, OR 113, 115
Highway One 145 ff., 155, 186
Highway 49 183
Hillsboro, KS 44
*Hinweise für Behinderte 235*
Hoover Dam, NV 24, 27, 162, 163, 177
Hope, NM 196
Hot Springs National Park, AR 40
Hot Sulphur Springs, CO 217
Houston, TX 9, 85
Humboldt Redwoods State Park, CA 145
– Avenue of the Giants 145

Idaho, Staat 61, 65 f.
Idaho Falls, ID 220
Illinois 18, 59
Independence, MO 16, 34
Iowa, Staat 38 f.

244

Isleta Indian Reservation, NM 197
Jackson, WY 219
Jefferson City, MO 37
Jenner, CA 147
Jerome, AZ 211
John Day River 114, 116
Joshua Tree National Park, CA 102, 170

Kalifornien, Staat 6, 9, 11, 13 f., 15, 17, 18, 22, 24 f., 26, 28, 29, **87 ff.**, **143 ff.**
Kanada 13, 24
Kansas City, KS 34, 36 f.
Kansas, Staat 22, 42 ff.
Kaua'i, HI 127 f.
– Na Pali Coast 128
– Waimea Canyon 128
Kayenta, AZ 206, 225
Kenai-Halbinsel, AK 121
Kennicott, AK 122
*Kinder 236*
Kingman, AZ 177, 178
King's Highway/El Camino Real, CA 186
Knife River Indian Villages, ND 49
Kramer Junction, CA 101
Kremmling, CO 215, 217
Kruse Rhododendron State Reserve, CA 147

La Jolla, CA *165*, 166
Laguna Pueblo, NM 204
Lake Cachuma, CA 156
Lake Elsinor, CA 164
Lake Granby, CO 216
Lake Mead, NV/AZ 24, 162, 163
Lake Powell, AZ/UT 24, 207
– Rainbow Bridge, UT 207
Lakeview, OR 113
Lana'i, HI 128
Lander, WY 219
– Fremont County Pioneer Museum 219
Langtry, TX 87
Laramie River 65
Las Cruces, AZ *192*, 193
Las Vegas, NM 22
Las Vegas, NV 24, 27, 68, 78, **161 ff.**, 177
– Forum Shops 162
– Excalibur 162
– Luxor 163
– MGM Grand Hotel & Casino 162
– The Mirage 162
– Treasure Island 162
Lavender Pit, AZ 193
Leggett, CA 145
Lincoln City, OR 113
Lincoln, NE 45
Lincoln National Forest, NM 196
Little Big Horn, MT 21

Little Rock, AR 39 f.
Livermore, CA 101, 184
Lompoc, CA 156
Long Beach, WA 113, 114, 116, 158
Long Beach, CA 158
Los Alamos, NM 28, 71, 197
**Los Angeles, CA** 9, 14, 25 f., 27, 32, 89, **90 f.**, 95, 96, 98 f., 103, 105, 107, 108, **109 f.**, 130, **157 ff.**, **168 f.**, 181
– Bel Air 92
– Beverly Hills 105, 158
– Chinese Theatre 159
– Disneyland 28, 100, 102, 105, **158**, 168
– Getty Center 32, 107
– Hollywood 25, 92, 104, 105
– Hollywood Boulevard 159
– L.A. County Museum of Art 108
– Manhattan Beach 157
– Museum of Contemporary Art 108
– Norton Simon Museum 108
– Ocean Front Walk 157
– Palos Verdes 157
– Rodeo Drive 159
– Santa Monica 104, 157, 187
– Santa Monica Museum of Art 187
– Santa Monica Place 187
– Sunset Boulevard 158
– Theme Building 187
– Third Street Promenade 157, 187
– Universal Studios *157*
– Venice 89, 105, 157, *187*
– Walt Disney Concert Hall 32
Lucas, KS 44 f.
– The Garden Eden 44 f.
Luckenbach, TX 85

Madrid, NM 203
Malheur Lake, OR 115
Mancos, CO 227
Mancos Valley, CO 227
Many Farms, NM 205
Marquette, IA 39
*Maße und Gewichte 236*
Maui, HI 127
– Haleakala National Park 127
– Hana Coast 127
– Kihei 128
– Lahaina 127
McKenzie River 114
Mendocino, CA *143*, 145
Mesa Verde National Park, CO 56 f., 78, **226 f.**
– Chapin Mesa 227
– Cliff Palace 227
– Far View Ruins 227
– Spruce Tree House 227
– Wetherill Mesa 227

Methow River 114, 115
Methow Valley, WA 114, 118
Mexican Hat, UT 225
Mexico City, Mexiko 18, 73
Mexiko 11, 12, 15 f., 19, 23, 59, 73, 86, 96 ff., 194
Milner Pass 216
Mission La Purísima Concepcíon, CA 156
Mission San Esteban Rey, NM 204
Mississippi River 6, 13, 14, 34, 39
Missouri, Staat 6, 12, 18, 19, **34 ff.**, 59
Missouri River 14, 34, 36 f., 45, 46, 49
Mitchell, SD 47
– Corn Palace 47
Moab, UT 69
Mojave-Wüste, CA 67, 89, 95, 101, 102, 103
Moloka'i, HI 128
Mondavi Winery, CA *153*
Mono Lake, CA 25, 68, 180
Mono Lake Tufa State Reserve, CA 181
Montana, Staat 61, 65
Monterey, CA 89, 108, *153*, **154**, **185**
– Fisherman's Wharf 154
– Monterey Bay Aquarium 185
– Ocean View Boulevard 154
– Pacific Grove 154
– Point Pinos Lighthouse 154
Montezuma Castle, AZ 78, 175, 212
Montrose, CO 57
Monument Valley, AZ/UT 206, 225
Morro Bay, CA 155
Muir Beach Overlook, CA 147
Mount Bachelor, OR 114, 118
Mount Hood, OR 114, 118
Mount Rainier, WA 115, 136
Mount Rainier National Park, WA 137 f.
– Longmire 138
– Visitors Center 138
Mount St. Helens, WA 30, 114, 136, **138**, 142
Murfreesboro, AR 40

Napa *153*
Navajo Mountain, UT 222
Navajo National Monument, UT 206
Nebraska, Staat 38, 45
Nepenthe, CA *185*
Nevada, Staat 15, 19, 27, **67**, 74
New Braunfels, TX 85
New Jersey 74
New Mexico, Staat 6, 12, 14, 16, 19, 25, 28, 50, **71**, 74

245

# Register

New Orleans, LA 36
Newport, OR 141
– Bay Boulevard 141
– Oregon Coast Aquarium 141
– Nye Beach 141
Newton, KS 44
North Dakota, Staat 48 f.
North Platte River 65
North Platte, NE 45

Oʻahu, HI 125 ff., 128
– Diamond Head Crater 125
– Hanauma Bay 128
– Honululu 126, 127
– Pearl Harbor 28, 127
– Waikiki **125**, 127, 128
Oak Creek Canyon, AZ 175, 209
Oakhurst, CA 183
Oakland, CA 20, 105, 108, **184**
Ogden, UT 221
Oklahoma, Staat 16, 17, 21, 25, 27, 37, **40 ff.**
Oklahoma City, OK 23, 37, 40, **41 f.**
– National Cowboy Hall of Fame 42
– Stockyards City 42
Olympia, WA 136
– Legislative Building 136
Olympic Mountains, WA 136
– Hurricane Hill 136
– Hurricane Ridge 136
– Mount Olympus 136
Olympic National Park, WA 112, 114, **135 f.**
Olympic Peninsula 114
Omaha, NE 20, 45
– Western Heritage Museum 45
Oregon, Staat 13, 19 f., 25, **111 ff.**, **138 ff.**
Oregon Caves National Monument OR 143
Oregon City, OR 140
– End of the Oregon Trail Interpretive Center 140
– John McLoughlin House 140
Oregon Dunes Recreation Area 141
– Oregon Dunes Overlook 141
– Reedsport 141
Orick, CA 144
Ouray, CO 57
Owens Valley, CA 25 f., 180
Oxnard, CA 157
Ozark River 37

Ozark-Berge 37 f., 40
Ozette Indian Reservation, WA 116

**P**acific Coast Highway 130 ff.
Page, AZ *206*, 207
Panguitch, UT 222
Palm Canyon 92
Palm Springs, CA **92**, 101, *169*, **170**
– Palm Canyon Drive 170
Palo Alto, CA 29
Palo Duro Canyon, TX 52
Panamint Valley, CA 182
Pecos River 196
Phoenix, AZ 9, 32, **75 ff.**, 78, **170 ff.**, 189
– Arizona Center *172*
– Heard Museum *172*, 173
– Sun City 32, **75 ff.**
Pismo Beach, CA 155 f.
– San Luis Obispo 155
Pierre, SD 46
Pocatello, ID 220
– Shoshone-Bannock Tribal Museum 220
Point Arena, CA 146
Point Lobos State Reserve, CA *185*, 186
Port Angeles, WA 134 f.
– Arthur D. Feiro Marine Laboratory 135
– Clallam County Museum 135
Portland, OR 17, 23, 24, 32, 111, 112 f., 116, 118, **138 ff.**
– Hoyt Arboretum 140
– Japanese-American Historical Plaza 139
– Pioneer Courthouse Square 139
– Portland Building 139
– Portland Art Museum 139
– Saturday Market 138
– Tom McCall Waterfront Park 138
Portuguese Bend, CA 158
*Post 236*
Prairie Creek Redwoods State Park, CA 143
Prince William Sound, AK 122
Promontory, UT 20
Pueblo, CO 230 f.
– Fred Weisbrod International B-24 Museum 231
– Rosemount Museum 230
– Union Avenue Historic District 230

**Q**uartzsite, AZ 171

**R**ancho de Taos, NM *200*, 201
– San Francisco of Assisi 201, 230

Red Canyon, WY 218
Red Canyon, UT 222
Red Rock Canyon, NV 182
Red River 15, 50, 83
Redwood National Park, CA 143
Reno, NV 94
Rio Bravo del Norte 11
Rio Dell 144
Rio Grande 11, 12, 13, 14, 16, 24, 74, 78, 86, 193, 228
Rio Pecos 86, 87
Rio Penasco 196
Rock Springs, WY 218
– Rock Springs Museum 218
– Rock Springs Stage Station Museum 218
Rocky Mountains 6, 14, 34, 37, **53 ff.**, 87, **213 ff.**
– Rocky Mountain National Park 53 f., 214, 216
Rogue River 114
Russian River, CA 147

**S**abine River 15
Sacramento, CA 17, 20, 89, 100
Sacramento River 17, 26
Sacramento Valley, CA 17
Salem, OR 111
Salt Lake City, UT 18, 19, 32, **58 ff., 221**
– Beehive House 221
– Old Deseret 221
– Pioneer Memorial Museum 221
– Temple Square 221
Salt River 24
San Andreas fault, CA 147
San Antonio, TX 16, 85, 87, *197*
San Bernardino, CA 164
San Diego, CA 11, 13, 89, 103, *163*, **164 ff.**
– Balboa Park 165
– Cabrillo National Monument 103
– Coronado-Halbinsel 166
– Hotel de Coronado 166
– Gaslamp Quarter 165
– Horton Plaza 165
– Reuben H. Fleet Space Theater and Science Center *165*
– San Diego Museum of Art *165*
– Sea World of California *165*, 166
**San Francisco, CA** 14, 18 f., 22, 24 f., 27, 29, 73, 89, 96, 98 f., 101, 108, 110 f., *146*, **149 ff.**
– Alcatraz 151
– Bay Bridge 27
– Cable Car 150
– Castro Street 152
– Chinatown 20, 149 f.
– Coit Memorial Tower 151
– Crocker Galleria 149
– Filbert Steps 151

246

- Ghirardelli Square 150
- Golden Gate Bridge 27, 147
- Golden Gate Park 152
- Haight Street 152
- Lincoln Park 152
- Maiden Lane 149
- Maritim Museum 150
- Mission Dolores 14, 152
- Montgomery Street 149
- Museum of Modern Art 108
- Presidio 14, 100, 102, 152
- Transamerica Pyramid 149
- Union Square 149
- Washington Square 151
- Waverly Place 150
- Wells Fargo History Museum 149

San Francisco Mountains, AZ 209
San Joaquin River 26
San Joaquin Valley, CA 109
San Jose, CA 29
San Juan Mountains, CO 57
San Luis Obispo, CA *185*, 186
San Simeon, CA 155
- Hearst Castle 155
Sangre de Cristo Mountains, NM 58, 198, 228, 230
Santa Barbara, CA 89, 103, *155*, **156**, *185*, 186
- Santa Barbara Mission *185*
- State Street 156
- Stern's Wharf 156
Santa Cruz, CA *153*, 154
Santa Fe, NM 12, 14, 16, 71, 75, *197*, **198 ff.**
- Canyon Road 200
- Georgia O'Keeffe Museum 201
- Guadalupe Street 200
- International Folk Art Museum 201
- Old Santa Fe Trail 200
- Palace of the Governors 200
- Plaza 198
- San Miguel Church 200
- Santa Fe Station 200
- Santuario de Guadalupe 201
- Sena Plaza 200
Sausalito, CA 147
Scotia, CA 144
Scottsdale, AZ *170*, 174 ff.
- Borgota of Scottsdale *172*, 174
- Frank Lloyd Wright Foundation Taliesin West *173*, 174
- Rawhide *173*
- Scottsdale Civic Center Mall 174
- Scottsdale Fashion Square *172*, 174
Sea Ranch, CA 146
**Seattle, WA** 22 f., 24, 26, 29, 30, 111, 112 f., 118, *132*, **133 ff.**
- Belltown 133

- Capitol Hill 133
- Convention Bureau 133
- Elliott Bay Bookstore & Cafe 134
- Klondike Gold Rush Museum 134
- Pike Place Public Market 133
- Pioneer Square 133
- Seattle Aquarium 134
- Seattle Art Museum 134
- Seattle Center 134
- Waterfront Park 134
- Westlake Center 133
Sedona, AZ 75, 175, **209 f.**
- Sedona Art Center 210
- Tlaquepaque-Komplex 210
Sequoia National Park, CA 24
Seventeen-Mile Drive, CA 154
Shore Acres State Park, OR 142
*Sicherheitshinweise 236*
Sierra Nevada 18, 89
Silicon Valley, CA 29, 89, 100
Silverton, CO 57, 227
Sheep Creek, Canyon, WY 218
Skagit River 114
Skagway, AK 121, 124
Sky City, NM 204
Slide Rock State Park, AZ 209
Snohomish, WA 113
Socorro, TX *197*
Solvang, CA 156
Sonoma, CA *153*
Sonora-Wüste, AZ 89
South Dakota, Staat 23, 38, **45 ff.**
South Pass City State Historic Site, WY 218 f.
Spillville, IA 38
Spokane House, WA 15
Spokane River 15
*Sprachhilfen 238*
Springfield, MO 38
St. Helena, CA *153*
St. Joseph, MO 34
St. Louis, MO 6, 33 ff.
- Anheuser-Busch-Brauerei 34, 37
- Gateway Arch 34
- Museum of Art 37
- Museum of Westward Expansion 6, 34
St. Orres, CA 146
Stanton, MO 37
- Meramec Caverns 37
Steamboat Springs, CO *215*, 217
- Tread of the Pioneers Historical Commission Museum 217
Stovepipe Wells, CA 180
Sun Valley, ID 66

Tacoma 23
Taos, NM *200*, 201, 228 ff.
Taos Pueblo, NM 201, 229 f.
Tehachapi Pass, CA 182

*Telefonieren 236*
Texas, Staat 9, 15, 16, 18, 28, **49 ff.**, **82 ff.**, 98
Theodore Roosevelt National Park, ND 48
Tijuana, Mexiko 96 f., 165 f.
Tillamook, OR 113
Togwotee Pass, WY 219
Tioga Pass Road, CA 181
Tom Mix Monument, AZ 190
Tombstone, AZ 173, 192
- Bird Cage Theater 192 f.
- Boothill Graveyard 192
Tonopah, NV 24
Topeka, KS 44
- Kansas Museum of History 44
Trinidad, CA *143*, 144
Trinity Site, NM 197
*Trinkgeld 237*
Tucson, AZ 13, 19, 22, 173, *190*, **191 f.**
- Arizona-Sonora Desert Museum 191
- Downtown Tucson 191
- Mission San Xavier del Bac 13, 192
- Saguaro National Park 191
- Tucson Museum of Art 191
Tularosa Valley, NM 196
Tule Lake, CA 21
Tulsa, OK 42
- Gilcrease Museum 42
- Philbrook Museum 42
Tuolomne Meadows, CA 181
Tuzigoot National Monument, AZ 211

*Unterkunft 237*
Utah, Staat 14, 15, 18, 54, **58 ff.**, 68, 74, 75

**V**ail, CO 58
Valle Verde, AZ 211
Velarde, NM 230
Ventura, CA 186
*Verkehrsmittel 237*
Virginia City, MT 65

**W**allowa Mountains, OR 117
Washington, Staat 6, 20, 25, **111 ff.**
Waterville, WA 117
Walsenburg, CO 230
Wenatchee River 114
Wenatchee, WA 113
West Branch, IA 39
Western Badlands, ND 48
Whitehorse, AK 121
White's City, NM 195
White Sand National Monument, NM 196 f.
Wichita, KS 43 f.

247

# Register

– Wichita Art Museum 43 f.
Willamette Valley, OR 17, 19
Williams, AZ 177
Wounded Knee Creek, SD 23

Wrangell Mountains, AK 122
Wyoming, Staat 60 ff.
Yakima, WA 30
Yakima Valley, WA 20
Yampa River 55
Yellowstone National Park, WY 61 ff., 219 f.
– Mammoth Hot Springs 22, 220
– Old Faithful 63, 220
Yellowstone River 49
Yoder, KS 44

Yosemite National Park, CA 24, 99, **181 f.**, 183
– Mariposa Grove 183
– Merced Valley 181
– Yosemite Village 181
Yukon, Kanada 24, **119 ff.**

Zion National Park, UT 223 f.
– Emerald Pools 224
– Temple of Sinawa 223
*Zoll 238*

## Namenregister

**A**coma-Indianer 79, 204
Adams, Ansel 53
Al Bengston, Billy 107
Anasazi-Indianer 56, 78, 176, 222, 223, 226 f.
Apachen 13
Astor, John Jacob 15, 46
Austin, Mary 154
Avery, Cyrus Stevens 27

**B**ean, Roy 86, 87
Beauvoir, Simonde de 169, 180, 198
Becknell, William 16
Bering, Vitus 13
Bierstadt, Albert 53, 216
Big Foot, Stammesführer 21
Billy the Kid 86
Blackfoot-Indianer 65
Bodmer, Karl 46, 49, 53
Boeing, William 26, 43
Borglum, Gutzon 46 f.
Borofsky, Jonathan 134
Botta, Mario 108
Brando, Marlon 74
Brecht, Bertolt 109, 110
Breen, Patrick 95
Bryce, Ebenezer 222
Buffalo Bill (William F. Cody) 21, 45, 70
Bukowski, Charles 109, 110
Burciaga, José Antonio 73
Bush, George W. 32

**C**abrillo, Juan Rodríguez 11, 88
Calamity Jane 47
Callenbach, Ernst 111
Captain Jack, Stammesführer 21
Carleton, General 19
Carson, Kit 164
Case, Samuel 141
Catlin, George 46, 49
Chandler, Raymond 109 f.
Chavez, Cesar 29, 97
Cherokee-Indianer 16

Chickasaw-Indianer 16
Chiricahua-Apachen 23
Choctaw-Indianer 16
Chruschtschow, Nikita 38
Clackamas-Indianer 140
Clanton, Billy 192
Clark, William 14, 34, 66, 111, 116
Clinton, Bill 39
Connally, John 82
Consag, Pater Fernando 95
Cook, James 14
Copperfield, David 163
Coronado, Francisco Vásquez 11, 41
Cortez, Hernando 73
Crazy Horse, Stammesführer 21
Creek-Indianer 16
Custer, General 46

**D**avidson, Elijah 143
Dean, James 74
Delaware-Indianer 61
Didion, Joan 110
Diebenkorn, Richard 107
Disney, Walt 27, 28
Dominguez, Padre 223
Donner, George 18, 94 f.
Donner, Jacob 94 f.
Drake, Sir Francis 88
Dvořák, Antonin 38

**E**arp, Wyatt 44, 86, 192
Eastwood, Clint 154
Eliza, Franco 135
Escalante, Padre 223
Estes, Joe 216

**F**aulkner, William 109
Ferlinghetti, Laurence 108
Fontane, Theodor 70
Fremont, John C. 17

**G**ardener, Erle Stanley 110
Garrett, Pat 21
Gehry, Frank O. 32
Geronimo, Stammesführer 23, 193
Getty, J. Paul 105, 107

Gilcrease, Thomas 42
Ginsberg, Allen 108
Goodnight, Charles 51
Grant, Bert 30
Griscom, Chris 203
Guthrie, Woody 111

**H**ammett, Dashiell 108, 110
Hardin, John Wesley 86
Havasupai-Indianer 176
Hearst, Patty 155
Hearst, William Randolph 105
Heat-Moon, William Least 33 f.
Hemingway, Ernest 66
Hillman, John Wesley 142
Hoffmann von Fallersleben 85
Hogg, Egonton 141
Hohokam-Indianer 190
Hoover, Herbert C. 38, 39
Hopi-Indianer 5, 7, 209, 210
Horn, Roy 32
Houston, Sam 15
Hualapai-Indianer 176
Huxley, Aldous 109

**I**ndianer 20 f., 49, 50, 51, 93, 97, 112, 113
Isozaki, Arata 108

**J**ames, Jesse 37
Jefferson, Thomas 6, 14, 34, 46 f., 66
Jerome, Eugene 212
Johns, Jasper 134
Johnson, Lyndon B. 82
Joliet, Louis 38

**K**ahn, Louis 86
Kayenta-Anasazi-Indianer 206
Keil, Wilhelm (William) 19
Kennedy, John F. 86
Kienholz, Edward 107
King, Rodney 32
Kino, Pater Eusebio Francisco 13, 191
Kipling, Rudyard 184
Kline, Franz 134

248

Lasky, Jesse 210
Lawrence, D. H. 228
Lewis, Meriwether 14, 34, 66, 111, 116
Lichtenstein, Roy 134
Liguest, Pierre Laclede 34
Lincoln, Abraham 6, 20, 46 f.
Lindbergh, Charles 35
Lipton, Thomas 216
London, Jack 153, 154

Marsh 3, Stanley 52
Marshall, James 18, 183
May, Karl 5, 71
McCall, Tom 111
McLoughlin, John 140
Meier, Richard 32, 107
Mennoniten 44
Mescalero-Apachen 19, 196
Milk, Harvey 30
Miller, Abe 210
Miller, Henry 108, 109
Minelli, Liza 163
Möllhausen, Balduin 70
Moore, Charles 146
Moran, Thomas 20, 53
Mormonen 18, 58 ff., 74
Morrison, Jim 110
Moscone, George 30
Muir, John 24, 53
Murdock, Roland P. 44
Murrieta, Joaquin 72
Musil, Robert 152

Napoleon Bonaparte 14, 34
Navajo-Indianer 5, 13, 19, 74, 204 f., 207, 209, 222, 225
Niza, Marcos de 11

O'Gehry, Frank 157, 187
O'Keeffe, Georgia 228, 230
O'Sullivan, John 18
Oñate, Don Juan de 11 f.
Oppenheimer, Robert 71, 197
Ordóñez Montalvo, García Rodríguez 11
Owens, Richard 180

Paiute-Indianer 222, 223
Papago-Indianer 191
Pei, Ieoh Ming 215
Peralta, Don Pedro de 198
Perreira, William 107 f.
Pfeiffer, Ida 93
Phillips, Waite 42
Pike, Zebulon 14
Pio Pico 72
Plains-Indianer 12, 21, 46
Pocatero 220
Polanski, Roman 181
Polk, James 18
Pollock, Jackson 134
Portola, Don Gaspar de 154
Postl, Karl Anton (Charles Sealsfield) 85
Powell, Major John Wesley 20, 22, 177, 218
Pueblo-Indianer 12, 13, 198

Rauschenberg, Robert 134
Reagan, Ronald 29, 193
Red Cloud, Stammesführer 21, 47
Rice, Norman 133
Rogers, Will 193
Rothko, Mark 134
Roosevelt, Franklin D. 27, 112, 223
Roosevelt, Theodore 24, 46 f., 177, 216
Ross, Diana 163
Ruscha, Ed 107
Russel, Charles M. 44

Saroyans, William 108, 182
Schnebly, Sedona 209
Schwarzenegger, Arnold 32, 104
Seminolen 16
Serra, Junipero 13, 154
Shoshonen 95
Shree Rajneesh 30
Simpson, Louis J. 142
Simpson, O. J. 32
Sinagua-Indianer 211
Sinclair, Upton 109, 154
Sioux-Indianer 5, 6, 14, 21, 23, 46, 47

Sitting Bull, Stammesführer 21
Smith, Jedediah Strong 164, 223
Smith, Joseph Jr. 58 f.
Soleri, Paolo 78, 175
Soto, Hernando de 40
Springfield, Buffalo 105
Stallone, Sylvester 104
Stanley, F. O. 216
Steinbeck, John 27, 40, 51, 67, 95, 108 f., 110, 145, 154, 164
Sterling, George 154
Stevenson, Robert Louis 108, 162, 186
Strauss, Levi 73 f.
Sutter, Johann August 15, 17, 18, 147, 183

Tewa-Taos-Indianer 201, 229
Tigua-Indianer 194
Tohono-O'odham-Indianer 192
Trost, Henry C. 191
Twain, Mark 37, 108, 125, 181

Vaca, Núñez Cabeza de 11
Vallejo, Mariano Guadalupe 72 f.
Vancouver, George 111
Vargas, Don Diego de 13
Villa Pancho 193

Waltz, Jacob 190
Warhol, Andy 134
Washington, George 6, 46 f., 111, 114
Waugh, Evelyn 109
Wayne, John (Marion Michael Morris) 39
Werfel, Franz 110
White, Jim 195
Whittaker, Jim 138
Wild Bill Hickok 21, 47
Wilson, Woodrow 177
Williams, Bill 177
Willis, Bruce 104
Wind-River-Indianer 219
Wolf, Tom 110
Wright, Frank Lloyd 78, 174

Young, Brigham 18, 58 ff., 221

# Textnachweis

Das Kapitel »Pazifischer Nordwesten« wurde dem VISTA POINT Reiseführer »Nordwesten USA« von **Siegfried Birle** entnommen. Das Kapitel »Alaska« stammt aus dem VISTA POINT Reiseführer »Alaska und Kanadas Yukon« von **Hannah Glaser** und **Wolfgang R. Weber**. Das Kapitel »Hawai'i« wurde dem gleichnamigen VISTA POINT Reiseführer von **Karl Teuschl** entnommen. Alle übrigen Texte sowie die Info-Kästen zu den US-Bundesstaaten schrieb **Horst Schmidt-Brümmer**.

Die Autorenschaft der vier Reiserouten verteilt sich wie folgt. Pacific Coast Highway: Horst Schmidt-Brümmer sowie redaktionelle Bearbeitung von Texten aus dem VISTA POINT Reiseführer »Nordwesten USA« von Siegfried Birle. **Best of the West** und **Apache Trail**: Horst Schmidt-Brümmer. **Juwelen der Natur**: Horst Schmidt-Brümmer unter Mitarbeit von Wolfgang R. Weber.

**Ihre persönlichen Reisenotizen:**

**Ihre persönlichen Reisenotizen:**

**Ihre persönlichen Reisenotizen:**

**Ihre persönlichen Reisenotizen:**

Ihre persönlichen Reisenotizen:

**Ihre persönlichen Reisenotizen:**

# Bildnachweis

Siegfried Birle, Kaltental: S. 139
Frieder Blickle, Hamburg: S. 21, 52
Tom Bonner/Walt Disney Concert Hall/Photo Gallery: S. 32
Hauke Dressler/LOOK, München: S. 79 o., 80, 104, 113, 141
El Paso Convention & Visitors Bureau: S. 192
Getty Center, Los Angeles: S. 31, 107
Fridmar Damm, Köln: S. 150, 224
Fotolia, Owen Madden: S. 225
Peter Ginter, Köln: S. 8/9, 33, 36, 42, 43, 51, 96, 125, 127, 128
Paul Hahn/laif, Köln: S.10
Hyatt Regency Hotel, Scottsdale: S. 171
Christian Heeb/LOOK, München: S. 17, 46, 47 49, 54/55, 56, 57, 62/63, 66, 76/77, 79u., 82, 83, 84, 85, 86, 87, 92, 112, 116, 117, 118, 136, 138, 231
Karl Johaentges/LOOK, München: S. 72, 73, 75, 81
Conrad Piepenburg/laif, Köln: S. 15, 88, 91, 94, 98, 99, 100, 101, 105, 106, 108, 129, 131, 147, 154, 159, 166
Horst Schmidt-Brümmer, Köln: S. 71, 90, 93, 97, 102, 164, 184, 186, 201, 227
Andreas Schulz, Köln: S. 95
Karl Teuschl, München: S. 18, 22
Vista Point Verlag (Archiv), Köln: S. 50
Wolfgang R. Weber, Darmstadt: S. 19, 61, 65, 120, 123, 124
Uli Wiesmeier/LOOK, München: S. 64
Florian Werner/LOOK, München: S. 4/5, 68/69, 115

Alle übrigen Abbildungen stammen aus dem Archiv von Horst Schmidt-Brümmer.

**Umschlagvorderseite:** Monument Valley, Utah. Foto: Karl Johaentges/LOOK, München
**Vordere Umschlagklappe** (innen): Übersichtskarte des Reisegebietes
**Schmutztitel** (S. 1): Cowboy im Abendlicht. Foto: Fotolia, Orsooo
**Innentitel** (S. 2/3): Die Golden Gate Bridge am Eingang zur San Francisco Bay. Foto: Fotolia, Niklas Kratzsch
**Hintere Umschlagklappe** (außen): Im »Golden State« California. Foto: Peter Ginter, Köln
**Umschlagrückseite:** Kalifornische Strandkultur. Foto: Fotolia, Galina Barskaya (oben); Kunst im Kornfeld: die Cadillac Ranch bei Amarillo, Foto: Frieder Blickle, Hamburg (Mitte); Im Antelope Canyon östlich von Page, Arizona, Foto: Fotolia, Sourav Chowdhury (unten)


Gaia ist eine Marke der Vista Point Verlag GmbH, Köln
© 2009 Originalausgabe Vista Point Verlag GmbH, Köln
Alle Rechte vorbehalten
Lektorat: Kristina Linke
Layout und Herstellung: Kerstin Hülsebusch-Pfau, Andreas Schulz
Reproduktionen: ceynowa lithographie, Köln; hrp reprotechnik, Essen; Litho Köcher, Köln
Kartografie: Berndtson & Berndtson Productions GmbH, Fürstenfeldbruck
Gedruckt auf chlorfrei gebleichtem Papier

ISBN 978-3-86871-411-1